中国特色文化与特色文化产业研究丛书

丛书主编　范建华

中国花文化与花文化产业

陈佳妮　编著

云南大学出版社
YUNNAN UNIVERSITY PRESS

图书在版编目（CIP）数据

中国花文化与花文化产业 / 陈佳妮编著. -- 昆明：云南大学出版社，2020
（中国特色文化与特色文化产业研究丛书）
ISBN 978-7-5482-3726-6

Ⅰ. ①中… Ⅱ. ①陈… Ⅲ. ①花卉—文化研究—中国 ②花卉—文化产业—研究—中国 Ⅳ. ①S68②G124

中国版本图书馆CIP数据核字（2019）第133275号

策划编辑：陈　曦
责任编辑：严永欢
装帧设计：刘　雨

中国特色文化与特色文化产业研究丛书

丛书主编　范建华

中国花文化与花文化产业

ZHONGGUO HUAWENHUA YU HUAWENHUA CHANYE

陈佳妮 编著

出版发行：云南大学出版社
印　　装：云南宏乾印刷有限公司
开　　本：787mm×1092mm　1/16
印　　张：20.5
字　　数：310千
版　　次：2020年6月第1版
印　　次：2020年6月第1次印刷
书　　号：ISBN 978-7-5482-3726-6
定　　价：93.00元

社　　址：云南省昆明市一二一大街182号（云南大学东陆校区英华园内）
邮　　编：650091
电　　话：（0871）65033244　65031071　65031070
网　　址：http://www. ynup. com
E-mail：market@ynup. com

中国特色文化与特色文化产业发展论纲（代总序）

范建华

我国历史悠久，民族众多，在长期的历史演进过程中，创造了无数璀璨深厚、特色鲜明的民族文化，这些类型坚实的文化体现着我们先民的实践智慧，同时为发展特色文化产业提供了坚实的内容支持。

2014年8月，文化部、财政部出台的《关于推动特色文化产业发展的指导意见》指出：发展特色文化产业对深入挖掘和阐发中华优秀传统文化的时代价值、培育和弘扬社会主义价值观、优化文化产业布局、推动区域经济社会发展、促进社会和谐、加快经济转型升级和新型城镇化建设，发挥文化育民、乐民、富民作用，具有重要意义。现阶段，大力发展特色文化产业不仅可以促进中华优秀文化更好的传承、发展，丰富人们的精神生活，而且可以为人们提供高品质的文化产品和精神食粮。回顾文化产业发展取得的成就，特色文化产业表现出色、贡献巨大，已经成为推动我国文化产业发展的重要力量。在大力发展文化产业、实现文化产业成为国民经济支柱性产业目标的背景下，加快发展特色文化产业日益被提上日程，特色文化产业将成为“十三五”时期我国发展文化产业的新亮点。

特色文化产业是指依托各地独特的文化资源，通过创意转化、科技提升和市场运作，提供具有鲜明区域特点和民族特色的文化产品和服务的产业形态。在这个概念的界定中，特色指的是具有自身一体化的特殊性，文化则是其灵魂，产业则强调的是其规模化问题。十里不同风，百里不同俗。节庆文化产业、酒文化产业、茶文化产业、花文化产业、珠宝玉石文化产业、民族民间工艺产业、大型实景演出产业等都属于特色文化产业的范畴。

一、中国特色文化与特色文化产业主要业态分析

中国特色文化的类型是多样的，特色文化产业发展的情况也存在差异性，选取典型的特色文化及其做基底衍生出的特色文化产业类型进行业态分析，具有总结的意味，也有对其他文化及文化产业类型产生借鉴的作用。

——中国节庆文化与节庆文化产业。节庆的产生根源于人类社会的精神生产活动，是一个民族在其历史发展进程中逐渐形成的。节庆活动与人类文明起源同步，它是一个民族的集体记忆。它是在特定时间、特定地点，由特定族群用特定仪式所进行的对祖先的追思或对自然的崇拜，并以此获得祖先的庇佑和自然的恩赐。最早的节庆以祭祀

为主要目的，有固定的节期和相当规模的祭仪就可以演化成节日。[①]节庆文化作为一种文化现象，有传统节庆与现代节庆之分。据不完全统计，当前全国范围内各种节庆活动约有5000个以上，其中以民族为单位的传统节庆活动约有500个。现代节庆以文化资源为核心、以创意创新为特征、以文化消费为目的、以身心愉悦为目标、以公共参与为形式、以现代旅游为载体。节庆活动吸引游客和市民参与，能够拉动“食住行游购娱”旅游综合消费，带动相关产业链的互动。节庆产业立足于地方特色文化，发展特色经济，从而带动本地区的经济发展。可以促进所在地区的文明建设，创造更多就业岗位，促进区域经济发展，同时满足人的精神需求，增进人际关系的和谐友好，产生巨大的经济社会利益。

——**中国茶文化与茶文化产业**。种茶、饮茶始于中国，同时中国也是茶文化的发祥地。随着社会文明的进步，茶叶从茗菜、药用变为饮用，又从单纯的解渴、保健提升为重视高尚礼仪的茶艺、茶礼、茶道等。民间以茶会友，商人以茶为市，不仅促进人们之间的商业往来，也增进人们之间的情感联络。茶文化包含了茶道、茶德、茶精神、茶联、茶书、茶具、茶画、茶学、茶故事、茶艺等。中国茶文化的发展，丰富了人类的物质生活与精神文明。茶叶作为中国特色农业的重要经济作物，具有极大的经济价值与社会意义。在市场经济条件下，茶文化与茶消费相结合，形成了消费持久、稳定的特色文化商品，而且能进入较高层次，形成茶叶商品的高价位状态。尤其是在现阶段，以经营茶文化特色产业为主体的企业越来越多，并且已经形成

---

① 范建华:《论节庆文化与节庆产业》，载《学术探索》2011年第2期。

茶文化产业集群，主要包括茶馆业、茶设计包装业、茶传媒业、茶旅游业、茶培训业等，为整个茶文化产业带来巨大的经济产值。①

——**中国酒文化与酒文化产业**。酿酒，是同时穿越人类农耕文明、工业文明和生态文明不同发展阶段的优秀民族传统产业。酒文化是制酒饮酒活动过程中形成的特定文化形态。酒不仅仅是一种单纯的饮品，更是民族悠久历史和灿烂文化相结合的典范，与民族性格紧密相连。以酒治病，以酒养老，以酒成礼，以酒盟誓，酒文化已经渗透到人类社会生活中的各个领域，对人文生活、文学艺术、医疗卫生、工农业生产、政治经济各个方面都有着巨大影响和作用，酒与酒文化在中国人生活中占有重要的位置。我国拥有多样且深厚的酒文化资源，汾酒源远流长的杏花村诗酒文化，太白酒张口即来的酒仙文化，杜康酒耳熟能详的酒祖文化……都是很好的行业支撑。无酒不成宴，无酒不成礼，随着人们追求生活的高质量，崇尚健康、理性饮酒的消费理念已经成为新常态和时尚。酒产业的健康发展，为酒文化的兴旺提供了坚实的基础，繁荣的酒文化成为推动酒文化产业发展的重要动力。

——**中国花文化与花文化产业**。“蒹葭苍苍，白露为霜，所谓伊人，在水一方。”中华民族是一个崇尚自然，追求真、善、美的民族，对花草树木有着独特的情感和审美情趣，几千年的花卉栽培历史和丰富的花卉资源，形成了中华民族独特的花文化。中华丰厚的花文化底蕴，表现出对花卉的热爱。文人墨客寄情花卉，赋予花卉情感，陶渊明的咏菊，陆游的咏梅，林和靖“梅妻鹤子”的传说，周敦颐“出淤

① 龚永新：《产业融合对茶文化产业形成的影响》，载《广东茶业》2009年第6期。

泥而不染”的爱莲说等，千百年来，人们对花卉的喜爱经久不衰。在中国文人眼里，牡丹的高贵、兰花的清幽、梅花的冷艳、菊花的肃杀、百合的高洁等都赋予了她们浓烈情感与诗化的想象。总的来说，花文化是围绕观赏花卉而展开的各类社会、文化活动及其成果的总称，包括花市、花展、花节、花膳、花画、花诗、花歌、花舞、花工艺品、插花艺术等。随着经济的发展，中国必将成为一个花卉消费大国和生产大国。随着人民生活水平和审美素养的不断提升，花卉消费习惯也渐渐走进寻常百姓家，花卉成为人们日常生活和工作的必需品，花卉产业繁荣的时代已经来临。

——**香文化与香料文化产业**。人类使用天然香料的历史久远，早在春秋战国时期，中国汉民族在长期的社会生产实践中，围绕各种香品的制作、炮制、搭配与使用，便逐步形成了能够体现出汉族的精神气质、民族传统、美学观念、价值观念、思维模式与世界观之独特性的一系列物品、技术、方法、习惯、制度与观念。人类对香的喜好，乃是与生俱来的天性，有如蝶之恋花，木之向阳。中华民族自用香以来，经过长久的发展，形成了悠久而丰富的香文化。香在祖先们的日常生活中，有着极其重要的、不可替代的作用。“心清闻庙香”，先贤们认为分享是修养人格、辅正行为最有效的方法。现代生活中，香的作用越来越丰富和多元。人们用熏香净化空气，现代都市白领用香薰缓解压力和改善睡眠，香文化日渐流行，成为一种引领时尚潮流的趋势。品香虽然也有许多养生功效，但其精髓在于心境的平和、修为的提升和智慧的参悟。尤其是随着中国经济的发展和国民生活水平的提高，以及全球香料香精工业的跨国转型，我国香料香精行业发展较快，市场规模不断扩大。

——**玉文化与珠宝玉石文化产业**。我国是世界上用玉最早，且绵延时间最长的国家，出土的古玉有8000年历史，玉器盛行上下约3000年，素有“玉石之国”的美誉。玉文化包含着“宁为玉碎”的爱国民族气节，“化为玉帛”的团结友爱风尚，“润泽以温”的无私奉献品德，“瑕不掩瑜”的清正廉洁气魄。在古代诗文中，常用玉来比喻和形容一切美好的人或事物。翡翠、和田玉、红宝石、蓝宝石、金绿宝石等作为天然珠宝玉石，深受人们喜爱。“黄金有价玉无价”这句话充分说明了玉石的高价值。玉石文化在中国传承千年，现在它以丰富的种类和灿烂的文化得到了前所未有的发展机遇，中国已成为世界上最大的玉石加工和消费国。

——**中国陶瓷文化与陶瓷文化产业**。陶器制作和广泛使用正是原始社会末期人类从野蛮迈向文明的关键一步，是人类第二次社会大分工即农业与手工业分工的标志。中华民族发展史的一个重要组成部分是陶瓷发展史。从山顶洞人、红山文化、龙山文化、马家窑文化的早期制陶到唐三彩的出现，中国由陶器时代向陶瓷并用时代逐渐发展，到了宋代，陶瓷业得到蓬勃发展，并开始对欧洲及南洋诸国进行大量输出。以钧、汝、官、哥、定为代表的众多有各自特色的名窑在全国各地兴起，制作工艺水平日益提高，产品的型制、颜色、品种日趋丰富。元代，枢府窑、景德镇成为中国陶瓷产业中心，青花瓷自此兴起。明代，景德镇陶瓷制造在工艺技术和艺术水平上独占突出地位，同时还出现了福建的德化窑、浙江的龙泉窑、河北的磁州窑。现代的陶瓷艺术不但注重传统的青花彩绘和单一的器皿表现形式，而且注重体现艺术欣赏和审美性。陶瓷作为一种工艺美术，也是一种民间艺术和民俗文化，表现出相当浓厚的地域文化特色，广泛地反映了我国人民的社会生活、世态人情、审美观念、审美价值、审美情趣和审美追求。我国是全球艺术陶瓷和日用陶瓷第一生产和消费大国。陶瓷文化产业的创新发展，以使其发展成为一个重要的特色文化产业门类。

——红木文化与木雕艺术文化产业。红木文化是以中国传统文化艺术和审美思想为依托的，凝结在红木制品上（红木家具、红木小件、红木装饰构件）的信息、艺术、技术的总称，红木文化是祖先遗留下来的传统文化精髓。在古代只有达官贵人、贵族名胄才能使用红木家具，这是一种身份的象征。一木一世界，一器一文化，陈之厅堂，雅室生辉；用之舒适宜人，顿减尘劳；观之赏心悦目，陶冶性情；品之意驰神往，荡气回肠。红木家具是红木文化中最为璀璨的一颗明星，高雅而尊贵，唯美而奢华，备受人们青睐。近年来，材质珍贵、独具匠心且经久耐用的红木家具愈发受到人们的喜爱，在某种程度上，已成为了使用者品位、修养的一种标志。现在的红木家具既有简洁大方的仿明式，又有雕龙画凤、精雕细琢的仿清式，适合不同人的审美需求，使用价值、欣赏价值与收藏价值均很高。

——中国服饰文化与扎染刺绣布艺文化产业。服饰是人类特有的劳动成果，它既是物质文明的结晶又具有精神文明的含义。人们的生活习俗、审美情趣、色彩爱好以及种种文化心态、宗教观念都沉淀于服饰之中，构筑成服饰文化的精神内涵。在中华各民族服饰发展的历程中，形成了丰富多彩的服饰文化，每个民族都有典型的色彩、图案、造型、工艺。例如土家族服饰色彩崇尚黑白，善于织造西兰卡普；苗族人民喜欢穿戴银饰，善于苗绣蜡染等传统服饰技艺。① 我国

① 薛倩：《创意产业背景下中国民族服饰文化的创新发展》，载《产业经济》2015 年第 5 期。

许多民族没有文字，往往可通过服饰的图案、色彩、造型设计追述其历史发展的脉络，透过其图案纹饰折射出的是这个民族走过的历程。所以有学者说："民族服饰坠着这个民族千年的历史。"①民族服饰是体现民族特色风情的有效方式，我国五十六个民族百花齐放、多姿多彩的服饰文化，从图案造型到装饰工艺，从民族图腾到自然花草，丰富的民族图案元素和装饰手法是现代时尚服饰设计的灵感源泉，并因传统工艺技艺与现代时尚审美设计相结合，而形成了巨大的服饰文化产业。

——**中国收藏文化与文物艺术品拍卖文化产业**。中华文化源远流长，灿烂丰富，民间收藏由来已久。中国上千年的收藏史盛行于宋代，从宋太宗到宋徽宗，喜好书法绘画，钟情古玩，酷爱收藏。上有所好，下有所效，在他们的带动影响下，整个社会收藏意识都得到提升。古人收藏多以陶冶情趣、玩赏自娱为主，并不追求交易获得利益，往往集毕生精力、财力永久收藏，世代相传。随着人民生活水平的不断提高，收藏已经成为普通寻常百姓的"雅好"，并有力地催生了当下收藏的平民化、市场化，文物艺术品拍卖进入产业化、规模化发展的现阶段。以收藏、拍卖为主导的特色文化产业的发展，有力推动了社会各界文化审美的进一步提高，人们对城市文化生活环境更为重视，人们在日常生活中，也希望欣赏、收藏到更多更好的艺术作品。书画、玉器、瓷器、石雕、竹雕、木雕、钱币、邮票等收藏门类更臻完善。收藏、拍卖特色文化产业与当下社会生活的融合，令艺术收藏成为一种生

---

① 邓君耀：《民族服饰：一种文化符号——中国西南少数民族服饰文化研究》，云南人民出版社1991年版。

活方式。现阶段，收藏文化的大发展、大繁荣带动了文物、古玩及拍卖行业的崛起和兴盛。

——**中国山水文化与大型实景旅游演艺产业**。中国地大物博，山水或雄伟壮阔，或秀丽蜿蜒，蕴含着无穷美感。自古以来，文人士大夫一直将自然山水视为精神家园，登山涉水、赏花木鸟鱼，结庐而居超然自得，行吟山水对饮明月……便是文人墨客的生活理念。山水文化则是人类认识自然、适应自然的产物。中国山水文化的发生是从人类发现自然美的那一天开始的，人们在众多自然审美追求中，畅其精神，激其心志，以至于发之于笔端，成为山水画、山水诗词、山水游记、风光音乐等，形成有宗教、审美、科学等多重价值的中国山水文化。随着社会主义市场经济在我国的确立，社会经济快速发展，一种依托山水自然资源，挖掘山水文化内涵，把演艺与山水实景相结合的大型山水实景旅游演艺业态自2003年《印象刘三姐》始，便在全国遍地开花，成为中国特色文化产业百花园中的一朵奇葩，夺目耀眼。山水实景演出必须具备两个基本条件：山水资源和可以转化为演艺产品的文化资源。当前我国旅游演艺分为“观”类型、“印象”系列、“千古情”系列、“传奇”系列，以及华侨城系列、万达系列等类型，值得注意的是，实景演艺市场整合趋势明显，印象系列现已开始进行周边产业拓展，山水盛典也开始积极与旅行社、旅游机构协同合作。

——**民族民间工艺产业**。我国的传统工艺历史悠久、种类繁多，凝聚着千百年来劳动人民的思想智慧和创作实践，多是非物质文化遗产的重要组成部分，是中华优秀传统文化的活态实践。传统工艺覆盖面广，涵盖人民大众的衣、食、住、行等方方面面。

民族民间工艺不仅仅具有重要的文化意义，而且具有重要的经济意义，其文化意义体现在对优秀民族文化的具体反映和传承上，其经济意义则表现为对开发旅游资源、繁荣城乡经济、致富人民百姓有重要作用。

总之，中国特色文化与特色文化产业类型众多、品种繁杂，可待挖掘的资源极为丰富，市场空间巨大。在中国文化产业体系里是一座拥有巨大宝藏的金山富矿。还有待进一步科学、合理、创新地开发，并使之成为中国文化产品走向国际文化交易市场，具有强大竞争力的特色产业。

二、中国部分省区的特色文化产业实践

实践是检验真理的唯一标准。文化经济属性的挖掘使文化产业的发展呈现出蓬勃发展态势，不同区域以不同的文化资源为基本依托，充分把握和运用国家政策杠杆，从而使得文化产业发展呈现多姿多彩之势。

四川——“藏羌彝文化产业走廊”的推手。四川省积极响应国家“藏羌彝文化产业走廊”建设倡议，积极规划和实施重大文化产业项目，涉及文化旅游、演艺娱乐、民族工艺品等多个文化产业门类，将建设形成以点连线、以线带面的产业布局。把藏羌彝文化产业走廊（四川区域）建设成为世界级文化旅游目的地、国家级文化与旅游融合发展实验区和中国文化产业新的经济增长点，已经成为四川文化产业发展的重要目标。

贵州——“多彩贵州”的品牌塑造。贵州堪称以形象品牌塑

造助推文化产业发展的典范。2005年，贵州提炼推出“多彩贵州”区域文化品牌，开始有意识地塑造自身形象。“多彩贵州”品牌涵盖茶、酒、演艺、民族手工艺、会展、特色酒店等特色文化产业领域。贵州以品牌为统领，整合独特的文化资源，将其打造成形象鲜明、价值突出，有强劲产业支撑的区域文化品牌，并以此推出系列文化产品，形成了强大的特色文化产业体系。

云南——“金、木、土、石、布”打造特色文化产业体系。云南省创造性地确立了“金、木、土、石、布”① 五位一体的民族民间工艺品产业发展体系，将民族民间工艺品产业培育成为云南文化产业的重要门类，并在全国率先制定实施特色文化产业发展战略。

青海——“热贡艺术”的创新发展。热贡艺术是中国藏传佛教艺术的重要流派，主要包括唐卡、堆绣、建筑彩画、酥油花等多种艺术形式，因发祥于青海省黄南藏族自治州同仁县隆务河畔的热贡而得名。热贡艺术在完成宗教所赋予的形象化教化的使命的同时，在艺术形式上也严格遵循着藏传佛教系列画经的种种规范，形成了城市化特色显著的艺术门类②。

陕西——产业集群发展。以“文化+旅游+城市”为特征的“曲江模式”，在调整城市格局、提升城市形象、发展文化旅游、

---

① “金”指斑铜、斑锡、乌铜走银、珐琅银器、银饰及民族刀具等金属类工艺品；“木”指剑川木雕、红木木艺、根艺、竹编、藤编、草编等木竹藤草工艺品；“土”指建水紫陶、华宁釉陶、易门陶、香格里拉尼西黑陶、傣族曼仑陶等陶瓷工艺品；“石”指翡翠、苴却砚、麻栗坡祖母绿、保山南红玛瑙、怒江碧玺等石雕石刻工艺品；“布”指彝、苗、白、哈尼、傣、景颇等多民族刺绣以及扎染、蜡染、织锦等布类工艺品。

② 吕霞：《文化生态艺术》，载《民族艺术研究》2009年第3期。

提升周边地区地块、房屋附加值等方面，堪称先驱，被众多城市效仿。曲江新区内的旅游资源非常丰富，且开发前地块便宜，成本较低，靠近主城区。成立的曲江新区城市运营集团，操盘曲江新区的投融资，衍生和培育涵盖了演艺、影视、会展、旅游等文旅产业集群。创造了独特的中国城市开发中以文化为魂的“曲江模式”。

甘肃——“华夏文明传承创新区”建设。甘肃作为黄河文化、农耕文化、伏羲文化、丝路文化、红色文化、石窟文化的集大成者，是中华文明的重要发祥地之一。华夏文明传承创新区是中国第一个国家级文化发展战略平台。以建设华夏文明传承创新区为平台，把甘肃建成传承优秀历史文化、健全公共文化服务体系、促进文化产业带动经济转型发展、推动现代文化创新的文化大省，探索出了一条使经济欠发达但文化资源富集地区实现科学发展的路子。

江苏——“节庆之省”的辉煌。江苏是中国节庆大省，现有各类地方节庆活动500多个，在节庆转型发展过程中，大力探索出“节庆营销”新模式，为游客和当地居民带来撞钟、祈福、拜年、舞龙、戏狮、踩街、赏灯、观花、听戏、街舞等文化大餐。节庆活动不仅对城乡经济的拉动性凸显，而且将居民与游客的时尚生活与度假休闲、文化消费融为一体。此外，江苏省节庆协会、中国节庆产业研究中心，江苏节庆研发中心等节庆策划及研究机构也切实有效地促进了江苏省节庆产业的发展。

浙江——“特色文化旅游小镇”建设的典范。特色小镇是按创新、协调、绿色、开放、共享发展理念，结合自身特质，找准产业定位，科学进行规划，挖掘产业特色、人文底蕴和生态禀赋，以产业为核心，融入文化、旅游和一定的社区功能，集成高端要素，通过市场化运作形成“产、城、人、文”四位一体有机结合的重要功能平台。浙江省在全国率先做出了将重点培育100个特色小镇的创新发展战略，在产业上聚焦信息、环保、健康、旅游、时尚、金融、高端装备制造七大产业，兼顾茶叶、丝绸、黄酒、中药、青瓷、木雕、根雕、石雕、文房等历史经典产业。

江西——“梦里老家”的乡土文化回归。以婺源为例，“望得见山、看得见水、记得住乡愁”，给以古村落和山水田园为核心资源的婺源乡村旅游的发展赋予了新内涵。婺源以白墙黛瓦、青山绿水、黄花红叶吸引着无数人前来赏玩。“快交通慢布局、快节奏慢旅游”使得婺源既有一批商业味浓的景点，又留住了大量景秀意浓的村落。同时重视活态文化的挖掘，傩舞、徽剧、龙尾砚、徽派三雕、抬阁、豆腐架、灯彩等一大批非物质文化遗产得到整理、复兴和传承。

湖南——“文化湘军”凸起。湖南省文化和创意产业发展特点突出，优势显著。“湘”字号文化品牌突出，文化品牌节会众多，金鹰电视艺术节等知名节会在全国有巨大的影响力。此外，湖南日报报业集团、湖南广播电视台、湖南出版投资控股集团借助互联网技术创新传媒业态：“新湖南”“芒果TV”“时刻”等新媒体平台上线。[①] 湖南电广传媒与阿里巴巴以家庭数字娱乐业产品为切入点，全面推进大数据、云计算、智慧城市、IDC、传媒内容等全方位业务、技术和资本合作。

① 李国斌：《湖南：“演艺湘军”去年收入1.7亿元　全年演出3.2万场》，《湖南日报》2013年8月14日。

山东——“一山一水一圣人”的产业开发之路。“五岳之尊”泰山、黄河入海口、“万世师表”孔子共同组成了山东省“一山一水一圣人”形象名片。山东全力打造“好客山东”十大文化旅游目的地品牌，包括东方圣地、仙境海岸、平安泰山、齐国古都、天下泉城、儒风运河、水浒故里、黄河入海、亲情沂蒙、华夏龙城。

广东——会展经济和文化外贸的龙头。广东文化产业有传统。晚清时期广东就有著名的“广州十三行出口绘画”，是我国文化对外贸易的先行者。大芬油画村、观澜版画基地都是近年来崛起的文化产业基地。广东以深圳文博会为平台，不仅有力推动了我国会展产业的快速发展，为全国树立了标杆，而且以此为平台，使中国文化产品得以有效便捷地开拓国际文化交易市场，从而更强化了广东文化产品生产的国际化、市场化运营，大大推动了广东文化产业的快速发展，其产值居全国之首。

三、大力发展中国特色文化产业需要解决的几个问题

中国特色文化产业整体发展蓬勃向上，但是在发展的过程中，却存在明显的不足，具体可以概括为：第一，产业基础薄弱。特色文化产业依赖于深厚的民族文化资源，这些资源广泛存在于民间、乡村，特别是少数民族地区，其经济基础欠发达；组织形式还处于小规模、分散化的经营状态，普遍缺乏竞争力。第二，市场化程度不高。特色文化产业的产品种类较少，一般而言，产品的审美价值大于使用价值；市场开拓意识不强，营销能力普遍较低，尚未形成与市场经济体制相适应的营销模式，产品附加值未能得到有效提

升。第三，知名品牌较少。在激烈的市场竞争中没有能够围绕地方特色发掘创建自己的文化品牌，对文化资源缺少经营性、开发性整合，缺少文化品牌的战略策划和运作，以及缺乏通过品牌的创建促进产业发展的能力和水平。第四，高端创意和管理人才不足。一般而言，既懂文化艺术品创作又懂经营管理的高端复合型人才较少。特色文化企业经营规模较小，多数是以家族手艺传承形成的家族企业或者是家庭小作坊发展而来的，对于经营者自身来说，缺少对特色文化产品的创新创意设计，同时缺乏先进的生产技术手段，难以适应市场审美快速更新换代的需求。

根据国家和地方经济发展需要，可以概括出我国文化产业发展的阶段性目标：到2020年，形成若干在全国有重要影响力的特色文化产业带，实现基本建立特色鲜明、重点突出、布局合理、链条完整、效益显著的特色文化产业发展格局，形成若干在全国有重要影响力的特色文化产业带，建设一批具有典型带动作用明显的特色文化产业示范区和示范乡镇，培育一批充满活力的各类特色文化市场主体，形成一批具有核心竞争力的特色文化企业、产品和品牌。

从中国特色文化产业发展的实践来看，需要采取一系列的保障措施来促进其发展，从而实现预期目标，这些措施主要包括：加大财税金融扶持。加大财政对特色文化产业发展的支持力度，把特色文化产业发展纳入中央文化产业发展专项资金扶持范围，对特色文化企业税收进行优惠减免，加强特色文化企业的投融资支持与服务；强化人才支撑，重视人才在特色文化产业发展中的关键性作用，以培养高技能人才和高端文化创意、经营管理人才为重点，加大对特色文化产业人才的培养和扶持；建立重点项目库，按照自愿申报、动态管理、重点扶持的原则，依托国家文化产业项目服务平台，面向全国征集具有示范性和带动性的特色文化产业重点项目，加强对重点项目的组织、管理、协调、支持和服务；支持拓展境外市场，综合运用多种政策手段，对特色文化产品和服务出口、境外投资、营销渠道建设、市场开拓等方面予以支持；建立完善交流合作机制，鼓励高等学校、科研院所、骨干企业与地方加强合作，促进资源整合和有效配置，发挥各自优势，带动地方特色文化产业发展；加强组织实施，科学研究制定鼓励本地特色文化产业发展的财政、金融、土地等多方面扶持政策，确保各项措施落实到处。

在实施这些保障措施的同时，中国特色文化产业的发展还需要遵循基本的原则：第一，传承文化，科学发展。在产业发展尤其是特色街区、特色村镇、园区建设中，注重保护乡村原始风貌、文化特色和自然生态，突出传统特点，不搞大开大建，不拆真建假，不毁坏古迹和历史记忆。第二，因地制宜，突出特色。立足各地特色文化资源和区域功能定位，发挥比较优势，明确发展重点，把文化资源优势转变为产业优势，构建具有鲜明区域和民族特色的文化产业体系，促进多样化、差异化发展。第三，创意引领，跨界融合。加强创意设计，打破行业和地区壁垒，促进特色文化资源与现代化消费需求有效对接，加快特色文化产业与旅游等相关产业融合发展，拓展特色文化产业发展空间。第四，市场运作，政府扶持。坚持企业主体、市场运作，更好地发挥政府的引导、扶持职能，完善政策措施，健全市场体系，优化发展环境，提升特色文化产业创新能力和发展活力。

四、本套丛书的理论和实践价值

文化产业学术研究的根本目的在于对文化产业实践的指导。中国的文化产业发展已经成为现阶段经济社会发展的重要组成部分，但是我国文化经济属性的承认和挖掘情况具有滞后性，相关的文化产业门类处于探索中发展的曲折前行状态，这就需要在学理上对很多问题进行系统化的梳理和总结。我们组织全国相关学者参加撰写的这套“中国特色文化与特色文化产业研究丛书”（第一辑），意在抛砖引玉，以期全国文化产业研究的专家学者或实践部门的领导者能与我们一道，加强对中国特色文化和特色文化产业的研究，在理论创新上有更大突破，形成较为科学、全面、完整的理论体系，在实践指导意义上能对广大企业、工匠、运营商有所帮助，并将实践中的创新性探索给予理论上的学理化分析研究，以丰富和完善理论体系建设。

在组织撰写此套丛书的过程中，我们始终贯彻规范性和科学性的学术原则。首先，基于我国文化类型丰富的现实，我们着力选取具有典型性的文化和文化产业类型，从文化的角度进行纵向和横向的梳理，从产业的角度，以产业发展数据和产业基地等为依托进行研究，实现文化与产业的双向表达；其次，丛书作者的筛选以学术担当为基本使命，强调历史责任感，具备较深的学理修养和社会实践经验，从而保证本套丛书的系统性和科学性；再次就是注重对体例的统一，即按照教科书式的章节目进行编排，且前半部分注重文化的阐述，后半部分注重产业的总结和探索，并要求前后部分保持协调和平衡。最后就是我们力争深度性，一方面我们避免在文化角度上的泛泛而谈；另一方面我们争取在产业角度上获得规律性的东西，在此基础上对各个产业门类的发展提出针对性的合理建议。

因此，本套丛书的编著是有理论和实践价值的。从理论上来看，我们选取节庆、酒、玉、花、香、陶瓷、民间工艺、收藏等文化和文化产业门类作为研究对象，一方面可以对这些文化和文化产业类型进行总结性的深度梳理和归纳；另一方面可以对没有涵盖的文化和文化产业类型进行示范和借鉴。在研究的过程中，各位作者尽力对相关的特色文化和特色文化产业门类进行大量的规整，在碎片化的信息筛选中形成规范科、学体、系化的研究成果，这在学术界是有开拓意义的。从实践角度来看，中国的文化产业发展必须走特色道路，这种要求源于三方面的考虑：一是文化类型具有区域特征，不同文化类型对应的产业发展道路不可能是同质化的；二是中国广阔的地域形成独特的地域文化，这是发展特色文化产业的坚实基础，民族文化的多元性决定了特色文化产业的多样性和丰富性；三是大众对异文化的消费需求是中国特色文化产品能够走向世界的前提条件，亦是中国特色文化产业有能力参与国际市场竞争的前提。总之，中国的文化产业发展进入了新的历史阶段，需要我们冷静地、全面地、客观地对快速发展中的文化产业实践进行归纳、总结和分析，从而可以更好地促进相关产业规范化、市场化、科学化发展。

（作者系云南省社会科学界联合会原主席）

目录

绪 论

花文化，可以简单地理解为与花卉有关的文化事象。这种文化事象由于注入了不同国家、不同地域人们的思想情感，能够传递及展现人们所需要表达的内容，因此与人们的文化和生活有着密切的关系。

因为花卉既具备了令人感到愉悦的观赏价值，同时又具备了非常实用的药用与食用价值，所以我国的花文化在古人认识及利用花卉的基础上形成得极早。我国的花文化主要是指将花卉作为核心的文化体系以及和花卉有关联的文化现象。

“花文化”里的“文化”这一概念，可以简单理解为财富、文明、知识、经验等的总和，它的涵盖范围无限大，上至国家地理、下至民俗风情，都可包含在内。19 世纪时，英国的思想家、教育家马修·阿诺德说：“文化，使我们熟悉这个世界上人类所认知和说过的最好的部分，并以此了解人类精神的历史。”这既是对文化功用的说明，也是对文化价值的肯定。古罗马哲学家西塞罗在拉丁文中用“cultura animi”一词对文化进行诠释，而“cultura animi”的本来意义是指“灵魂的培植”或“灵魂的培养”，这说明文化与心灵有着极为重要的联系。经过长时间的演变，文化概念的内涵变得越来越丰富，不仅限于心灵方面，也包括哲学、文学、宗教、知识、经验、思维、礼仪等。若要简单划分，可以将人类物质生活的外化及其痕迹归类为文化的物质范畴，将人类精神生活的外化及其痕迹归类为文化的精神范畴。而花文化，正是一项贯穿于人类物质和精神生活范畴的与人类文明同步成长、紧密关联的文化事象。

我国的花文化概念，也可以简单地理解为从古至今人们在培育、驯化以及观赏花卉的时候，所开发得到的精神、物质综合财富。由于我国的花卉品种数量繁多，观赏及栽培历史非常悠久，经过漫长历史的洗礼，人们在将其融入生活时，也赋予了花卉纷繁复杂的内涵，而使我国的花文化的概念较之他国的更为多样化及特色化。

我国花文化的内容极为丰富，包括美学欣赏、文学艺术、花事活动、花卉科研、花卉教育、园艺事业等等。孙伯筠教授将我国的花文化内容主要分成七个方面：一是通过举行观赏花卉的花事活动，表现出当地繁盛喜乐的人文特征与风貌；二是通过将各种奇花异草作为审美对象，在感受到草木之美的同时增添生活情趣；三是通过多种多样的表现形式使花文化得以展现，这些表现形式包括琴、棋、书、画、歌、舞、插花等；四是通过讲述与花有关的各种名人逸事，为人们的精神生活增添诸多乐趣；五是对花卉的培育、驯化知识进行说明介绍，使人们懂得如何利用花卉并掌握相关技术；六是将花卉作为情感的寄托或是精神的信仰，如以花喻人、借花传情等，表达出符合内心需要的思想或其他感情；七是以花命名，命名的对象可以是个人，也可是国家，还可以是城市或产品。

孙伯筠教授在《花卉鉴赏与花文化》一书中写道："在中国人看来，花是有灵之物。人们赏花，除了赏识她那静态的外部形态美之外，还善于欣赏她那动态的生命的内蕴。中国人还认为花是有情之物，不仅娱人感官，更撩人情思，寄以心曲。中国人对花的这种看法和情感是观花之后，由感悟而达到的一种高雅艺术境界，是对花产生的一种更深层次的情感和精神上的寄托。中国人世世代代爱花、赏花，就是认为花能使人赏心悦目、畅神达意、陶冶情操。花中蕴含着文化和诗境，花中凝聚着中华民族的品德、风韵和气节。"可见，中国花文化的形成，极具中国文化特色，有着中华民族特有的审美基础与文化基础。譬如书中还提到，梅也是幸福的吉祥物，古人认为梅具四"德"，初生为"元"，开花如"亨"，结子为"利"，成熟为"贞"。喜鹊在梅枝上欢悦鸣叫的花鸟图，常被称为"喜报早春""喜报春光""喜上眉梢"，取谐音或寓意。

吉祥画作还有“竹梅双喜”，由竹梅和双喜鹊图纹组成，竹喻夫，梅喻妻，所以，常用以祝贺新婚之喜。辛亥革命后，南京临时政府曾把梅花定为国花，当时认为梅的五瓣正代表中国汉、满、蒙、回、藏各民族永远团结，同时也象征快乐、幸福、长寿、顺利、和平，有“梅开五福”之说。仅以“梅花”为例，就能看出，花文化涵盖了我国传统哲学、文学、美术、民俗、礼仪、民族精神等丰富多样的文化领域。以“花”为主题就能以小见大，窥见中国传统文化从起源到形成、演进直至发展至今的进程。

细究我国的花文化发展史可以发现，各朝各代对花文化的认知都大不一样，从中也能够看出政治、经济、科技、生产力的兴衰对文化发展产生的重大影响。

我国最早出现的与花有关的文字为“华”，其甲骨文像一棵树上满是花枝的样子；金文将甲骨文的“木”加“于”（竽），表示古人用花枝装饰欢庆的乐器；籀文像枝叶茂盛的植物；有的篆文加“艸”（草），误定了“华”的草本属性，“华”的含义遂发生了由“木”变“草”的巨大转变；隶书变形较大，植物的形状、竽笛的形状消失；正体楷书、承续隶书字形；俗体楷书“华”另造会意字，表示由草蔓生发的花朵；现代汉语中“华”的本义已由“花”代替。

从文字变化的历史可以看出，中国人对花卉草木的认识和运用有着非常悠久的历史。而在春秋时期，《诗经·国风·周南》里就已经有关于花卉的文字记录，譬如广为人知的“桃之夭夭，灼灼其华。之子于归，宜其室家。桃之夭夭，有蕡其实。之子于归，宜其家室。桃之夭夭，其叶蓁蓁。之子于归，宜其家人”。这里就是通过咏叹赞美桃花的美丽来表达对新人的祝福。

魏晋南北朝时期，战乱频仍，经济凋零，民不聊生，花文化的形成和发展受到一定冲击和影响。到了隋唐，经济昌盛，文化繁荣，国泰民安，为花文化的兴盛创造了良好条件，花文化因此开始得到广泛的传播和发展，从而走向繁荣。唐人欧阳詹在《春盘赋》中说：“多事佳人，假盘盂而作地，疏绮绣以为春。丛林具秀，百卉争新。一本一枝，叶陶甄之妙，片花片叶，得造化之穷神。日惟上春，时物将革。柳依门而半绿，草连河而欲碧。室有慈孝，堂居斑白。命闻可续，年知暗惜。研秘思于金闺，同献寿乎瑶席。昭然斯义，哿矣而明。春是敷荣之节，盘同馈荐之名。始曰春兮，受春有未衰之意，终为盘也，进盘则奉养之诚。傥观表以见中，庶无言而见情。”由此可知，唐代，人们对于花卉的认知与欣赏，已经上升到了艺术的高度。将器皿作为大地或精舍，在其中安置花卉，以此表达出自己的世界观以及传达天地的妙理。唐人李延寿在《南史》里也记载：“有献莲花供佛者，众僧以铜罂盛水，渍其茎，欲华不萎。”这说明唐朝时期花文化已经受到佛教的影响，并有所融汇。“插花”作为一门独立的艺术，在这一时期“民间春盘”与“佛前供花”的形式中初见雏形。

到了宋朝，买花、卖花、插花已经成为当时人们不可缺少的娱乐活动之一。所谓“烧香点茶，挂画插花，四般闲事，不宜累家”，就是其时流行的“四艺”。

元朝时期，由于战乱，百姓的生活进入艰难时期，在民生凋敝的同时，花文化也受到了巨大的打击。但某些隐居之士在此期间创造出了“心象花”与“自由花”，使插花文化得到了另外的美学发展。

明朝时期，经济社会一度繁荣昌盛，人民的生活得以改善。花文化受其影响，一改元朝的颓势，得以复兴。在此期间，借花谈道已成为深受人们喜爱的花文化表现形式。

到了清朝，满族入主中原又使花文化再现颓势，人们对花卉作品的创作也受到影响，从人格化走向神格化，审美也日趋民俗化。

从花文化的兴衰历史中我们可看出，花文化是否兴盛可以说是一个时代经济文化是否兴盛的晴雨表。而不同时代花文化的意义、作用、地位，以及对花文化形成与发展的不同影响，也成为各个时代的文化缩影，对我们分析与梳理我国传统文化的脉络有着极为重大的研究意义与学术价值。正因如此，花文化在我国传统文化中具有非常重要的地位和意义。

更因人花可以互喻的共性意义，花文化与中国文人之间也有着不言而喻、密不可分的关系。

明人田艺蘅在《留青日札》中写道："名花犹美人也，可玩而不可亵，可爱而不可折。撷叶一瓣者，是裂美人之裳也；掐花一痕者，是挠美人之肤也；拗花一枝者，是折美人之肱也；以酒喷花者，是唾美人之面也；以香触花者，是熏美人之目也；解衣对花，狼藉可厌者，是与美人裸裎相逐也。近而觑者，谓之盲；屈而嗅者，谓之齆。语曰：宁逢恶犷，莫杀风景。谕而不省，誓不再请。"从中可以看出明代文人对花的理解，已经超越了"人类"对"植物"的观赏，上升到了寄寓理想人格、理想人生的境地，甚至对花卉投射出了超越人情的、细腻而崇高的感情。

正因花文化对人品与花品格的深入渗透，其人性化的解读影响了传统文人数千年，故而在我国传统文化中的地位着实不可小觑。清人张潮在《幽梦影》里说："梅令人高，兰令人幽，菊令人野，莲令人淡，春海棠令人绝，牡丹令人豪。蕉与竹令人韵，秋海棠令人媚，松令人逸，桐令人清，柳令人感。"每一种花卉在特定的语境下代表了一种符号化的象征意义，也正是这个象征意义使得不同种类的花卉拥有了拟人化的性格特征。

"古人受本土精神的影响，在潜意识的深处并不把花木当作外在的自然物看待，而是视同与自己一般无二的有生命的活物。认为天地间无非有三种活的生物即人、禽兽、花木，他（它）们都是天地的产物，就其生命形式来说，具有本质的同一性，区别不过在于'人顺生，草木倒生，禽兽横生'而已。生命类比的运用，渊源于中国古老的易学所阐发的宇宙一统、同质同构的有机整体观以及强调'抱一为天下式''万物与我为一'的老庄思想。人虽为万物中最有灵气者，但与其他生命相较只是等级上的差异，这种差异究竟有多大，古人并未明白，因而毫不奇怪，他们会进而怀疑，花木是否与人一样，也有知有识？这一东方式的思维推演，长久以来激发着人们对花木生命力的想象，并每每以人的感情世界去观照花木的世界，赋予花木以人格的内涵。"① 可见古

---

① 李仲芳编著：《花与中国文化》，西南交通大学出版社2016年版。

人尤其是文人阶层对花卉所做出的人格化寄寓的尝试、象征化读解的引领，令花文化本身获得了独特的精神内涵与特殊意义，并由此渗透整个传统文化脉络及文明进程。

花文化在传统文化中的独特地位和其悠久的发展历史，同时造就了兴盛的花卉产业。“花卉产业”中的“花卉”这一概念，并不仅仅限于狭义的玫瑰花、百合花、鸡冠花之类的鲜花产品，而且也包括了广义的所有可以作为审美对象的草本、木本、园林及绿化植物，人工盆景也在此范围之内。“花卉产业”中的“产业”，是指花卉生产、销售等环节里，由利益相互联系的、具有不同分工的、由各个相关行业所组成的业态总称。尽管它们的经营方式、经营形态、企业模式和流通环节有所不同，但是它们的经营对象和经营范围始终是共同围绕着“花卉产品”而展开的，并且可以在构成业态的各个行业内部完成各自的循环。

就现代花卉产业来说，“花文化产业”将是整个花卉产业未来进行产业结构调整和升级的一个重要方向。

中共中央党校经济学部区域经济学教研室主任曹立在《2014 年中国经济新常态与花卉产业发展》中说：“推进生态文明，建设美丽中国，需要把花卉产业放在突出地位加以发展；建设森林城市、园林城市和宜居城市，需要把花卉产业作为城市建设的基础产业加以发展；促进绿色增长，需要充分发挥花卉业的重要作用；培育战略性新兴产业，需要发挥花卉产业带动能力强的优势；扩大国内需求，需要充分发挥花卉业的拉动作用；促进社会就业和农民增收，需要发挥花卉产业比较效益高的优势；推动文化繁荣发展，需要发挥花文化源远流长和底蕴深厚的优势。”可见，花卉产业能够拉动经济发展，提高人们的生活水平，是关系到国计民生的重点产业，而其中花文化产业的发展更是推动整个花卉产业升级进步以及实现文化全面繁荣的重中之重。

我国花卉产业的发展有着广阔的前景与傲人的优势。以花卉产业大国荷兰为例，荷兰作为全球最大的郁金香与球茎花卉出产国，每年花卉产业的产值就达 73 亿欧元，成为荷兰重要的经济来源，而荷兰国土面积仅为 41 864 平方千米。我国拥有960万平方千米的国土面积，加之丰富的天然气候资源、地貌资源、原生物种资源，与其相比较，便能看到我们自身具有的优势条件和我国花卉产业未来巨大的发展空间。但在未来发展花卉产业的过程中，对传统产业进行文化方向的升级、改造、转型，才是挖掘和开发自身潜力并提升国际竞争力的出路。研究与应用花文化，能够为传统花卉产业注入具有活力的新鲜血液，有利于其取得更好、更快、更新的发展。

花文化发展的重要性近年来得到不少政策性的关注，许多实践和试点的推行也颇见成效。2013年年初，国家林业局发布了由中国花卉协会组织编制的《全国花卉产业发展规划（2011—2020年）》（以下简称《规划》），提出要着力构建先进的花卉品种创新体系、完善的花卉技术研发推广体系、发达的花卉生产经营体系、高效的花卉市场流通体系、健全的花卉社会化服务体系和繁荣的花文化体系。《规划》要求，到2020年在全国建设100个国家重点花文化示范基地。2013年8月24日，在第八届全国茉莉花茶交易博览会暨2013年中国国际茉莉花文化节开幕式上，广西横县被授予“国家重点花文化示范基地（建设试点单位）”。将其作为建设试点单位，目的是推动横县茉莉花产业转型升级，进一步促进花文化和花卉产业的深度融合，为建设国家重点花文化示范基地积累经验。

正是对花文化的重视和发展，直接带动了花卉疗养、花卉餐饮、花卉教育等产业的蓬勃兴起。近年来，花文化的产业化经营已经成为富有生命力的“绿色朝阳产业”之一，也是实现文化、旅游、休闲、生态有机结合，充分展示“体验经济”“生态经济”“休闲经济”等新理念的有效途径。

一方面，要对整体花文化做一个简单的、普及性的概述；另一方面，要把花卉及花文化产业的现状和发展做一个简要介绍。所以本书在编写结构上分为上下两编，上编为中国花文化部分，主要介绍中国传统“花文化”，从中国花文化的起源与演进开始，概括花文化的功能、定义，以及从历史角度概述传统花卉文化的起源、发展、演变及其传播影响。在“中国花文化的早期历史及其形成”一节中，通过考古器物实证我国早期花文化的形成，总结了考古学上以器物实证来看早期花文化的起源及其在整个中国历史上的发展脉络，从中亦可看到花卉由于具备食用、药用及观赏价值，很早就被栽培种植并被加以广泛地应用，可以说，花卉直接参与了整个中国文化的形成。在第二节“中国花文化的发展与演变”中，从有文字可考的历史角度看待中国花卉文化自身的发展历史，从中梳理出花文化悠久的发展演变之路。中国花文化的发展史，大致可以分为始发期、渐盛期和繁盛期三个阶段；从中能够总结出中国花卉文化的三个发展阶段并非是独立且单一的，而是一个内容不断丰富、技术不断拓展、文化认识不断提高的渐进过程。第三节梳理了各朝代文献中有关花卉的重要内容以及重要论著，依据历代中国花文化、花论著作中所体现的历史脉络，总结出我国花文化可待研究、整理、挖掘的宝藏极为丰富且深厚。如此广博厚重的花文化，尚未被今人深度认知并了解，甚为遗憾。时人应当着力于在这数千年的传统文化中努力提炼，汲取今人所需的知识并加以利用，无论是用于文化创意产业发展，还是花卉产业本身的建设。我们需要向发达国家学习先进的科学技术、管理方法、经验，还有与时俱进的现代化观念。但作为历史如此悠久的花文化大国，更应该着眼于自身文化的挖掘与传承，树立文化自信，成为世界花文化领域文化输出的典范。最后在“中国古代花卉文化的传播及其对世界的影响”一节中，总结了我国曾经作为花文化输出国的骄人历史，中国传统花卉文化对世界花卉文化一直有着深远的影响力，甚至一度引领着世界花卉文化的发展方向。中国的花卉种植栽培技术、园林艺术、插花艺术，乃至与此相关的整体花文化，都是世界花文化领域的瑰宝，对世界花卉史、园艺史乃至整个人类文明，都有着极为深远的影响和不可磨灭的贡献。

第二章“中国的花卉种类与栽培技术”主要从技术角度，讲述我国拥有的花卉资源及传统花卉栽培技术。第一节“中国的花卉资源及栽培历史”介绍了我国独有的花卉品种及其栽培历史；在“中国传统观赏花卉的种类及栽培技术”一节中具体介绍了传统十大名花各自的特点与栽培技术。由于我国拥有无法替代的、种类丰富的花木资源，因此不能不提到最能够展现我国植物特色，尤其是花卉植物资源的艺术——中国园林艺术，我国在园林艺术史上的地位非同一般，曾被誉为“世界园林之母”；而园林中丰富多样的花木盆景，也是我国花卉文化中十分重要的一项，作为盆景艺术的创始国家，悠久的盆景历史和优秀的盆景技艺值得传承并发扬光大。

第三章具体介绍插花，“插花”是一门流传已久且博大精深的生活艺术，它作为一门独立的艺术起源于中国而发扬于世界。姹紫嫣红、鲜丽缤纷的花卉，不但能够增添生活情趣，它同时化身艺术生命，亦满足人们的心灵诉求。中国丰富灿烂的文化背景，悠久持续的历史，生活经验与智慧的结合，都是插花艺术诞生和形成的基础，因此第一节简述了中国插花艺术的发展历史。第二节讲述插花艺术的分类，插花在不同的历史阶段有着不同的历史地位及作用，在社会生活中的应用也有着不同的发展变化，因此插花技艺根据理论及实践上的不同，可区分为多种多样的类型。这些丰富的分类，都是通过不同的艺术手法，传达共通的生活之美，有的令人感受到自然之真，有的令人感受到宗教之圣，有的令人感受到艺术之美，有的令人感受到人文之善。第三节简述了我国插花艺术的创作方法。所谓插花创作，就是对多姿多彩的花材进行组合加工展现花之神韵的一门精妙技术，是将独到的草木之美、千姿百态的花卉特性创造升华以及艺术处理的过程。我国的插花艺术崇尚自然却不囿于自然，通过对形式、意趣以及色彩进行巧妙结合，令人领略到草木的独到之美和艺术的别致之美，无疑能够展现出中华民族所特有的审美观。

第四章主要介绍了花文化与其他艺术门类，包括中国花文化与文学、美术、音乐，以及与插花艺术紧密相关的花器艺术；从插花艺术的审美倾向中，我们能够看出，贯穿了整个中国传统文化的花文化，与各个艺术门类之间都有着不可分割的关系，而文人阶层作为推动花文化发展的重要主体，其真正专长的文学领域更是与花文化紧密相连。自然界的花花草草，在文学中呈现出独特的魅力不断鲜活起来，润泽和温暖中国文化人的心灵。从整体上说，文学与花卉有着密不可分的关系，文学赋予了花卉丰富多彩的内涵，而花卉也为文学提供了无数或美妙或伤感或寂寞的意象，丰富了文学创作的题材。中国画中花卉主题的发展历程和历史意义，以及日常的工艺美术花卉图案，也是不能不提的重中之重。人文色彩及艺术创造的参与，是中国花文化的核心。没有中国文人的文化建构和艺术升华，花文化将黯然失色。与此同时，花文化作为创作主题，也为中国文学、美术、音乐等门类带来了源源不断的灵感与辉煌的创作成就。

第五章主要介绍了社会文化中的花文化，诸如花文化与民间神话、传说、典故，花文化与民俗、节庆文化，花语与礼仪等等。其中，花语（language of flowers 或 flower means）是指人们用花来表达人的语言，表达人的某种感情或愿望，在一定的历史条件下逐渐约定形成的，为一定范围人群所公认的信息交流形式。更准确的概念也可以说是指各国、各民族根据各种植物，尤其是花卉的特点、习性和传说典故，赋予其不同的人性化象征意义。① 正因花语的象征语义，某种程度上，它构成了民间花文化，甚至整体花文化的核心。由花的“象征性”所发展衍生出来的一系列相关文化，如节日、神话传说、民俗俚语、国花、市花以及古代作为商业之用的传统花文化商品等，都在这一章节中粗略做了概述和列举。

此外，除了花卉植物本身的观赏、栽培、实用之外，我国自古就有“花文化产业”，古人将花卉文化加以升华、利用，并在商业活动中使用，甚至形成了经久不衰的“历史文化产业”，如今的“非物质文化遗产传承人”所传承的技艺中，很大一部分就是传承这些源自古代的“花文化产业”。其中，作为食用与药用的花文化，就是延续至今的最贴近生活的花文化。在中国，“食花”或被称之为“花馔”，有着悠久的历史传统，并日渐发展为民族文化重要的组成部分。在这一节中，介绍了人们将花材进行加工、提取、改良，使之成为一种成熟的食材乃至一种独特的饮食文化的历史，更加证明了花卉在人类社会中举足轻重的地位及其不可替代的文化功用。

总而言之，业已成熟的中国花文化史与悠久的中华文明发展史有着源远流长、密不可分的关系。不同领域的文化与中国花卉文化相互作用、相互影响，

① 贾军、卓丽环：《花语综议》，载《北京林业大学学报》（社会科学版）2010 年第 3 期。

可以说，中国花文化的起源和整个中国文化的形成，几乎是同步发展、息息相关、紧密相连的。

时至今日，花卉已不仅仅是单一的观赏植物，同时也是古今认同的具有生命力及灵魂的艺术化身。这种独具灵韵的艺术化身，是我国花文化的重要特点，具有无限丰富的内涵。重点挖掘花文化的艺术内涵，并开展相关的研究工作，能够进一步带动花产业的发展，为社会创造更多的经济效益。

今天，通过对花文化的研究，带动花卉产业的革新与发展，对于我国经济的发展有着十分重要的意义。所以本书下编着重介绍了花卉产业的现状及现代花文化产业。如何将文化价值最大程度转变为商业价值是一切问题关键的落脚点，因而在“花文化产业的发展现状与综合贡献”一章中，第一小节我们便延续古老的“花文化产业”和传统“花馔”历史这一话题，以现代食用花卉产业为例，考察围绕花文化所展开的特色花卉产业。我们可以看到，花卉产业进行文化方向的开发，不仅能够带动花文化的进一步发展，更能创新和优化自身产业结构。

花卉产业，主要是人们根据花卉的商品特性，以商业价值为目的所开拓的一系列商业活动，其内涵丰富，不局限于生产、开发、研究、售后服务和营销等环节。花卉产业由盆景、盆栽、干花、人造花、鲜切花、盆花、草花、装饰植物、观叶植物、种子、种苗、种球、绿色蔬菜、草坪、绿化苗木、观赏苗木、生物组培、栽培技术及设备、花肥、介质、病虫害防治、花盆、花架、营养钵、花瓶、插花布置、包装材料等部分组成，因而，花卉产业涉及方方面面的内容，可谓是具有生物系统工程特性的活力产业。

和花卉相关联的产业非常广泛，如保健、医疗、美食美容、旅游、节庆礼仪以及装饰等等，整个与花卉行业相关的产业链都包含在花文化产业的范围之内。这说明花文化产业未来的发展潜力是极大的。花卉与体验、休闲、旅游、教育、节庆等方面的结合，“花卉主题景点”“植物旅游资源研究”“花卉旅游商品研究”“花卉美食研究”“花卉与旅游审美研究”“花卉与节庆文化研究”“插花艺术教育”等领域的建设和拓展，都是未来产业结构升级、转型的新方向。只有将花文化应用于产业发展，让各行各业的人们都明白花卉在人类历史与文明中所占据的重要地位，理解其文化内涵和历史价值，才能提高人们对于花卉的热情，从而引导花卉消费市场及投资市场，从终端和源头改变花卉产业现状。

在第二小节我国花卉产业的发展阶段与现状分析中，介绍了我国传统花卉产业发展所经历的主要阶段，包括萌芽与缓慢形成阶段、挫折破坏阶段、恢复阶段以及快速发展阶段。从花卉产业的发展经验中我们可以得出两个十分重要的结论：其一，花卉产业与科学技术的发展进步有着极为重要和密切的关系，可以说，科技是推动花卉产业发展的一大助力，如果能清楚这一点，将科学技术成熟地应用于花卉产业无疑能对改善我国的花卉产业现状产生贡献性的作用；其二，花卉产业要进一步取得创新发展，只有注重对产业结构进行调整和优化，才能实现可持续发展。所以第三小节针对需要进行调整优化的问题，指出我国花卉产业的调整方向和趋势并提出相应的建议。归纳来说，未来我国花卉产业需要重视的理念和调整方向就是创新与变革。

第七章“现代花文化产业的机遇与挑战”简要概括了现代花文化产业发展的机遇与优势、现代花文化产业面临的形势与挑战，以及花文化对花产业的促进与推动。分析世界花卉产业和我国花卉产业的现状，有利于正确定位我国花文化产业的发展机遇与优势。在看清我国目前花文化产业发展面临的巨大机遇与优势前景的同时，也要认清客观的现状，哪些部分发展势头强劲，哪些部分尚有潜力，哪些问题是属于花卉产业行业本身的问题，哪些问题是通过花文化建设可以解决和改善的。只有不断调整目标、看清现状，才能积极而全面地面对未来的机遇与挑战。总体来看，花文化产业之路有着非常广阔的市场空间。中国花卉协会花文化专业委员会会长周武忠教授曾谈道：“推动花卉产业与其他产业相融合，依托资源优势，延长产业链条，助推产业转型。特别是与旅游产业、文化创意产业相融合，以花木基地为载体，打造花卉艺术主题公园或主题景区，开发花卉观赏、游憩休闲、文化体验产业，并形成花卉文化创意和花卉旅游商品设计、加工、销售等花文化产业链。”可以说，以花文化带动花产业，是增强我国花卉产业以及花文化产业竞争力，以应对未来国际商业竞争的必由之路。

现代花卉产业是一个高投入、高产出、高风险、高回报的新兴产业。而我国花卉行业的现状不容乐观，一缺品种，二缺技术，三缺人才，诸多“瓶颈”严重制约了我国现代花卉产业的发展，这也就等于制约了我国花文化产业发展的重要基础。因此，我国传统花卉行业必须进行战略性的调整和改革，我国花卉文化及花卉产业的战略思考已经不能再局限于过去的经验，而要以现代社会的主流需求为准，对未来方向进行调整和规划。

党的十八大报告里也提到了与花卉产业息息相关的内容：“建设生态文明，是关系人民福祉、关乎民族未来的长远大计。面对资源约束趋紧、环境污染严重、生态系统退化的严峻形势，必须树立尊重自然、顺应自然、保护自然的生态文明理念，把生态文明建设放在突出地位，融入经济建设、政治建设、文化建设、社会建设各方面和全过程，努力建设美丽中国，实现中华民族永续发展。”因此本书最后一章节，集中讨论了传统花卉产业面临的问题与相应的对策、反思，以及对我国花文化产业未来的发展方向提出了相应的建议。最后，以江西省和云南省为例，详细讨论了花文化与花产业发展的实际案例，从政策、方针、规划以及实际效益的例证进行立体的分析和介绍。

本书意在对花文化进行简明概述，对花文化产业进行简要业态分析，希望读者能从中了解中国传统花文化的精髓，提高审美能力，增进文化修养、拓宽知识面，在传承中国传统文化的同时，了解我国花卉及花文化产业的历史、现状以及未来趋势和发展方向。在继承传统的基础上，创造更加辉煌的新时代花文化，推进中国花文化产业建设的繁荣兴盛。

囿于笔者理论水平、写作时间有限，书中难免有错漏之处，还望广大专家学者和读者不吝指教。

上编　中国花文化

第一章　中国花文化的起源与演进

一、中国花文化的早期历史及其形成

在中国传统文化中，花文化有着举足轻重、不可替代的历史地位，而业已成熟的中国花文化史与悠久的中华文明发展史，更有着源远流长、密不可分的关系。谈到花文化在我国的起源，从文化心理的角度来看，首先可以认定早期花文化的源头是根植于中国传统哲学的。正是“天人合一”的精神内涵，决定了“人格”与“花格”的相互交融与渗透。审美中的内模仿与移情作用和花卉的实用性对花卉审美心理及花文化的形成也产生了较大的影响。① 人们不断从花卉的生命现象中获得关于美、关于生命、关于道德的体验和感受，反之，花卉也影响了人类识花、种花、养花、赏花、咏花、画花、插花、食花、乐花的生活方式。花文化，甚至成为人类经济与文化生活中一个不可替代的重大事项。

在中国花文化中，由于花卉具备食用、药用及观赏价值，很早就被古人栽培种植并加以广泛应用，历史上有关花卉的记载更是不胜枚举。可以说，花卉

---

① 张启翔：《中国花文化起源与形成研究（二）——中国花文化形成与中华悠久文明历史及数千年花卉栽培历史的关系》，载《北京林业大学学报》2007 年第 S1 期。

直接参与了中国文化的发展、完善。花卉真正作为一种“文化”的起源而被历史记录，最早可以追溯至六千到七千年前。

从考古器物方面的证据来看，关于我国花文化形成早期的实物证据，最早是1973年在浙江省余姚河姆渡遗址第四文化层出土的两件装饰有植物图案的陶制品，其一图案为鱼藻纹，另一图案为盆栽植物。这两件陶器的出土，证明我国将花卉植物进行人工栽培和盆栽培育的历史极为悠久，可以上溯到新石器时代河姆渡文化时期。此后是新石器时代仰韶文化时期的“勾叶纹彩陶盆”，此盆于1979年在山西方山县出土，其纹饰图案较为简单，圆点纹和绘色叶纹位于器腹上部，口沿处有涂彩，说明当时的人类已能够将对花叶的观赏转化为装饰图案运用到生活之中。再就是1963年到1976年间江苏邳县（今邳州市）出土的新石器时代大汶口文化“彩陶小口壶”，以及同为大汶口文化的“喇叭花纹陶钵”和“花瓣纹彩钵”，其中“彩陶小口壶”上装饰有精美的花卉图案，表面施以红色陶衣，白彩勾边花瓣纹。从以上同时期的器物花卉图样来判断，将花卉作为装饰图案的实用型陶器在新石器时代已经存在，花卉文化的审美功能已在日用器物中得到体现。

花卉开始出现并应用在青铜器上，是在商代后期。譬如1976年在河南安阳殷墟妇好墓出土的“妇好中柱盂”，该器具口径31cm，高15.6cm，造型美观，一镂空四瓣花朵形柱位于盂底中部，每当盂中装上水便有如绽放的花朵。同样出土于河南安阳殷墟的，还有一个内盛炭化梅核的商代铜鼎，从中可以看出，古人早在殷商时期就已挖掘出梅子的食用价值。

具备观赏价值和食用价值的莲花历来是中国传统文化中常见的题材，已知最早出现在器物上的，是1997年出土于山东莒县的以莲为题材的白陶“封口规”。该陶器封口处具有莲蓬状透气筛眼，是新石器时代黄河下游大汶口文化时期的一种三袋足陶器，通常用来煮鱼和煮肉。据专家推断，能够将莲花应用于器皿的装饰上，说明当时的人类已了解莲的习性，会观赏莲花并摘食莲子。

1923年河南新郑李家楼出土了以莲花为题材的“莲鹤方壶”，该壶为春秋中期的文化遗存，壶体为长方圆角体，重约64kg，高126cm，口为方形，设计精巧。此壶构图复杂精巧，造型美观，莲壶顶上还立有一挥翅作欲飞状的仙鹤。1927 年，以莲瓣作为盖子的一对“孤君嗣子壶”于河南洛阳金村出土。1978 年，作为战国食用器皿的“曾侯乙簋”于湖北随州擂鼓墩曾侯乙墓出土，同样以莲瓣装饰盖顶。1988 年，以莲花为题材的“莲盖方壶”于山西太原出土，该壶也属春秋中期，比之“莲鹤方壶”体量稍小，壶口为方形，高 40cm，以莲瓣为顶，是造型精致的容酒器。根据以上出土文物中花卉图样和主题的频繁出现，可以推测，在整个春秋战国时期，莲花是当时社会审美主流，而将莲瓣形制作为器皿的盖子亦是当时的文化特征。

1976 年，秦末汉初时期的“九枝连盏灯”出土于广西贵县罗泊湾，此灯以扶桑作为树形，高 85cm，主干是上细下粗的方形，有 3 层灯柱和 9 个树杈，9 个树杈各自有一桃形灯盏。① 1980 年，东汉时期以花卉为题材的“鎏金博山炉”出土于江苏邗江甘泉，该器灯为荷花花蕾形状，有 32cm 高，通体鎏金，美观大方。从以上两件出土器物中，可以看出当时的青铜器在满足实用功能的同时兼顾其艺术性；还能够看出花卉文化与工艺品的结合在当时就已达到水乳交融的高峰。

1978 年，作为贮水器具的东汉“绿釉陶贮水池”于陕西勉县墓葬出土，该器为平底圆形，直径 36cm，高 9cm，其构图匀称，图案栩栩如生，池内的水生植物有蒲草、菱角，动物有龟、鳖、鲤鱼、螺蛳、泥鳅等，池内有荷花花蕾 4 枝，荷叶 3 片，分别栖有一只欲跳未跳的青蛙。1980 年，东汉时期的“灰陶陂池水田”于云南呈贡出土，该艺术品为圆底平形，直径 43cm，高 7cm，水田中有荷苞、荷花、双鸭、游龟和两只短艇。这两件几乎同时代器物的出土，说明在东汉时期农业生产中稻田兼种荷花的耕作制度已经实行，花文化与农耕文化并驾齐驱、同步发展的态势已见端倪。

1973 年，以莲瓣为纹饰的东魏“褐黄釉陶龙柄瓶”于河北景县高雅墓出土，该瓶高 45cm，上腹部为阴刻的莲瓣纹。1971 年，北齐时期的“乐舞纹黄

---

① 张启翔：《中国花文化起源与形成研究（二）——中国花文化形成与中华悠久文明历史及数千年花卉栽培历史的关系》，载《北京林业大学学报》2007 年第 S1 期，第 75 ~ 79 页。

釉陶扁壶”于河南安阳范粹墓出土，该壶腹部两面都用“胡腾舞”图案装饰，高20cm，图案中一人于莲台起舞。可见从新石器时代至魏晋南北朝时期，古人对于莲花的观赏审美始终贯穿于器物装饰中，并逐渐呈现出融入日常生活中其他领域的趋势。

1959年，较为罕见的艺术品唐代“三彩釉塔形罐”于陕西西安墓葬出土，此罐有着色彩艳丽、结构复杂和造型奇特的特点，罐体高69.5cm，罐体中间部分以上下翻卷的莲瓣作为装饰。唐以后，制陶工艺以及装饰艺术得到更为普遍的应用和发展，花卉内容多以牡丹、荷花、海棠、玉兰、忍冬、桃花等为主题，形式上也多有纹样图案、花卉造型借鉴等，将花卉作为工艺图案进行装饰的瓷器也越来越多，花器尤甚。可以说花文化的内容是越来越丰富多彩，形式也越来越多样，复杂和精美的程度也渐近顶峰。

随着经济文化的发展，从隋唐到五代，瓷器的发展以及整个制瓷业技术的发展，都已经达到了相当的高度。不但名品辈出，而且涌现出无数影响后世的顶尖能工巧匠，这一时期的花卉文化紧随生产力的发展有了空前的发展。

唐代以后，发展出较高工艺水平的行业不仅有制陶业、手工业、建筑业、金属冶炼业和农业种植业，在文化领域，诸如文学、服饰、装饰、金银玉器、绘画等也都有较大发展。① 甚至插花艺术本身，也是在这个时代走向繁荣的。

与此同时，不同领域的文化与中国花卉文化相互作用、相互影响，同步发展。可以说，中国花文化的起源和整个中国文化的形成，几乎是同步发展、息息相关、紧密相连的。

二、中国花文化的发展与演变

除了考古学中从物质器物实证上来看早期花文化的起源及其在中国历史上

① 张启翔：《中国花文化起源与形成研究（二）——中国花文化形成与中华悠久文明历史及数千年花卉栽培历史的关系》，载《北京林业大学学报》2007年第S1期，第75~79页。

的发展脉络之外，从中国花卉文化自身的发展历史来看，也能看出整个花文化漫长的发展演变之路。中国花文化的发展史，大致可以分为始发期、渐盛期和繁盛期三个阶段。

从文献资料来看，花文化的文字记录最早可以追溯到春秋战国时期。中国历史上第一部诗歌总集《诗经》中，就有大量以花卉草木为主题的诗歌，如广为流传的："桃之夭夭，灼灼其华""维士与女，伊其相谑，赠之以芍药"和"标有梅"等词句，说明时人已经懂得以花喻人、借花传情；战国时期吴王夫差修筑玩花池于太湖之滨的离宫，供妃子西施赏荷之用；到秦汉时期，梅花、桃花已被应用于帝王宫苑的建造。因此，我们可以说先秦时代是中国花卉文化的始发期，这一时期中国花卉的观赏价值已经得到了专门的应用。

当然，还需补充说明的是，这一时期也是花卉植物的"物质实用时代"。此时人们更多注重的是花卉的食用与药用价值，花卉的观赏价值虽然已经存在，但只是作为食用价值的附属价值。人们对于花卉的观赏，还处于偶然、自发乃至分散的阶段，所出土的文物仍以动物题材纹饰居多，以花卉植物题材为主的纹饰虽有记录，但并非主流。《诗经》里有"参差荇菜，左右采之"之说，《庄子》里有"杜可食"之说，屈原在其作品《离骚》中咏叹"朝饮木兰之坠露兮，夕餐秋菊之落英"，说明在当时，人们不仅懂得赏花，还懂得食花。早期历史中，花卉虽有观赏价值存在，但其进入先民生活的主要原因，仍然是其物质实用性。

秦汉至盛唐是中国花卉文化的渐盛期，也可称作"花色观赏时代"。此时，花卉的观赏性才逐步成为其最大的价值而体现并融入时人的文化生活之中。如汉乐府《江南》云"江南可采莲，莲叶何田田"，三国时期曹魏钟会的《菊花赋》甚至专门以菊花为吟咏题材进行创作，东晋时期陶渊明的《桃花源记》以桃花为特别题材记述故事。到了隋唐时期，赏花已经成为社会主流的时髦风尚，甚至有了较为成熟和系统的审美标准，对于花卉的姿态、颜色、香气等，形成相对有体系、有理论依据的品评模式。花卉文化，自此开始更深入地渗透入古人的文化领域和精神层面。

宋、元、明、清时期是中国花卉文化的繁盛期，也被称为“文化象征时代”。尤其到了宋代，观赏花卉以及插花，已经形成独立的文化知识体系。这一时期的重要特点之一，便是在士大夫阶层的生活中已经完全融入插花、园林、园艺等活动，如著名的宋代“四艺”——插花、挂画、焚香、点茶，已经将插花列为重要的生活技能。而宋代名家苏轼在其《和文与可洋州园池三十首》的诗文里仅提到花卉景色的部分，就有11项之多。这一时期的特点之二，就是花卉产业化和民众游赏风气的兴起。洛阳牡丹、扬州芍药成为名扬天下的观赏花卉，文人墨客作品中关于花市的描写与绘画屡见不鲜，郊游赏花更是兴盛一时的时尚风气。这一时期的特点之三，是各类花卉园林著述大量出现。据专家统计，高达1388种的明清农书中，仅花卉类就有225种，说明花卉文化此时已经全面、系统地成为一种独立的文化知识体系，如清代鼎盛时期扬州文化实录《扬州画舫录》中就有大量当时观赏花卉的内容记述和描写。这一时期的特点之四，是关于花卉的文艺创作出现了一派较为繁荣的景象。清代文人龚自珍作《病梅馆记》，以花卉为题材针砭时弊，花鸟画中梅、兰、竹、菊“四君子”及“岁寒三友”松、竹、梅的题材也在当时成为文人写意画中最流行的符号。至此，中国花卉文化完成了从实用栽培到审美观赏，再到与人文精神完全融合的过程。

综上所述，从始发期到渐盛期乃至繁盛期，中国花卉文化的三个发展阶段并非是独立单一的，而是一个内容不断丰富、技术不断发展、文化认识不断提高的渐进过程。①

三、中国历代花论著作

中国历代关于花卉的著作不知凡几。粗略统计，自春秋战国时期至民国三

---

① 程杰：《论中国花卉文化的繁荣状况、发展进程、历史背景和民族特色》，载《阅江学刊》2014年2月第1期。

十六年（1947年），仅关于养花和种花的论著，数量就高达250部之多。依据基本的历史脉络，在此略列举如下。

秦朝以前文字资料中有关花卉的重要内容有：

（1）《诗经》里记载有部分花卉的生态环境，如兰草生于水边，香蒲与荷花生长在水泽，棠梨、山楸、梅、枸杞、李生于山上等。

（2）《夏小正》里记录了部分花卉的开花物候期，如农历正月开花的有梅、杏花以及山桃。三月开花的有桐树、九月开花的有菊花。此外，《夏小正》里还记录了古人利用部分花卉为农业生产及生活服务，如菊花（今野菊）开花之时，也是种麦时间的喻示。

秦汉时期，文献资料中有关花卉的重要内容有：

（1）《三辅黄图》里记录了秦朝时期开始种植观赏花卉并以此为宫殿命名，如长杨宫和兰池宫等。

（2）《三辅黄图》《汉书·孔光传》里记录了我国温室养花的情况。汉代的未央宫北处是温室殿，此殿既能防寒又能保温，冬季花木往往于此处陈列。

（3）《三辅黄图》里记录了亚热带花木向中原移植的情况，即观赏花木类如桂木、蜜香、指甲花、菖蒲、山姜、留求子（即使君子）等种于汉代的扶荔宫。

（4）《三辅黄图》里记录了汉代种植观赏花卉并以此为宫殿命名，如扶荔宫、竹宫、棠梨宫、葡萄宫和蕙草殿等。

（5）《西京杂记》记录了汉武帝修建上林苑时群臣所献的珍奇花卉。如观赏花卉就有"紫纹桃""蓬莱杏"（一株花杂五色）等数十种，其他食果与观赏花卉品种也丰富繁多，如梨、桃各有10种，杏有2种，山楂有3种，花红有3种，梅有7种。

（6）《史记·货殖列传》《西京杂记》里记录当时的商品里也包含了经济作物，如谈到作为染料之用的栀、茜种1000亩的收入约等于千户侯的收入。民间也有被认为是"奇树异草靡不俱植"的富庶阶层所修建的园林。

晋朝时期文献资料中关于花卉的重要内容有：

(1) 西晋《博物志》里记录了我国引进花木之始，即安石榴是安石国榴种，由张骞出使西域带回。

(2)《续广博物志》记载了我国最早嫁接花木的人是晋人王恺。

(3)《晋书》记载了茉莉花（北方称柰花）在晋时已作簪戴之用。

(4)《群芳谱》《神镜记》记载了白菊被晋人陶渊明发现，且以“九华”为其命名，而紫菊于河南被刘宋王韶发现。

(5)《香艳丛书》《齐民要术》记载了现存最早的花卉专著残本是晋朝的《魏王花木志》。

南北朝时期文字资料中关于花卉的重要内容有：

(1)《通志》《神农本草经》《谢康乐集》记载了原名木芍药的牡丹作观赏之用应在刘宋之时；著名文人谢灵运也有“永嘉水际竹间多牡丹”之形容句。

(2) 我国最早的专类谱是南朝刘宋戴凯之的《竹谱》，它表明这一时期竹的种类数量已经十分丰富，并且对竹有了相对深入的文化研究。

隋朝时期文字资料中关于花卉的重要内容有：

(1)《青琐高议·隋炀帝海山记》记录隋炀帝时易州进献了粉、红、赭红、浅黄、深黄诸色牡丹，说明在此时牡丹品种数量颇多。

(2) 隋炀帝有咏叹海榴（即山茶花，又名海石榴）的诗作。

唐朝时期文献资料中关于花卉的重要内容有：

(1)《说郛》（一百四十卷本）记载我国前所未有的花卉巨著为唐人王方庆撰写的21卷《园庭草木疏》。

(2)《龙城录》记录了唐人宋单父培育出形态和颜色不同的新品种牡丹，说明牡丹的人工育种在此时期已经开始。

(3)《国史补》记录因中书省多植紫薇的缘故，开元元年，中书令被改为紫薇令，而中书省被改为紫薇省。书中还记录了每到牡丹花开时节，京城为之轰动。可见唐人极其重视紫薇和牡丹两种花卉。

(4) 山茶原名海榴，中晚唐后才被称作山茶。晚唐诗人罗隐于浙南大罗山手植的山茶，至今仍有保存。

（5）《全唐诗》记录了当时用于吟咏的花卉主要有杜鹃花、海棠花、牡丹花、石榴花、琼花、兰花、菊花、桃花、梨花、荷花、梅花和芍药等。

（6）《酉阳杂俎》记录了唐玄宗时捺祇（红口水仙）已经传入我国。

（7）高山常绿杜鹃在此时期被称作山枇杷，白居易、元稹的作品里都对此花有所提及。

（8）罗虬的《花九锡》是标志着唐代插花艺术已出现的代表文章。

（9）武则天移栽引种牡丹于长安，渐开唐人鉴赏牡丹之风。

唐代关于花卉的文化论著及版本有：

（1）《魏王花木志》一卷，见《说郛》（宛委山堂本）卷一百四十。

（2）唐代罗虬的《花九锡》一卷，见《香艳丛书》第四集［清宣统二年（1910 年）国学扶轮社铅印本］、《五朝小说·唐人百家小说琐记家》《五朝小说大观·唐人百家小说琐记家》《唐人说荟》（乾隆本、道光本、宣统石印本、民国石印本）四集、《唐代丛书》四集。

（3）《名花集》又题《唐诗花卉集》（明代杨肇祉明写刊本）。

（4）《园林草木疏》一卷，唐代王方庆著。

（5）《平泉山居草木记》一卷，唐代李德裕著。

五代十国时期文献资料中关于花卉的重要内容有：

（1）《清异录》除了记载菊科的兰草外，兰科兰属植物也被称作兰，吴越及南唐时苏、浙一带将其誉为“香祖”。

（2）《清异录》记载我国瓶花之始为南唐时，李后主宫中有作隔筒以及插杂花的娱乐活动。

宋朝时期文献资料中关于花卉的重要内容有：

（1）《洛阳牡丹记》《洛阳名园记》里记载北宋时期洛阳牡丹有 90 多种，其中可以考证的有半数之多，时人栽培养护牡丹已有一定的心得。说明这一时期人们仍然最重牡丹。《越中牡丹花品序》《梦粱录》《天彭牡丹谱》记录了由于南宋政治中心向南移，栽种牡丹的风气在绍兴、杭州、成都十分兴盛。

（2）《幽芳亭记》记录了北宋时黄庭坚把一茎数花称作是蕙，一茎一花称作是兰，说明兰花从这时起被人喜爱并且流行起来。

（3）《梦粱录》《范村梅谱序》记载学种花的文人开始都须从种梅花学起，说明南宋空前流行的花卉为梅花。

（4）《刘蒙菊谱》《东坡杂记》《东京梦华录》记载北宋时期以开封为中心，菊花品种达到30种左右。酒肆酒店都以菊花所缚成的门窗招徕生意。《武陵旧事》《梦粱录》记录了南宋时常见的菊花品种数量已经达到七八十种。以苏杭为中心，民间习俗至重九必赏菊，宫廷之中的娱乐活动有点菊灯与菊花会。

（5）《全芳备祖》里记载有130种之多的观赏花卉，琼花、月季、腊梅、茉莉、桂花、芍药、荷花、山茶、木芙蓉都得到了良好发展。

（6）《梦粱录》《西湖老人繁胜录》记载至宋代，从民间到宫廷都有插瓶花的习俗。

（7）《丹铅总录》有"自宣和中名著，艮嶽列芳草八，此居一焉"这样称赞茉莉的描述。

（8）《南越笔记》记载将素馨花作穿灯之用的习俗，有"珠江南头庄头，周里许，悉种素馨"的相关描述。

（9）《梦粱录》记载花卉产业非常兴盛，至南宋时种花基地杭州东西马塍将花卉分为插瓶把花、扑带花朵、成窠时花、盆花等，作为商品出售。

（10）北宋时已出现现代盆栽的雏形。范仲淹说的"绿树碧帘相掩映，何人知道外边寒"，可以作为佐证。

（11）《齐东野语》记载以蒸气加温促使鲜花提前开放，叫作堂花（唐花）。

（12）赵时庚的《金漳兰谱》为世界首部兰花专著。

（13）赵孟坚的《春兰图》为现今保留最早的兰花名画。

宋代关于花卉的文化论著有：

（1）宋代谢翱的《楚辞芳草谱》一卷，见《香艳丛书》第五集［清宣统二年（1910 年）国学扶轮社铅印本]。

（2）宋代范成大的《桂海草木志》一卷，见《唐宋丛书·载籍》。

（3）宋代周师厚的《洛阳花木记》，见《说郛》（商务本）卷二十六。

（4）宋代王观的《芍药谱》，见《说郛》（商务本）卷七十。

（5）宋代张邦基的《陈州牡丹记》一卷，见《说郛》（宛委山堂本）卷一百四。

（6）宋代丘璿的《牡丹荣辱志》，见《说郛》（商务本）。

（7）宋代欧阳修的《洛阳牡丹记》一卷。

（8）宋代陈思的《海棠谱》三卷，见《丛书集成初编·自然科学类》（第 1356 册，据百川学海本排印）、《山居杂志》《四库全书·子部谱录类》《武林往哲遗著》《百川学海》（咸淳本、景刊咸淳本）辛集、《百川学海》（弘治本、景刊咸淳本据弘治目次编印本、景弘治本）癸集、《百川学海》（重辑本）壬集。

（9）宋代王观的《扬州芍药谱》一卷，见《百川学海》（咸淳本、景刊咸淳本）癸集、《百川学海》（弘治本、景刊咸淳本据弘治目次编印本、景弘治本）癸集、《百川学海》（重辑本）壬集、《说郛》（宛委山堂本）卷一〇四、《四库全书·子部谱录类》《墨海金壶·子部》（嘉庆本、景嘉庆本）、《珠丛别录》（道光本、景道光本）、《扬州丛刻》《丛书集成初编·自然科学类》（第 1356 册，据百川学海本排印）。

（10）宋代刘蒙的《菊谱》一卷，见《香艳丛书》第七集、《说郛》（宛委山堂本）卷一百二、《百川学海》（咸淳本、景刊咸淳本）戌集、《百川学海》（弘治本、景刊咸淳本据弘治目次编印本、景弘治本）癸集、《百川学海》（重辑本）壬集、《丛书集成》（第 1356 册，据百川学海本排印）。

（11）宋代赵时庚的《金津兰谱》三卷，见《四库全书·子部谱录类》。

（12）宋代史正志的《史氏菊谱》一卷，见《四库全书·子部谱录类》。

（13）宋代史铸的《百菊集谱》六卷、《菊史补遗》一卷，见《四库全书·子部谱录类》。

（14）宋代张镃的《梅品》一卷，见《百川学海》（重辑本）壬集、《夷门广牍·草本》《说郛》（宛委山堂本）卷一〇四、《丛书集成初编·应用科学类》《影印元明善本丛书十种·夷门广牍·草木》。

（15）宋代王贵学的《王氏兰谱》一卷，见《说郛》宛委山堂本卷一〇三。

（16）宋代赵时庚的《兰谱奥法》，见《说郛》（商务印书馆本）卷六十三。

元明时期文献资料中关于花卉的重要内容有：

（1）芍药、兰花、海棠、月季、牡丹、荷花、桂花、石榴、菊花、水仙、梅花、山茶作为我国传统名花已经形成。

（2）《种艺必用及补遗》记载花卉的催花和嫁接得到突出发展。

（3）《帝京岁时纪胜》《辍耕录》《学圃杂疏》记载了从元明时期起富人就购买江南花卉移栽于家中，原本没有梅花、芍药、牡丹的北京随着政治中心的北移而成为花卉业重要的中心。以生产芍药闻名的丰台是花卉业的重要种植基地。

（4）在此时期，著名养花基地有北京、成都、苏州、杭州、漳州（福建）、漳浦（福建）、菏泽（山东）、鄢陵（河南）、广州。

（5）《帝京岁时纪胜》《亳州牡丹史》《曹南牡丹谱》《帝京景物略》记载，芍药栽培中心先是扬州，后转移到北京和菏泽。牡丹栽培中心先转移到亳州，后面又转移到松江与菏泽。梅花和兰花栽培中心位于东南部。当时民间普遍栽养菊花。

（6）《养兰说》《帝京岁时纪胜》记载北京文人墨客多喜养兰，酒肆茶楼多喜以菊花招徕生意。

（7）《中国农学遗产文献综录》《中国农学书录》记载，兰谱明末时仅有4种，后增至18种；菊谱明末时有14种，后增至24种。菊花与兰花的专著随其品种增加而增加。

（8）插花专著《瓶花谱》《瓶史》诞生。

（9）《本草纲目》将兰花作为药用植物进行论述。

（10）陈继儒《种菊法》是首部点明菊花施肥“因种而异”的菊书。

明代关于花卉的文化论著有：

（1）明代高濂的《艺花谱》一卷，见《广百川学海》癸集（居家必备清刊本）。

（2）明代高濂的《艺花谱》一卷，见《说郛》续卷四十。

（3）明代王世懋的《学圃杂疏·花疏》一卷。

（4）明代王路的《花史左编》二十四卷（明万历年间刊本、明刊本、抄本）。

（5）明代夏旦的《药圃同春》一卷，见《说郛》续卷四十。

（6）明代程羽文的《花历》一卷，见重订欣赏编《水边林下》《说郛》续卷四十。

（7）明代程羽文辑的《花小名》一卷，见《水边林下》《说郛》续卷四十。

（8）明代江之源的《新镌江道宗百花藏谱》一卷、《续藏谱》一卷［明万历年间刊本（附江一桂的《增订藏谱》一卷）、明万历年间刊本、北京图书馆 1957 年油印本］。

（9）明代杨端明的《扬州琼花集》一卷（成化年间刊本）。

（10）明代薛凤翔的《花近楼丛书》。

（11）明代卢璧的《东篱品汇录》二卷（北京图书馆 1957 年油印本、明嘉靖年间刊本）。

（12）明代戴从父的《篱下放言》二卷，稿本（南京图书馆藏）。

（13）明代黄省曾的《艺菊诀》一卷，见《水边林下》；明代黄省曾的《艺菊书》一卷，见《农学报》。

（14）明代李奎的《种兰诀》一卷，见《广百川学海》癸集、《水边林下》。

（15）明代陈继儒的《种菊法》一卷，见《古今文艺丛书》第三集第一册、《农学丛书》《梅菊五种》《艺菊三种》。

(16)《菊谱》二卷上卷作者为明代周履靖，下卷作者为明代黄省曾，见《影印元明善本丛书十种·夷门广牍·草木》《丛书集成初编·应用科学类》(第U70册，影印夷门广牍本)、《夷门广牍·草木》。

清朝时期文献资料中关于花卉的重要内容有:

(1) 清人邹一桂在《洋菊谱》里记载清初输入的洋菊就是日本菊花。

(2) 明末清初出现了月季育种。长江下游是重要的园艺中心，中外的名花，相继在此出现。

(3)《析津日记》《燕京岁时记》记载，当时北京仅“芍药”一种，每天的销售数量就可以上万。隆福寺和护国寺，做花儿生意的工厂，一年四季都有时令花卉出售。这说明花卉商品的生产和销售得到了进一步发展。

(4)《燕京岁时记》《晒书堂笔录》记载北京的堂花，春天能开栀子，秋天能开梅花，冬天能开的花卉有丁香、碧桃、牡丹、海棠，说明温室栽培技术得到了进一步的提高。

(5) 西欧草花自鸦片战争后流入我国的数量日渐增加，光绪年间数量达到100种左右。上海作为重要的花卉生产基地，已经开始出现了现代化与专业化的温室。花卉市场也已经细分出了花篮、花圈、花束和切花等部分，进行生产出售。花卉展览会定期举办。

(6) 徐寿基的《品芳录》记载花卉136种，善用四字赞语，独抒花韵。

(7) 朱克柔的《第一香笔记》记载植兰技术，实用性高。

清代关于花卉的文化论著有:

(1) 清代王廷鼎的《花信平章》二卷，见《紫薇花馆集·紫薇花馆杂纂》。

(2) 清代孙之騄的《枝语》二卷(寿松堂刊本)。

(3) 清代徐石麟的《花佣月令》一卷，见清代吴丙湘辑《傅砚斋丛书》(清光绪十一年仪征吴氏刊本)。

(4) 清代徐寿基的《品芳录》[乐意吟馆清光绪丙戌(1886年)]。

（5）清代谢堃的《花木小志》一卷，见《春草堂集》。

（6）清代杨钟宝的《缸荷谱》，见《农学报》光绪二十六年五月下（1900年6月）第108册。

（7）清代吴仪一的《徐园秋花谱》一卷，见《赐砚堂丛书新编乙集》《昭代丛书》（道光本）丙集第八帙。

（8）清代吴菘的《笺卉》一卷，见《昭代丛书》（道光本）乙集第六帙。

（9）清代陈淏子辑的《花镜》（中国农书丛刊园艺之部）。

（10）清代马大魁的《群芳列传》二卷［清道光癸未（1823年）卢秀阁刊本（附群芳图五十种）］。

（11）《百花培养法》，（题）畹香主人，（抄本）。

（12）《花谱藤溪丛书》（清抄本）。

（13）清代张建鳌辑《花谱移情》（刊本）。

（14）《养兰说》，（题）苕溪花叟，清宣统元年（1909）刊本。

（15）《兰蕙真传》一卷［抄本（清光绪十七年序）］。

（16）清代区金策的《岭海兰言》二卷（抄本）。

（17）清代屠用宁的《兰蕙镜》一卷，见《艺海一勺兰语集》。

（18）赵学敏的《凤仙谱》一卷，见《昭代丛书》（道光本）别集。

（19）清代俞樾的《琼英小录》一卷、附录一卷，见《武林掌故丛编》第十九集、《春在堂丛书》。

（20）清代钮琇的《亳州牡丹述》一卷，见《昭代丛书》（道光本）辛集别编。

（21）清代张光裕的《桂考》一卷［光绪辛卯（1891年）湘霞仙馆刊、广州聚珍印务局铅印本］。

（22）清代梁廷栋的《种岩桂法》一卷，见《农学丛书》七集第十册。

（23）清代程岱葊的《西吴菊略》一卷，［清道光二十五年（1845）廛隐庐刊本］。

（24）清代邹一桂的《洋菊谱》一卷，见《昭代丛书》（道光本）丁集新编、《赐砚堂丛书》未刻稿。

（25）清代计楠的《菊说》一卷，见《昭代丛书》（道光本）辛集别编。

（26）清代闵廷楷的《养菊法》一卷，见《艺海一勺》。

（27）清代许兆熊的《东篱中正》一卷。

（28）清代萧清泰的《爱菊琐录》二卷，附《赏菊记》，［清道光癸未（1823年）刊巾箱本］。

（29）清代吴升（湖酒民）的《九华新谱》一卷，附《志圃新菊》一卷，见《古今说部丛书七集》［清抄本（题：菊谱）、清铅印本］。

（30）清代叶天培的《叶梅夫菊谱》二卷，［清乾隆四十一年（1776）写刊本］。

（31）清代相国治的《携李屠氏艺菊法》，见《农学报》光绪二十四年三月下（1898年4月）—光绪二十四年闰三月上（1898年4月）第27、28册，《农学丛书》第一集第九册，《农学报选集本》《农荟本》。

（32）清代顾禄的《艺菊须知》二卷，附《晚香吟》一卷（茶磨山馆刊本）。

（33）清代陈坦园的《艺菊十要》一卷，［清同治四年（1865）陈氏重抄本］。

（34）《菊谱》，（题）爱菊山人，［清光绪二十四年（1898）抄本］。

（35）清代陈葆善的《月季花谱》，见（抄本）。

（36）《月季花谱》，见《农学报》光绪二十五年七月下（1899年9月）第78册。

（37）清代朱克柔的《第一香笔记》四卷（约嘉庆间刊本）。

（38）清代刘文淇的《艺兰记》一卷，见《美术丛书》初集第一辑。

（39）清代袁世俊的《兰言述略》四卷，［吴门袁氏清光绪丙子年（1876年）刊本；抄本（附：《艺兰总说》一卷）、清光绪抄本］。

（40）清代杜文澜的《艺兰四说》一卷，见《曼陀罗华阁丛书》《清人说荟》第二集（清同治年间刊本）。

(41) 清代吴传沄的《艺兰要诀》一卷。

(42) 清代田毅门（程鉴湖录）的《养兰诀》一卷（清宣统二年游怠轩抄本）。

(43) 清代冒襄的《兰言》一卷，见《昭代丛书》（康熙本）甲集第六帙。

近现代关于花卉的重要内容有：

(1) 喻衡与菏泽花农共同协作，选育牡丹新品种一百多种，尤其对菏泽牡丹与洛阳牡丹的研究做出突出贡献，参与《中国花经》《中国十大名花》部分编写工作。

(2) 姚毓璆对浙江省兰花野生资源进行调查并保护，编著新中国成立后第一部兰花专著《兰花》。

(3) 吴应祥所编著的《兰花》《中国兰花》具有很高的艺兰研究价值。

(4) 周家琪“牡丹、芍药花型研究”课题获林业部科成果二等奖，著作《牡丹》是中国牡丹研究的重要成就。

(5) 刘师汉所著《实用养花技术手册》《菊花》《绿篱》均为科普性强的畅销读物，使大众对于花卉的认知不限于表面。

近现代关于花卉的文化论著有：

(1) 翁国梁《水仙花考》，中国民俗学会，1936 年铅印本一册。

(2) 翁氏《漳州》，1936 年铅印本一册。

(3) 李寅荣著《行道树》，正中书屋，1948 年。

(4) 陈植著《观赏树木学》，上海永祥书馆，1955 年。

(5) 鄞裕洹著《花镜研究》，农业出版社，1959 年。

(6) 庄茂长著《云南山茶花》，上海科学技术出版社，1959 年。

(7) 喻衡著《曹州牡丹》，山东人民出版社，1959 年。

(8) 柳子明著《中国几种著名花卉》，湖南人民出版社，1959 年。

(9) 俞德浚主编《华北习见观赏植物》（第一、二集），北京科技出版社，1962 年。

（10）北京园林局编著《北京花卉》（上、下册及续编），北京出版社1980年。

（11）卓宏谋著《菊谱》，上海科学出版社，1926年。

（12）兰蕙研究会辑《兰蕙谱》（秘本），上海世界书局，1928年。

（13）夏诒彬著《花坛》，上海商务印书馆，1933年。

（14）周宋璜、刘振书著《木本花卉栽培法》，上海商务印书馆，1934年。

（15）蒋芸生编著《薰茶花栽培》，农业出版社，1980年。

（16）杨白荔等编《月季花》，中国建筑工业出版社，1980年。

（17）陈俊愉等编《园林花卉》，上海科技出版社，1980年。

（18）喻衡著《菏泽牡丹》，山东科技出版社，1980年。

（19）漳州市文联编著《水仙花志》，福建人民出版社，1980年。

（20）汪亦萍、俞仲辂著《山茶花》，中国建筑工业出版社，1981年。

（21）北京林学院城市园林系编著《花木栽培法》，农业出版社，1981年。

（22）姚同玉编著《花卉园艺》，中国建筑工业出版社，1981年。

（23）《花卉摄彩艺术区惠摄影》，上海人民美术出版社，1981年。

（24）中国科学院昆明植物研究所编著《云南山茶花》，云南人民出版社。

（25）谢成元著《君子兰》，吉林人民出版社，1982年。

（26）上海植物园编《花》，上海人民美术出版社，1983年。

（27）韦金笙编著《芍药》，中国林业出版社，1983年。

（28）姚毓璆编著《菊花》，中国建筑工业出版社，1984年。

（29）沈渊如、沈荫春著《兰花》，中国建筑工业出版社，1984年。

（30）杨念慈编著《常见花卉栽培与欣赏》，山东科技出版社，1982年。

（31）章守玉等编《花卉园艺》，辽宁科技出版社，1982年。

（32）南京中山植物园编著《花卉园艺》，江苏科技出版社，1982年。

（33）王渭川编著《水仙花造型艺术》，科学普及出版社广州分社，1984年。

（34）刘师汉等编《菊花》，上海人民美术出版社，1985年。

（35）许衍灼编《春晖堂花卉图说》〔影印〕，中国书店，1985 年。

（36）黄岳渊、黄德邻著《花经》〔影印〕，上海书店，1985 年。

（37）侯鸣皋、高德举编著《中国的花卉》，人民出版社，1986 年。

（38）王云章编《药用花卉》，山西科学教育出版社，1986 年。

（39）刘淑敏、王莲英等编著《牡丹》，中国建筑工业出版社，1987 年。

（40）张本编著《月季群芳谱》（第一辑），贵州人民出版社，1985 年。

（41）沈渊如、沈荫春著《杜鹃花》，中国建筑工业出版社，1985 年。

（42）王其超、张行言编著《荷花》，中国建筑工业出版社，1985 年。

（43）浙江省花卉协会主编《浙江花卉》（常见花卉专辑），浙江科学技术出版社，1985 年 11 月。

（44）杨康民、朱文江编著《桂花》，上海科技出版社，1988 年。

（45）徐海滨、王小建等编著《新编家庭花谱》，江苏科技出版社，1988 年。

花卉文化能够从日常生活中被提炼和提升到理论高度，有如此分量、浩如烟海的花文化文论著述，并成为一种成熟的、系统的文化，少不了历代文人学者们孜孜不倦的研究，源源不断地赋予其内涵。

然而如此浩瀚广博的花文化尚未被今人深度认知并了解，甚为遗憾。时人应该着力于在这数千年的传统文化中努力提炼并汲取今人所需的知识并加以利用，无论是用于文化创意产业建设，还是花卉产业本身的建设；还要向发达国家学习，学习其先进的科学技术、管理方法及经验，还有与时俱进的现代化观念。作为历史如此悠久的花卉文化大国，中国更应该在世界花卉文化中充满自信，成为文化输出的典范。

四、中国古代花卉文化的传播及其对世界的影响

从过去的历史和浩瀚的古代花卉专题文论著作中，我们不难看出，中国传

统的花卉文化一直对世界有着深远的影响，甚至一度引领着世界花卉文化的方向。

英国植物学家 E. H. 威尔逊曾在其著作《中国，花园之母》（*China, Mother of Gardens*）中写道："中国的确是花园的母亲，因此一些国家的花园深深受惠于她所具有的优质的植物，从早春开花的连翘、玉兰，夏季的牡丹、蔷薇，到秋天的菊花，显然都是中国贡献给园林观赏花卉的丰富资源，还有现代月季的亲本，温室的杜鹃、搂草，吃的桃子、橘子、柠檬、柚子等都是。老实说来，美国或欧洲的园林中，无不具备中国的代表植物，而这些植物都是乔木、灌木、草本、藤本行列中最好的。"①

我国花木植物的对外传播，最早在东晋时期便已开始。12 世纪初在更广泛的文化交流中，菊花、荷花、牡丹、兰花、梅花等中国传统名花就已被作为稀有的观赏类植物，远播至朝鲜、日本等亚洲地区。菊花更成为日本皇室的象征，作为天皇"家纹"和日本国徽的图案。公元 8 世纪左右，梅树被引种到日本，多用于神社、佛阁、庭园等处栽种，专供赏花之用，甚至为此专门组织了"梅之会"。

16 世纪中后期，中国传统花卉渐渐西传，荷兰商人专门通过经商贸易途径将菊花引入欧洲。到了 18～19 世纪，欧美等国也逐渐从我国云南、四川等地引进杜鹃、山茶、报春花等花卉品种至本国进行嫁接培育。由欧美培育试种成功的杜鹃花就有约 200 种，相比原有品种，新嫁接培育出的杜鹃花花色更为艳丽、花期更为长久、花形更为丰满，不仅提升了观赏效果，更充实了欧洲花卉园林的品类。除此之外，自我国引入的报春花品类也多达 130 多种。

然而，要说中国花卉对世界园艺贡献最大的本土花卉品种，却并非上文提到的几个类别。18 世纪前，欧洲对月季的种植和观赏已经比较成熟，市场提出了较为苛刻的需求。当时欧洲蔷薇花期很短，每年仅夏季开花一次。色泽深浅不一，花形也存在着一定局限，花苞较小，并且颜色单调，只有红白两种。

---

① 余树勋：《中国，园林的母亲》，载《植物杂志》1981 年第 5 期。

尽管花艺从业人员在此基础上进行过无数次杂交和改良，并企图提升其观赏特性，但都无法满足市场需求。因此，欧洲月季界不得不改变思路，将重心投放到东方的月季市场。即便如此，中国的“月月红”（Slater's Crimson China）、“月月粉”（Parsons' Pink China）、“帕氏淡黄香水月季”（Park's Yellow Tea-scented China）和“屏东月季”（Hume's Blush Tea-scented China）四个月季品种，也还是到了1780年前后才从中国传入欧洲。据说，当这四款中国珍品由印度孟加拉湾传入欧洲时，正值英法两国交战时期，但为了确保中国月季安全到达目的地，双方竟达成了临时停战协议，并在英国军舰的护送下将中国月季珍品送到了法国皇帝拿破仑一世妻子约瑟芬的手中①，种植在了皇后专有的玛尔梅森月季花园。也正是基于此契机，欧洲将本地及中东几乎所有的月季品种融汇整合，迎来了欧洲月季发展史的黄金时代，并奠定了现代月季系统的坚实基础。

除去中国花卉品类移植及传播之外，中国的插花艺术也伴随着中国古代的佛教文化东传至日本，并与日本本土精神文化相融合，得以逐步发展、创新、提升，成为与日本人生活紧密相连的传统艺术——日本花道，并在世界范围内形成了更为深远的花文化影响力。

此外，中国的花卉园林艺术对世界各国的影响也不可小觑。日本园林原本为古典庭院式，但在奈良时代和平安时代，日本曾先后19次派遣唐使前往唐朝学习中国文化，其中也包含了中国园林艺术。在这个时期，日本园林艺术受中国园林道家情思“一池三山”的影响逐渐形成了“池泉筑山亭”的园林艺术。到13世纪，中国佛教禅宗和宋代写意山水概念也逐渐传播到日本，禅宗的禅意和思辨、南宋文人画的写意技巧，也对日本园林美学带来了深远影响，使日本园林在自然景致方面呈现出了更加简洁、概括、洗练的意境。正如日本三大名园之一的“后乐园”，即效法了宋代文人墨客对园林的取名方式：以我国宋代名家范仲淹的《岳阳楼记》中的名句“后天下之乐而乐”为据而得名。

---

① 吴丽娟：《月季花文化研究》，中国林业科学研究院硕士论文，2014年。

由此可见，中国的花卉种植栽培技术、园林艺术、插花艺术，乃至与此相关的花文化，都是世界花文化领域的瑰宝，对世界花卉史、园艺史乃至整个人类文明，都有着极为深远的影响和不可磨灭的贡献。

第二章　中国的花卉种类与栽培技术

一、中国的花卉资源与栽培历史

（一）中国独有的花卉资源及特点

中国花卉资源最大的特色是花卉种类和资源丰富多样。中国是世界上野生植物资源最为丰富的国家之一，原产高等植物的数目约有3.5万种之多，约占世界高等植物资源的1/9。多样的花卉物种和中国的自然环境有着密切的关系。除了广袤多样的“地利”以外，中国还有得天独厚的气候优势，即整个中国国土横跨寒带、温带、亚热带三个气候带，正是复杂的气候环境孕育了丰富的花卉资源。加之中国自古以来，以农业为本，包含于农业文化的花卉种植与培育也因此得以较早起步，并伴随着农业的发展而一同发展起来。优良的先天条件与劳动人民后天的勤劳智慧，使得中国拥有傲于全球的花卉资源以及厚重的花文化历史。

在丰富的花卉资源中，最让人引以为傲的要数中国独有的原产花卉：兰花、梅花、牡丹、菊花、月季、杜鹃、荷花、茶花、桂花以及水仙。这十个品类的原产花卉作为“十大名花”在我国传统花文化中有着不可替代的重要历史地位，这在后文会加以详尽介绍。

其他原产我国的花卉还有龙胆、报春、紫薇、迎春、桃花、樱花、紫藤、萱草等。此外，中国特产的珍稀天然花卉种类包括了香水月季、大花香水月季、木香、栀子花、南天竹、鹅掌楸、藏报春、红花檵木、四季樱草、棣棠、结香、腊梅、珙桐、金花茶以及黄牡丹等等。

中国作为具备植物物种多样性和遗传多样性的国家之一，除了天然野生的花卉品类之外，也有大量人工选种、栽培引种、驯化出的我国独有的新类型和新品种，根据不同标准划分，这些独特的原产花卉有以下品类：

台阁类型品种包括芍药、桃花、牡丹、麦李、梅花等；变色类品种包括木芙蓉、木槿、荷花、石榴、扶桑、蜀葵、月季等；抗性强的品种包括野生菊花、野生蔷薇、百合、玫瑰、山茶和原产山杏、山桃、光核桃、紫薇等；枝条自然下垂的品种包括垂枝榆、垂枝椴、垂枝梅、垂枝桃、垂枝槐等；自然龙游品种包括龙游桑、龙游槐、龙游梅、龙游桃、龙游山桃等；微型与巨型品种包括微球月季、小月季、微型月季等。

可以说，花卉的人工栽培史也是花文化发展史的另一个侧面。在对花卉进行人工栽培的过程中，人们逐渐掌握了更多的知识技术，对花卉的生物学特性和生态学习性逐渐有了更为深入和系统的认识。

（二）中国花卉的栽培历史

中国花卉栽培历史上主要的传统栽培花卉有兰花、月季、杜鹃、梅花、牡丹、菊花、茶花、荷花、桂花、水仙、玉兰、腊梅等。以下分别略述各个种类的大致栽培历史。

1. 梅花的栽培历史

梅花是毋庸置疑的“国香”，其因凌霜傲雪、迎寒竞放、娇妍洁白，独绽幽香的独特形象，完美符合中国传统文人精神，最早成为中国传统的主要栽培花卉之一，其栽培历史至少有3200年。西汉时期，在长江流域一带，将梅花作为栽培花卉的风潮就已经非常盛行。经过人工的栽培以及驯化，一些生长奇异的梅花甚至发展为专供观赏之用。《西京杂记》中便有中国最早的赏梅记录，其中记录了“朱梅”“紫蒂梅”“丽友梅”“紫花梅”“胭脂梅”“侯梅”“同心梅”等汉武帝“上林苑”的观赏品种。

除了观赏价值之外，智慧的古代劳动人民也善于利用梅的食用价值和药用价值，如“蜜点梅花带露餐”“脱蕊收将熬粥吃”之类的文学记录表明了古时梅花的食用价值。

远古先民于野外发现梅子，在摘取应用的过程中发现梅子不仅可以食用，还能调味、治疗。譬如梅子经过熏制作为中药，色泽焦黑，称为乌梅。乌梅有止呕、祛痰、解热之效，古代医书中记载它能“止渴生津，敛肺涩肠”，是治疗久咳泻痢、口干烦渴之类病症的良药。

2. 牡丹的栽培历史

牡丹国色天香，自古是文人所热爱歌颂的对象。隋唐时期，种植牡丹开始繁盛，长安牡丹尤为出名。唐朝的舒元舆曾说：“古人言花者，牡丹未尝与焉。”“余观前贤之赋草木者多矣，……惟牡丹未有赋者……”同时代的李德裕也有类似说法，一度使研究者以为唐朝以前不存在牡丹栽培。但是细究之下，这个结论实有谬误，传世医书《神农百草经》中早已将牡丹作为药用植物列入其中，而古籍《海记》里也记载了隋炀帝行使天子权柄，遍栽牡丹的事例。由此可见，专供观赏使用的牡丹栽培，在隋代就已存在了。

到了唐朝，赞美牡丹的文人作品数量不少。“落尽残红始吐芳，佳名唤作百花王。竞夸天下无双艳，独占人间第一香。”皮日休的这首《牡丹》就是最为经典的歌颂牡丹之作。诗人刘禹锡的“唯有牡丹真国色，花开时节动京城”也是歌颂牡丹的经典诗句。可谓“家家习为俗，人人迷不悟”，种植以及观赏牡丹已经成为当时的流行风俗。①

到了宋代，栽培牡丹的风潮依旧不减。张邦基《墨庄漫录》就曾记载洛

---

① 汤忠皓：《牡丹花考》，载《中国园林》1989 年第 2 期。

阳太守有花千万朵的“万花会”的热闹盛况；著名文人欧阳修在其作品《洛阳牡丹记》中，亦有“洛人家家有花”的文字记载，详细收录了牡丹品种、分类、种植、栽培及其养护的方法和技巧，可算中国历史上首部研究牡丹的著作，在花卉文化历史上意义十分重大。

明朝时，亳州盛产牡丹。光是薛凤翔的《亳州牡丹表》《亳州牡丹史》就记载了267种的牡丹品种。明朝以后至清代，山东曹州出产的牡丹在地位上逐渐取代了亳州牡丹。

至近现代，受抗战的影响，牡丹的栽培种植体系遭到非常严重的破坏。衰颓的情况直到20世纪60年代才有所转变，北京、杭州、扬州、苏州、上海、南京、西安等地又兴起了栽培牡丹的热潮。

3. 菊花的栽培历史

菊花作为我国传统栽培花卉，具有相当宝贵的药用价值和食用价值，古典著作《诗经》以及《离骚》中就有相关记载。《西京杂记》中就有关于菊花作为药酒食用的记载：“菊花舒时，并采茎叶，杂黍米酿之，至来年九月九日始熟，就饮焉，故谓之菊花酒。”而“菊花久服能轻身延年”也是汉朝《神农本草经》中关于菊花药用价值的描述。“蜀人多种菊，以苗可入菜，花可入药，园圃悉植之，郊野人采野菊供药肆”。甚至三国时代菊花的身影都一直不断出现在花卉相关的著作之中。①

晋朝，著名的爱菊文人陶渊明有大量诗作歌咏菊花；南北朝时期，菊花被陶弘景分成“真菊”和“苦薏”两个种类；唐朝时期，栽培菊花的技术不断推陈出新，紫色和白色的菊花品种出现，唐人也学会了使用嫁接法来繁殖菊花。与此同时，日本栽培菊花的技艺也追随中国菊花栽培历史的发展而有了新的进步。

宋朝，随着菊花栽培技术的进一步精湛，菊花的数量和品种更加丰富，这

---

① 彭旗荣：《迟晚菊花株系HR－1快速繁育体系构建》，湖南农业大学硕士论文，2015年。

从宋人大量的菊谱著作中就能得到证明。到了清代，乾隆皇帝召集画师画菊，接受献菊，这些重视菊花的行为，也对菊花文化的发展有相当贡献。菊花育种技术也在此时出现，菊花品种更为丰富多样。中国菊花开始传入西方，影响欧美，西洋菊花的重要亲本正是来源于中国菊花。

新中国成立后，菊花栽培技术得到很大提高，民国时期日趋衰弱的菊花种植业又复兴起来。

4. 杜鹃的栽培历史

由于杜鹃具有极高的园林价值，19 世纪末，西方国家多次从云南、四川等地采走杜鹃花标本和种苗。比如 309 种杜鹃新种就曾被英国的傅利斯采走，中国云南的“杜鹃巨人”——大树杜鹃，经傅利斯采走标本后，在伦敦大英博物馆展出，世界为之轰动。如今世界各地的杜鹃种苗几乎都来源于中国。

在汉代医书《神农本草经》里，黄花杜鹃羊踯躅作为有毒植物被列出，这是药用杜鹃的最早记录。观赏杜鹃，则在唐代出现，文人白居易栽种杜鹃不成，写道：“争奈结根深石底，无因移得到人家。”移植成活后，他又道：“忠州州里今日花，庐山山头去年树，已怜根损斩新栽，还喜花开依旧数。”喜爱之情溢于言表。

宋代，杜鹃栽培技术有所发展，杜鹃多栽培于庭院之中。南宋的《咸淳临安志》记载：“杜鹃，钱塘门处菩提寺有此花，甚盛，苏东坡有南漪堂杜鹃诗，今堂基存，此花所在山多有之。”诗人王十朋也写道：“造物私我小园林，此花大胜金腰带。”

到明代，《草花谱》记录有：“杜鹃花出蜀中者佳，谓之川鹃，花内十数层，色红甚；出四明（今浙江四明山）者，花可二、三层，色淡。”

至清朝，杜鹃花盆栽在《苏灵录》中被列为“十八学士”之一，排行第六。“杜鹃花以二、三月杜鹃鸟鸣时开，有两种，其一先敷叶后著花（先叶后花）色丹如血；其二先著花后敷叶（先花后叶）色淡，人多结缚力盘盂翔凤之状。”此为《涌幢小品》所记录的杜鹃作为盆景之状态。道光年间，国外杜鹃被引入国内进行栽培，在《桐桥倚棹》中有此记载。

5. 月季的栽培历史

“翠蔓红花，属少霜雪”，月季的观赏价值自古便得文人雅士承认并大加赞赏。

我国在神农时代就有挖取野生月季种植于家中的文字记录，汉唐时，月季开始进入宫廷之中专供观赏。宋代的《益都方物略记》有载：“此花得终岁，十二月辄一开。”但最早记录月季栽培法的是明代《群芳谱》，其中写道：“月季花有红、白及淡红三色，逐月开放，四时不绝。花千叶厚瓣，亦蔷薇类也。”说明月季的栽培在我国很早就已开始。相比之下，欧洲人关于月季的记录晚了至少160多年。

栽培月季品种大大增加的时期则在明末清初。清代《花镜》载：“四季开红花，有深浅白之异，与蔷薇相类，而香尤过之。须植不见日处，见日则白者一二红矣。分栽、扦插俱可。但多虫莠，需以鱼腹腥水浇。人多以盆植为清玩。”此外，《月季花谱》《月季画谱》等记录月季品种的书籍也在此时出现。

和牡丹一样，由于战乱原因，从鸦片战争到新中国建立之初，月季品种及数量急剧减少，直到新中国成立以后才逐渐得到恢复。因此，花卉文化的兴衰也是政治经济、社会状况的晴雨表，从历史上回看，亦得到印证。

中国月季传入欧洲后，经与欧洲蔷薇杂交、选种、培育，月季新体系由此产生，中国月季故而也被称为“世界月季之母”。

6. 茶花的栽培历史

茶花树不仅四季常青，树形优美，姿色俱佳，且有着“世界名花”之美名。7世纪时，中国茶花首先传入日本，17世纪时传入欧洲，轰动一时。

人工培育茶花在三国时期就已出现，但在南北朝至隋代，人们庭院里种植的观赏茶花仍然多是取自野生茶花。茶花受到热捧是在唐宋时期，“门巷欢呼十里寺，腊前风物已知春”，诗人范成大此句诗就是对茶花的描写。唐代李德裕的《平泉山居草木记》对当时茶花的品种进行了详细记录。而南宋诗人陆游也曾写诗吟咏“雪裹开花到春晚，世间耐久孰如君?”足见其对茶花之喜爱。

宋代记载的茶花品种约有15种，元代增加了2种，明代又增加27种，清代增加了87种。到现代，我国已拥有超过千种的茶花品种，并以每年70到80种新增品种的速度更新发展。

7. 兰花的栽培历史

兰花淡雅高洁且质朴文静，符合中国传统审美标准，也是传统文人诗歌画作中最爱吟咏的主题。追溯其历史，曾有越王勾践在浙江绍兴诸山种兰的记载。将兰花作为庭院点缀，出现在魏晋以后。“幽兰香风远，蕙草流芳根”，出自唐代诗人李白之手。到了宋代，宋人罗愿有文云：“兰之叶如莎，首春则发。花甚芳香，大抵生于森林之中，微风过之，其香蔼然达于外，故曰芝兰。江南兰只在春芳，荆楚及闽中者秋夏再芳。”说明当时兰花的栽培技术已相当高超。当然，最早研究兰花的著作出现在南宋时期，《金漳兰谱》《兰谱奥法》《王氏兰谱》等诸多关于兰花观赏及栽培的著作，将兰花文化的研究推至一个新的高度，至今影响后人。

明代，高濂的《遵生八笺》、张应民的《罗篱斋兰谱》及《本草纲目》都对兰花有所记录。清代有浙江嘉兴人许氏的《兰蕙同心录》、袁世俊的《兰言述略》、朱克柔的《第一香笔记》。仅明清两代，关于兰花栽植书籍的数量就不胜枚举，可见清人对兰花的喜爱及重视。

近代，浙江杭县人吴恩元的《兰蕙小史》对兰花栽培进行了比较全面的概括和总结。1930年夏治彬的《种兰法》，1950年姚毓谬、诸友仁的《兰花》，1963年成都园林局的《四川的兰蕙》，1964年严楚江的《厦门兰谱》，1980年吴应祥的《兰花》和《中国兰花》等书籍，标志着近现代中国兰艺研究取得了阶段性的成就。

8. 桂花的栽培历史

桂花既能作为香料，也能作为花茶饮用，观赏价值亦不凡。屈原说它“援北斗兮酌桂浆”“辛夷车兮结桂旗”，李清照说它“自是花中第一流”。

《山海经·南山经》里的“招摇之山多桂”是最早有关桂花的文字记载。陈后主为爱妃张丽华在庭院中建“桂宫”，栽植桂树，并让张妃驯养一只白兔，不时独步于中。这是汉代至魏晋南北朝时期，桂花作为观赏花卉进入宫廷的历史记录。

唐宋文人也以吟咏桂花为时尚，无数描写桂花的文章诗作足以说明唐宋时期桂花的栽植风尚及栽培技术已得到广泛应用。

元人倪瓒有诗“桂花留晚色，帘影淡秋光”，间接证明元代对桂花的栽培和赏玩已从宫廷发展到民间，成为日常观赏花卉。桂花栽培的历史可以说是从唐宋开始，到明初昌盛。

1771 年，中国桂花传入英国，并得到迅速发展，作为桂花品种的输出国，又为世界花文化做出了巨大贡献。

9. 水仙的栽培历史

水仙属石蒜科，为多年生球茎植物，其茎叶清秀，花香怡人，备受世人喜爱。我国水仙的栽培历史距今已有 1500 年左右，但它真正作为盆栽大约始于唐代，种球从意大利引进。《群芳谱》说：“水仙六朝人呼为雅蒜。”到了宋代，水仙被叫作“天葱”。唐宋时期，我国已经普遍流行盆养水仙，《花史》记载，唐宋时是水仙培育及观赏的鼎盛时期，“唐玄宗赐虢国夫人红水仙十二盆”。《千家诗》亦有“水仙齐着粉红衫”之句；宋代杨万里《水仙花》诗云：“韵绝香仍绝，花清月未清。天仙不行地，且借水为名。”

到了明代景泰年间（约 1450—1457 年），洞庭湖水仙传入福建漳州。故漳州水仙栽培迄今已五百余年。明代李东明也写道：“淡墨轻和雨露香，水中仙子素衣裳。”《漳州府志》记载：明初郑和出使南洋时，漳州水仙花已被当作名花而远运外洋了。《蔡坂乡张氏谱记》曾载明朝景泰年间水仙被人工培育为新卉的故事。明代以后，水仙的栽培逐渐采用灌水栽培法，同时，还创造出种球阉割法，以后又创造了一套雕刻鳞茎的方法，使水仙的观赏价值居于同属花卉植物之冠。[①] 而清末女杰秋瑾《水仙花》诗更脍炙人口：“洛浦凌波女，临水倦眼开。瓣疑是玉盏，根是谪瑶台。嫩白应欺雪，清香不让梅。余生有花

① 蔡兴华：《水仙栽培及花期控制》，载《福建果树》2002 年 Z1 期。

瓣，对此日徘徊。”她细致逼真的描述使水仙的文化意义又得到了补充和提升。

10. 腊梅的栽培历史

腊梅不仅芳香美丽，而且傲雪凌霜、品格高洁，深受中国文人喜爱。苏轼有诗句“玉蕊檀心两奇绝”，说的便是腊梅。唐代以前，人们常将腊梅和梅花混淆。到了宋代，腊梅的种植已经非常普遍。北宋大书法家黄庭坚曾有关于腊梅的记录：“东洛间有一种花，香气似梅花，亦五出，而不能品明，类女工燃蜡所成，京洛人因谓蜡梅。”南宋诗人范成大也曾在《范村梅谱》里详细地列出了腊梅的品种，这些诗书记载都说明唐宋时期对腊梅的栽培已经非常普遍。

明清时期，腊梅栽种更加普遍。《鄢署杂钞》中有记载：“郡陵素心蜡梅，其色淡黄，其心洁白，高仅尺许，老干疏枝，花香馥郁，雅致动人。四方诸君子，购求无虚日。”

到了近现代，无论是细胞学研究、种质资源研究，还是宏观形态分类，腊梅的研究都上升并发展到了更加广泛和深入的科学研究领域。可以说，时代、科技与经济的进步时刻影响着花文化的繁盛与发展。

11. 荷花的栽培历史

荷花清新脱俗，可以食用，也可以药用。在新石器时代，借由农耕文化的发展，荷花被人们认识并加以利用。《周书》中“薮泽已竭，既莲掘藕”的记载说明人们当时已经发现野生荷花具有食用价值。最早的字典《尔雅》里也记载有荷花的药用价值：“荷，芙蕖。其茎茄，其叶蕸，其本蔤，其华菡萏，其实莲，其根藕，其中菂，菂中薏。”

公元前473年，荷花被引种栽植于园池，吴王夫差所修建的“玩花池”就是其中一处。汉代以前，栽培的荷花均为单瓣型红莲。西汉时，商业的发展使荷花的传播分布有了突破性进展。魏晋时已有了重瓣荷花的栽培。南北朝时期，栽培荷花已进入私家园林。荷花文化伴随着经济及技术的发展也日渐丰富、丰满起来。

我国的赏荷胜地，主要有济南大明湖、广东三水荷花世界和南京莫愁湖三处。时至今日，多样的公园文化和花卉节日日益增多，赏荷胜地也比比皆是。

12. 玉兰的栽培历史

玉兰美丽高洁、树花俱美，是深受国人喜爱的传统栽培花卉。中国现存最古老的玉兰树留存于甘肃省天水市玉兰村太平寺内，距今已有一千多年的历史。

“朝饮木兰之坠露兮，夕餐秋菊之落英”，早在屈原的《离骚》中，就有关于玉兰的记载。“阿房宫以木兰为梁，以磁石为门。”宋人宋敏求的《长安志》也有关于玉兰的相关记录。南朝任昉的《述异记》有人工种植玉兰最早的记载：“木兰洲在浔阳江中，多木兰树。昔吴王阖闾植木兰于此，用构宫殿也。七里洲中，有鲁班刻木兰为舟，舟至今在洲中。诗家云木兰舟，出于此。”从唐宋至清末，玉兰花文化都十分昌盛。唐宋时已有将玉兰引入庭园种植的记载。明代也有“霓裳片片晚妆新，束素亭亭玉殿春。已向丹霞生浅晕，故将清露作芳尘”之歌咏玉兰的诗句。清诗“琼姿本自江南种，移向春光上苑栽。试比群芳真皎洁，冰心一片晓风开”之句，更说明了时人对玉兰花的喜爱已经从观赏其外观形态之美升华到了寄寓人格的精神之美。

二、中国传统观赏花卉的种类及栽培技术

中国传统观赏花卉中，有“六大名花”“八大名花”“十大名花”和“十二大名花”之说，这些名花既富有民族特色，又有极高观赏价值，同时与栽培和种植技术的发展密切相关。

如果对我国观赏花卉的种类进行简要概括，根据花卉的形态特征，可分为木本和草本两种；根据花卉的观赏部位，可以分为观花类、观果类、观茎类和观芽类；根据花卉的自然分布，可以分为热带花卉、温带花卉、寒带花卉、高山花卉、水生花卉、岩生花卉、沙漠花卉七种；根据花卉的自然开花季节来划分，可以分为春季花卉、夏季花卉、秋季花卉、冬季花卉；根据花卉的用途，又可以分为切花花卉、室内花卉、庭院花卉、花坛花卉、盆栽花卉、药用花

卉、香料花卉和食用花卉等。

我们将以十二种我国特有的传统观赏名花为例，略述其特点和栽培方法。

（一）梅　花

梅花是蔷薇科落叶花木，原产于中国，《花经》曾称其“色泽、香韵无愧尊之为国花”。其因不畏严寒、易于栽培、品种繁多、用途广泛、寿命长久等特性而深受人们喜爱。现在中国境内树龄最长的梅花树，是位于湖北省黄梅县蔡山上的“晋梅”，据《黄梅县志》记载，这株古梅树树龄已经超过1600年。而到目前为止，我国拥有的梅花品种已超过200个以上。

梅花的特点：长寿的木本花卉，蔷薇科李属的落叶乔木，耐寒，栽培容易。

梅花的栽培技术：梅花繁殖常用嫁接法，梅、桃、杏是最常用的砧木材料。栽培要在露天环境中，选择阳坡或半阳坡地段，3～5m是合适的株距。梅花在生长期间通常需要施3次肥，如饼肥、堆肥、厩肥等，秋季初至冬季为最佳施肥期。梅花含苞前施速效肥，每年6月底至7月初即新梢停止生长后，要做到控制好水分和肥料，花芽分化才能完成。

（二）牡　丹

牡丹被尊为“花王”，是我国久负盛誉的传统名花，地位与梅花不相上下。我国目前已有牡丹品种462个，其中，中华人民共和国成立前的传统品种有166个。在这些品种中，就花瓣数目来说，分为单瓣、半重瓣和重瓣；就花型来说，可分为单瓣型、荷花型、葵花型、玫瑰花型、牡丹花型、扁球型、圆球型、长球型、绣球型；就花色来说，可分为白、黄、红、粉、紫、黑、绿及混合等色。

牡丹的特点：花色艳丽，是木本名贵花卉，属于毛茛科落叶灌木。

牡丹的栽培技术：牡丹的繁殖通常采用分株法和嫁接法。在栽培管理中，要注意整枝、抹芽和摘蕾。定枝的方向、数量以及高低位置可以根据用途来确定，如繁殖用的多留，观赏用的少留，观赏和繁殖都需要的留5～8个枝条即可。牡丹自然生长一年后，第二年或次年三月下旬（春分）至四月上旬（清明）进行抹芽。剪除根茎和枝条上的无用芽，保留5～8个生长健壮、分布均匀的枝条。若牡丹生长较弱，需摘去全部花蕾。利用其药用价值的牡丹，要在春季进行摘蕾以促进长根。当年生栽的植苗注意保留1～2朵花即可，多余的花要摘除掉。

（三）菊　花

作为我国经典的传统名花，菊花已有3000多年的人工栽培历史及杂交育种历史。我国目前已有菊花品种在3000余个，按观赏类型可分为单瓣型、卷散型、舞环型、莲座型、球型、龙爪型、托桂型、垂珠型、垂丝型、毛刺型、荷花型、鹰爪型、翎管型、松针型等；按花色分类，有黄、白、紫、粉、红、绿、茶、杂八大色系。中国培育观赏菊花的艺术水平非常高。菊花因其雅致且水养观赏期特长，所以是秋日插花的极好材料。

菊花的特点：隽美多姿，是菊科菊属多年生草本植物，兼具食用和药用价值。

菊花的栽培技术：菊花的繁殖通常采用扦插。在菊花的生长过程中，调节花期可以采用人工光照技术。菊花的定植，要在盆中施足底肥，其后每次施薄肥，两次至少间隔10天。为了控制高度、株型和促进植株多发分枝，要在植株长至10cm高时进行摘心。

（四）兰　花

兰花素有“国香”之称，《孔子家语》载：“与善人交，如入藏兰之室，久而不闻其香，则与之俱化。”兰花“不因人而芳，不择地而长”，品格高洁，而与梅、竹、菊并称“四君子”。中国兰花主要是指春兰、蕙兰、建兰和墨兰，都是兰科兰属的地生兰，其中以春兰为上品。春兰花期一般在3月中下旬，上品分为“梅瓣”“荷瓣”和“水仙瓣”，花中心的小瓣俗称“舌”，通常有紫褐斑点，无斑者称“素心”。春兰的品种很丰富，如宋梅、汤梅、万字梅、盖荷、高荷、汪字、龙字、文团素、云荷素、月佩等都是传统名品。

兰花的特点：兰花质朴文静、淡雅高洁，是兰科兰属的草本植物。

兰花的栽培技术：兰花喜阴，富含大量腐殖质的土壤、流通的空气都是适合它的栽培环境。兰花不适合多施肥，叶色发黄表示缺肥，叶色黑而叶尖发焦则表示肥过多。兰花的繁殖，通常可以采用分株和播种这两种方法。

（五）月　季

月季俗称“月月红”。其因适应性极强，易繁殖，易栽培，而成为我国栽培最为普遍的花卉。现代月季种类十分丰富，包括杂交茶香月季、聚花月季、大花月季、藤本月季、微型月季、中国月季、杂种长春月季、十姊妹型月季和原种月季九大类，目前在中国栽培最普遍的是前五类。

月季的特点：月季容易成活，花型艳丽，香气馥郁，是蔷薇科蔷薇属常绿或半常绿灌木。

月季的栽培技术：月季适应性强，可以地栽，也可以盆栽。盆栽月季不宜用碱性土，以腐殖质丰富而呈微酸性的肥沃砂质土壤最为合适。月季的繁殖可以采用嫁接和扦插来进行。

（六）杜　鹃

杜鹃绝大部分出自我国，是观赏价值极高的天然名花。按色泽种类分，有白、绿、粉、紫、朱、黄、镶边、嵌条、洒锦等，或单色或复色；花型种类有单瓣、双套、半重瓣、重瓣、花中有花等。

我国目前栽培的杜鹃园艺品种有两三百个，分属东鹃、毛鹃、西鹃、夏鹃四个类型。特别是西鹃，因其花色、瓣型十分丰富，观赏价值高，更为名贵，其喜温喜湿，且对酸性土壤要求严格，因此作为盆栽观赏较普遍。

杜鹃的特点：杜鹃花大色艳，种类繁多，属杜鹃花科，常绿或半常绿灌木。

杜鹃的栽培技术：在中国，杜鹃的园艺品种可分为五大品系，分别为春鹃品系、夏鹃品系、西鹃品系、东鹃品系、高山杜鹃品系。扦插、高枝压条或嫁接都是常用的杜鹃繁殖手段。

（七）茶　花

我国茶花（山茶）类花木品种非常丰富，原产的山茶品种有 195 种，现有的观赏茶花种类主要有华东山茶、云南山茶、金花茶及茶梅 4 种。云南山茶花主产于西南，花朵特大。

山茶常植于庭园中，盆栽、插瓶也很普遍。山茶别名曼陀罗，苏州拙政园中有景点“十八曼陀罗花馆”，因旧有名种山茶十八株而得名。现在世界上已有千余个山茶品种，花色以红、白为主。

茶花的特点：茶花树形优美、四季常青，是山茶科山茶属常绿灌木或小乔木。

茶花的栽培技术：茶花可以无性繁殖，也可以有性繁殖，最常采用的繁殖手段为扦插法和嫁接法。温暖、湿润的气候适宜茶花生长，其夏季生长需要酸性土和荫蔽环境。根据需要，可以通过增加光照和气温的手段来控制花期。

（八）荷　花

我国荷花栽培历史久远，《诗经·郑风》中记“隰有荷花”。我国目前已有荷花品种160余个，花色及品种都十分丰富。

荷花的特点：花叶有清香，色泽清丽，是睡莲科莲属多年生水生草本植物，食用药用均可。

荷花的栽培技术：荷花的繁殖可以通过分藕和种子来进行，破壳是种子繁殖的第一步，保持水清才能育苗。分藕后要进行阳光照射。

（九）桂　花

桂花古时又称木樨，四季常青植物，大致有银桂、金桂、丹桂和四季桂的种类区分。

桂花的特点：桂花花朵极小，香味持久，甜香浓郁，是木犀科木犀属常绿小乔。

桂花的栽培技术：桂花的繁殖育苗法通常有嫁接法、扦插法、压条法和播种法。金桂、银桂、丹桂和四季桂是常见的四大栽培品系。桂花的栽培土以偏酸性为宜。枝接或靠接在春季进行，芽接在秋季进行。淡肥水适用于生长旺季，略浓的肥水适用于花开季节。

（十）水　仙

我国栽培水仙的历史已有千年之久，在六朝时水仙又称“雅蒜”，唐宋时期，盆养水仙已相当普及。水仙品类也十分丰富多样，其中又以漳州出产的为最佳。

水仙的特点：水仙呈阔线形，叶扁平，是石蒜科水仙属多年生草本植物。

水仙的栽培技术：水仙可以盆栽，可以水养。最常用的方法是通过鳞茎繁殖。秋季将鳞茎分离后单独种植，新球次年产生。鳞茎内部的侧芽，或者双鳞片也可以用来繁殖。

（十一）玉　兰

玉兰即白玉兰，又名辛夷、木兰。我国古典庭园中常将玉兰与海棠、牡丹相搭种植，寓意“玉堂富贵”。

玉兰的特点：玉兰洁白而有芳香，花蕾秀美，是木兰科木兰属落叶乔木。

玉兰的栽培技术：玉兰播种可以在秋季采种即播，也可以除去外种皮沙藏至翌年春播。嫁接繁殖、压条繁殖、扦插繁殖和播种繁殖都是常用的玉兰繁殖手段。玉兰深秋和冬季不宜移栽。玉兰不宜修剪，怕涝怕旱，如有必要可以选择在花谢后叶芽开始舒展的时候修剪。

（十二）腊　梅

磬口腊梅是腊梅种类中的上品，素心腊梅次之，九英梅最为普通。腊梅常于春节前后插瓶作清供之用，栽培历史悠久。

腊梅的特点：腊梅馨香浓郁，色黄似蜡，是腊梅科腊梅属落叶灌木。

腊梅的栽培技术：繁殖腊梅可以分株，可以播种，可以扦插，也可以压条，最主要的繁殖方法是嫁接。切接是主要的嫁接方法，也可以靠接和芽接。采用一年生枝上的隐芽可以提高芽接的成活率。腊梅盆栽要注意选择疏松肥沃、排水良好的砂质土壤作为培养土，平时养护要放在阳光充足处，必要时需整形修剪和抹芽摘心。

三、中国园林艺术

由于我国拥有无法替代且不可比拟的丰富广博的花木资源，因此不得不提最能够展现我国植物特色，尤其是花卉植物特色的艺术——中国园林艺术。

园林艺术，是一种依照美的规律来改造、改善或创造园林环境，使之更自然、更美丽、更符合时代与社会审美要求的艺术创造活动。它不单纯是对环境加以艺术处理的理论与技巧，还是一门将功能与科学相结合的艺术，也是一门融汇多种艺术于一体的综合艺术。①

无论是贵如上林苑、阿房宫，还是普通田庐村屋，都有在园中大量栽种花卉植物的历史记录。在“天人合一”的精神背景之下，建筑居所与花卉植物历来有着密不可分的关系。据《三辅黄图》记载，汉武帝刘彻修建上林苑时，想要一座以种植花木为主的园林，群臣纷纷献策，献上的名果异草竟有三千余种。而在“淝水之战”时期，晋朝宰相谢安的居所“东山别墅”便已是一座满是奇珍异草的景观园林。唐代李德裕在其《平泉山居草木记》中详细记述了他在洛阳平泉庄的私人庭园里所种植的各类珍木异卉。宋朝李格非的《洛阳名园记》也详尽记述了园林中常见花木的观赏方法及栽培技术。

我国历史上著名的园林更是数不胜数，从王右丞的辋川别业、辛弃疾的鹅湖山庄到最具代表性的北京颐和园、承德避暑山庄等等，都是草木葱茏，名花荟萃，令人目不暇接。北京圆明园、无锡寄畅园、浙江绮园、广东清晖园、苏州网师园、北京颐和园、苏州拙政园、上海豫园、北京古莲花池、江苏个园，号称中国十大园林。因此，英国植物学家威尔逊在其1929年出版的园艺植物学著作《中国——园林之母》一书中写道：“中国，是世界‘园林之母’。”

中国园林艺术在很大程度上依赖中国丰富的花卉及草木资源，才有其独特的艺术风貌和发展历程。中国园林自唐代兴起“诗画园林”以来，及至现代，园林景观的布局构景仍与文学、绘画紧密结合，蕴含着“无声的诗”和“立体的画”的美学基础。②

以《红楼梦》为例，其间有大量笔墨和篇幅描绘了譬如蔷薇架、荼蘼架、木香棚、蔷薇园、梨香院、藕香榭、榆荫堂、牡丹亭、芍药圃、芭蕉坞等诸多花木景观，以此从文学角度创造了一个中国文学史上最为著名，也是人们心中

---

① 冯静：《〈园林艺术〉课程实训教学改革与探索》，载《课程教育研究》2017年第12期。

② 刘励妍：《城市生态园林景观设计》，载《中国建设信息》2009年第7期，第64~65页。

最富有想象力的古典园林——大观园。作者的悉心设计与独特描写，使读者如身临其境而又感到余韵绵长。

传统园林的结构布置犹如中国画的横幅手卷或山水画立轴，运用散点透视及动向透视的表现方法、城市生态园林景观设计①以及中式绘画理论中“移天缩地”“小中见大”和“咫尺之图，写千里之景”等概念，融入园林景观空间，使人产生“咫尺之内而瞻万里之遥，方寸之中乃辨千寻之峻”的超时空感。能使游人边走边赏，任其高低远近、角度和视点的转变，都能观赏到如诗似画的园林景观的艺术表现方法，也是中国古典园林造园艺术之精髓。对于园林艺术最主要的组成部分“花木”，其所具有的生物特性各有不同，若布置得当、照顾有方，那将是一片生机盎然、争奇斗艳的绝美画卷，但若是稍有疏漏或差错，那便是暴殄天物了。故正如清朝陈淏子所著《花镜》一书中所写：“花之喜阳者，引东旭而纳西晖；花之喜阴者，植北囿而领南薰。”也就是说，要考虑各类花木的造型和色彩特点，方能搭配得当、汇集一方。历史上另有《秘传花镜》一书，该书对花木的“种植位置法”进行了详细且准确的描述：“如园中地广，多植果木松篁；地隘，只宜花草药苗；设若左有茂林，右必留旷野以疏之；前有芳塘，后须筑台榭以实之。外有曲径，内当垒奇石以遂之。”除此之外，该书还就各种花木最宜种植的位置做了明确的阐述，如：

“牡丹、芍药之姿艳，宜玉砌雕台，佐以嶙峋怪石，修篁远映。

梅花、蜡瓣之标清，宜疏篱竹坞，曲栏暖阁，红白间植，古干横施。

水仙、瓯兰之品逸，宜磁斗绮石，置之卧室幽窗，可以朝夕领其芳馥。

桃花夭冶，宜别墅山隈，小桥溪畔，横参翠柳，斜映月霞。

杏花繁灼，宜屋角墙头，疏林广榭。

梨之韵，李之洁，宜闲庭旷圃，朝晖夕霭；或泛醇醪，供清茗以

① 刘励妍：《城市生态园林景观设计》，载《中国建设信息》2009年第7期，第64~65页。

延佳客。

榴之红，葵之灿，宜粉墙绿窗；夜月晓风，时闻异香，拂尘尾以消长夏。

荷之肤妍，宜水阁南轩，使薰风送麝，晓露擎珠。

菊之操介，宜茅舍清斋，使带露餐英，临流泛蕊。

海棠韵娇，宜雕墙峻宇，障以碧纱，烧以银烛，或凭栏，或欹枕其中。

木樨香胜，宜崇台广厦，挹以凉飔，坐以皓魄，或手谈，或啸咏其下。

紫荆荣而久，宜竹篱花坞。

芙蓉丽而闲，宜寒江秋沼。

松柏骨苍，宜峭壁奇峰。

藤萝掩映，梧竹致清，宜深院孤亭，好鸟闲关。

芦花舒雪，枫叶飘丹，宜重楼远眺。

棣棠丛金，蔷薇障锦，宜云屏高架。

从中可以看出，对于园林建造来说，根据不同种类花木的特殊性进行区分搭配，以及使花木配置与建筑风格相协调都是造园艺术要考虑的重中之重。因此，花木在园林建造中所占的比重和地位，可见一斑。

花木是融会贯穿“自然”与“人工”最好的手段，使花木与古代建筑合理搭配，对于花木多样性的运用就非常讲究了。譬如在造园过程中，遇到屋角起翘、肃穆庄严的建筑，花植多用高大乔木，可以起到平面均衡对称的效果；遇水阁、游廊则多配以芭蕉、柳树、榆树等。若建筑色彩多以黄瓦红墙为主，则以松柏、白皮松相配，以此在色彩上形成强烈对比，而南方灰屋粉墙的色调就需配以枫树映衬。

基于花木名称谐音的丰富内涵，中国园林艺术中，喜采用花植名称中的象征意义做造园安排，如前庭中常栽种玉兰、海棠、牡丹、金桂，寓“玉堂富贵”或“金玉满堂”之意；或在园中建筑物、山、石之侧，配以桂花，采用从生灌木的方式将其植于亭台楼阁附近，取其“贵”意；或于厅前对称栽植两株桂花，有“两桂当庭”“双桂流芳”之说；水榭亭台则常种荷花，取其“出淤泥而不染”之意；等等。除了花木名称谐音的运用，造园中也充满文学性，譬如苏州拙政园的荷塘水榭，命名为“留听阁”，在此阁中，如逢雨至，便可瞬间体悟到李商隐“留得残荷听雨声”的诗意；再如承德避暑山庄的“万壑松风”建筑群，取意风掠过松林时留下阵阵松涛，也将花木之美在造园过程中上升到了文学之美。这些渲染了丰富象征色彩的花木形象，被深深嵌入中国园林艺术的核心观念之中，使其从内容层面更深地步入了诗画一体的境界。

再说中国园艺花木与中国绘画之间的密切关系，就不得不提到国画中对花木勾勒和搭配的构图原理。五代十国时期画家荆浩曾言：“山头不得重犯，树头切莫两齐。”明朝画家龚贤也说过：“二株一丛，必一俯一仰，一欹一直，一向左，一向右……二株一丛，三株相邻，一株稍离。”这些绘画手法，也是花木园艺的造园技巧。

综上所述，中国的园林艺术、园林花卉艺术有着非常悠久的历史及博大精深的内涵，很难在有限的篇幅中详尽介绍，但其在中国花卉文化中所占有的举足轻重的地位由此可见一斑。

四、中国盆景艺术

（一）中国盆景艺术的历史

我国有着悠久的花卉栽培历史和丰富的原产花卉资源，被公认为“世界园林之母”，园林中丰富多样的花木盆景，也是我国花卉文化中十分重要、不可不提的文化事象。作为盆景艺术的创始国家，悠久的盆景历史和优秀的盆景技艺，值得今人投入更多的精力进行研究、传承并发扬光大。

盆景兼具自然美与艺术美，是以有生命的活植物为对象进行艺术加工，以真实的生命塑造出活的艺术品，这也是盆景艺术的独特魅力。盆景犹如有生命的雕塑品、无声的诗、立体的画。

我国盆景艺术的历史非常悠久，从距今约三千年前的殷周时期出现的“囿”到秦汉时期的“苑”“别墅”“王室灵台”，再到东汉墓壁画上的盆山形象以及隋朝时期盆景艺术的兴盛，中国盆景艺术的发展依赖于园林艺术和栽培种植技术的发展。

唐宋时期，由于盆景与山水画互相影响，白居易、苏轼、王维、杜甫、陆游、王十朋等人都著有与盆景有关的作品，如《梦粱录》《宣和石谱》《渔阳石谱》等，这些作品为盆景的发展和繁荣起到了重要的推动作用。“蝎子景”作为微型盆景出现在元明时期，为盆景的另辟蹊径做出很大贡献，并影响着后世流派；元代画家饶自然著有《绘宗十二忌》，从理论角度出发，以丰富盆景制作为目的，将制作山水盆景的技巧及用石方法一一列出。

清代嘉庆年间五溪苏灵著有《盆景偶录》一书，将盆景植物概括分类为四大类、七贤、十八学士等，同时代关于盆景的著作还有《考槃余录》《广群芳谱》《花镜》《素园石谱》《长物志》等等，这些作品对于盆景历史研究有着非常重要的学术价值。中国地域广阔，自然环境差异大，盆景艺术在今天，已发展出相对成熟的不同流派。传统流派主要有五大流派，其中又因为自然资源和文化差异的关系，分成南、北两派，南派以岭南派为代表，北派有长江流域的苏派、海派、扬派以及川派等。

盆景中的花卉文化展开来说，也足够作为一项专门的课题加以研究。在此仅简单列举部分最适合做花卉盆景的花木。最常见的盆景花木主要分成六类。

（1）杂木类。

雀梅、九里香、黄杨、赤楠、榔榆、小叶女贞、福建茶、朴树等都属于杂木类。

（2）藤本类。

常春藤、凌霄、紫藤、忍冬、扶芳藤、络石等都属于藤本类。

（3）花木类。

贴梗海棠、梅花、紫薇、碧桃、桂花、垂丝海棠、茶梅、杜鹃、山茶、六月雪、金雀梅、迎春等都属于花木类。

（4）松柏类。

五针松、锦松、水杉、翠柏、罗汉松、铺地柏、线柏、金叶柏、黄山松、绒柏、刺柏、黑松等都属于松柏类。

（5）果木类。

金橘、山楂、南天竹、金弹子、火棘、枸杞、枸骨、紫金牛、佛手、果石榴、柿等都属于果木类。

（6）叶木类。

凤尾竹、罗汉竹、银杏、苏铁、棕竹、佛肚竹、红枫、五角枫、枸骨冬青等都属于叶木类。

在这些花木中，最常出现的要数梅花与菊花。由于梅树是制作桩景、盆景的绝好材料，早在宋代就已经盛行盆梅。现代流行的梅桩盆景因地制宜，风格各异，四川、安徽及江苏一带较多见，比如苏州的“劈梅”、四川成都的“蟠虬式梅”、扬州的“疙瘩梅”以及安徽歙县的梅桩等。盆景菊的观赏价值主要是通过采用巧妙的盆景造型技法，使菊花表现出老干虬枝、苍劲自然、悬根露爪的韵味。

近代史上，中国盆景文化研究方面有一位不得不提及的人物——周瘦鹃。他既是文采斐然的作家，同时也是精通盆景艺术的园艺专家。他爱花成癖，曾经这样形容自己：“人家数十年的鸦片烟癖，尚能戒除，而我这花木之癖，深入骨髓，始终戒除不掉。”居住在上海期间，周瘦鹃仍坚持在本就狭窄的庭心上花费心思摆放10盆乃至20盆花卉。居住在苏州期间，周瘦鹃更是在四亩大的园地之上大搞园艺，他对花卉文化的热爱可见一斑。周瘦鹃曾主编过《半月谈》《半月》《礼拜六》《紫罗兰》《乐观月刊》等文学刊物，他文学造诣极高，主编《申报》副刊长达十余年，历任《申报》《新闻报》、中华书局等单位的撰稿人与编辑。由于战乱，周瘦鹃投笔毁砚，将精力投注到经营自家宅院上，更为此动用积蓄。玩赏古董文玩之余，醉心于盆景艺术，仿效古人林和靖与陶渊明。直至1949年以后，周瘦鹃仍然不废旧业，写作的同时也从事园艺工作。周瘦鹃曾经在《花木丛中》这样形容自己："恨不得每天都有一种新作品，因为这与画家作画一样，可以表现自己的艺术性。"还在《盆栽趣味》中说："二十余年来朝斯夕斯，乐此不疲。"他所撰写的《盆栽趣味》一书，也是1949年以来最早介绍盆景历史和制作方法的专业书籍。

周瘦鹃制作盆景，虽然会以模仿古人字画的方式来从中吸取传统精华，但也不会因循守旧，有着浓郁独特的个人风格，使得自己不但"文"名远扬，且"花"名远扬。周瘦鹃制作的盆景作品可分为以下四类：一类如张大千的"松岩高士图"等，是仿照近人名画；一类如夏仲昭的"竹趣图"、唐伯虎的"蕉石图"、沈石田的"鹤听琴图"、王烟客的"新蒲寿石图"和"半窗晴翠图"等，都是临摹古人的画作；再一类如"梅月图""紫竹林""听松图""田家小景""陶渊明松菊犹存""孤山放鹤图""枫林雅集图""归樵图""散牧图""竹林七贤""枯木竹石"等；最后一类是他自己创造的，有浓厚个人趣味且风韵独特的作品，代表作有"香雪海""独秀峰""桃花源""观瀑图""雁荡大龙湫""赤壁夜游图""欸乃归舟图"和"严子陵钓台"；另外，仿古画的盆景作品中有宋代大画家范宽的"长江万里图"一角和元代大画家倪云林的"江干望山图"，都属于水石盆景，十分有趣。从盆景史料中看，周瘦鹃所制作的盆景，融自然美与艺术美为一体，韵味隽永，耐人寻味，艺术价值极高。

周瘦鹃对盆景艺术的创作独具心得，"六分自然，四分人工"是他的创作理念，其中"人工"的意思是说"养成一种美化的盆栽，比培养普通盆植的花木难得多。因为盆栽姿态的形成，正像绘画和雕刻，要充分运用纯艺术的手法。虽说小小的一二株树，却能把自然界的美观和野趣，通过人工的方法压缩在一只狭小的盆里表现出来"。他并不崇尚亦步亦趋、丝毫不做变动的创作方式，认为此法容易矫揉造作，因此制作盆景作品多力求自然。“凡是制作盆景的高手，必须胸有丘壑，腹有诗书，对于种树栽花，要有丰富的知识和经验。春秋佳日，要经常出外游山玩水，从岩壑、溪滩、田野、村落以及崇山峻岭之间，像觅宝似的去寻觅奇树怪石，充分地利用或改造，以更好地制作盆景……平时，还要经常地观摩古今名画，以供参考。”① 周瘦鹃在著作中总结了制作盆景的心得，无非就是自身素养的培养、眼界的开阔以及前人经验的借鉴。而他所制作的盆景清秀古雅、别具一格，是苏州派盆景艺术的重要代表。

“盆树的枝叶不妨有片子，但是一定要‘剪片’，不许有‘扎片’。并且不一定要‘六台三托，就是三片、五片、七片都好；而每一片也不必剪得太圆，大小也不必一律，参差一些都行。这种‘剪片’的盆树，不过聊备一格，大多数还是以力求自然为标的。”周瘦鹃深谙取其精华，弃其糟粕之道，既发扬了传统技法的优点，同时又在实践中进行改革和创新，使苏州盆景“六台三托一顶”的模式得以突破，成为苏派盆景艺术的奠基人。

另外一个较为有名的盆景大派是川派。川派属于中国五大盆景艺术流派之一，其通常具有极其强烈的地域特色和造型特点，以巴蜀山水的雄奇险峻为灵感依托，形成苍古、虬曲的创作特点，体现大山大水般的精神内涵，令人清晰地感受到“起、承、转、合、落、结、走”的效果。川派树桩盆景通常选用的花木品种有银杏、紫薇、贴梗海棠、梅花、金弹子、六月雪、罗汉松、火棘等，选用的石材有砂积石、砂片石、钟乳石、龟纹石、云母石以及新开发的品种等。川西和川东盆景虽然同属川派盆景，但在某些方面如景观造型与具体制作手法上有所区别，然而两者都遵循基本的构成原理与制作方法。

岭南派盆景也是中国五大盆景艺术流派之一。岭南派山水盆景多以岭南自然风貌为特色，使“小中见大”“咫尺千里”的画理得以体现。岭南派盆景的特色讲求“挺茂自然，飘逸豪放”，以岭南画派、宋元花鸟画的技法、王山谷和王时敏的树法为基础，发展出以“截干蓄枝”为主的折枝法构图，或是展

---

① 臧杰：《周瘦鹃的尴尬》，载《读书文摘》2011 年第 11 期。

示出大树型树木盆景的秀茂雄奇；或是展示出天然形态树木盆景的野趣横生；或是展示出高耸型树木盆景的扶疏挺拔；或是展示出叠翠型树木盆景的矮干密叶。岭南派盆景的优势在于占据了得天独厚的自然环境，虽在中国盆景艺术流派中起步较晚，却有着不可替代的重要地位。

扬派盆景同样是中国五大盆景艺术流派之一。扬派又称苏北派，主要集中在江苏北部。扬派盆景多以“层次分明，严整平稳”为特色，使中国画“枝无寸直”的画理得到体现。扬派的山水盆景既使用本地产的斧劈石，又使用产自外省的芦管石和砂积石。五针松、罗汉松、梅、山茶、六月雪、银杏、碧桃、石榴、柏、榆、黄杨等都是扬派树桩盆景的常用花木。扬派盆景讲求源于自然，高于自然，以 11 种宗法组合而成的扎片艺术手法体现了此艺术特点。扬派的平远式山石盆景多展示出江南风光的“潮平两岸阔，风正一帆悬”之韵味。

中国五大盆景艺术流派之一的海派盆景，造型形式通常比较自然，形式多样，不拘泥于古法。常见式样有临水式、悬崖式、枯干式、直干式、斜干式、曲干式、连根式、观花、观果、附石式、多干式、双干式、合栽式、丛林式等；常用花木有阔叶树的三角枫、六月雪、榔榆、雀梅、黄杨、胡颓子、枸杞、马尾松、黑松、五针松、桧柏和真柏。

中国五大盆景艺术流派中的最后一个派别是苏派盆景。苏派盆景的地理优势为充沛的雨量和湿润的气候，非常适合花卉植物生长繁殖，其造型手法主要讲求注重自然、形随桩变以及成形求速。同海派盆景一样，苏派盆景不受传统造型手法的拘束，避免了传统盆景手续烦琐、成型期长、呆板的缺点。苏派的常用技法为“粗扎细剪”，讲求“景”“境”相称而得体，尤其注重厅堂陈列布置上的多样化与统一性，其主要艺术特点为老而弥健、耐人寻味、气韵生动、古雅质朴、情景相融，类型多为树木盆景。

（二）盆景的观赏与技术

要满足花卉盆景造型美观的要求，需要注意以下几点：首先，色彩方面要做到富于变化不单调，就是指一片嫩绿能够犹如春回大地般动人，秋冬累累的硕果要饱满红艳，令人感受到丰润盈年。其次，造型方面要做到风格独特，一是力求达到树根龙蛇舞动般盘曲的效果（可以令其裸露土面）；二是力求达到树皮"老气横秋"的效果，可以令其皱裂；三是树干中的直干必须刚劲挺拔，树干中的曲干一定要做到曲折苍老；四是盆景叶片若大，枝叶就须略微稀少，以达到疏密适中的雅致效果。

当然，从更专业的技术角度总结，一盆真正能够称之为"精品"的盆景作品，应当满足以下几个条件：

（1）根盘。

根盘是盆景艺术造型的首要构成条件。根盘决定着盆景造型的艺术价值，影响着盆景艺术效果的发挥。美观的根盘，要做到隆基以下的地面根部或弯曲，或四面延伸，或紧伏地面隐入土中，使得盆树不发生动摇。"四面根盘"为最佳。

（2）隆基。

精品盆景的另一重要条件之一就是隆基，和根盘一样，它对展现盆景美感有着至关重要的影响。自然的隆基在正常情况下是指根盘起约三寸长度的粗干，位于树干与树根部的交界处，一般多为直立。

（3）树干。

盆景造型中树干的观感以越接近根部越粗、越向树顶越细的自然形状的圆干为最佳。整体树型结构只要与根盘、隆基、树枝、树叶相协调，不需特别挑选树干粗细，力求平衡美感，和树木年龄协调，就算合格。

（4）叶性。

叶性是指盆景的叶子性质、形状和大小等。叶性对于表现山野深林中古树名木的自然风情、季节变化起着极其重要的作用。与其他各部分结构在视觉上的协调，是叶性展现特别需要注意的问题。

（5）树枝。

合适的树枝不仅能够弥补树干的缺点，还能赋予盆景形态之美。要做到树型完美无缺，就必须令树枝合乎主枝与侧枝的有序搭配，粗细要恰当、树势要强劲。

（6）树皮。

树皮性质包括呈岩石般重叠的岩石性、纵横裂纹的龟甲性以及纵裂剥离的粗皮性等。通过不同树皮性质的展现，可较好地衬托出苍劲古朴的气氛。

盆景艺术又被称为“绿色的艺术”，虽然其艺术技法上，有大量人工造型，但其主要的创造对象还是自然界的鲜活植物，有别于以硬质材料为主的雕塑艺术，其依然深深依赖于花卉栽培技术的进步和发展。所以，这一项拥有独特艺术魅力的文化仍与中国花文化的整体发展紧密相连。

第三章　插花是一门独立的艺术

一、中国插花艺术的历史

插花作为一门流传已久、博大精深的生活艺术，起源于中国而传扬于全世界。姹紫嫣红、鲜丽缤纷的花卉不但能够增添生活情趣，而且化身为艺术生命满足了人们的心灵诉求。中国丰富灿烂的文化背景，悠久持续的历史，生活经验与智慧的结合，都是插花艺术诞生的基础。古人所称“瓶花”，是指将观赏花卉插于瓶中，经过后来的演变和发展，今时的插花艺术和日本的“花道”可以认为与“瓶花”基本同义。

插花的艺术风格由不同的美感经验所决定。不同的美感经验，又受不同的朝代、地域、政治经济条件、文化形态等因素影响。所谓传统美的共同属性，就是指受相同诸因素作用，各个时代有着共同的基本性格和心理素质的人，通过感官伴合灵性所产生的对美的认知。

隋唐以前，中国的插花艺术已经出现并在日常生活中得到广泛应用。北周诗人庾信《杏花诗》中的“春色方盈野，枝枝绽翠英。依稀映村坞，烂漫开山城。好折待宾客，金盘衬红琼”，就十分清晰地反映了北周时期折枝插花的活动。最早有关器皿插花的文字记载，出现在唐代李延寿的《南史》里，文曰：“有献莲花供佛者，众僧以铜罂盛水，渍其茎，欲华不萎。”这说明插花文化的灵感主要来源于佛前供花，南朝时的佛事活动就应用了插花。

隋唐时期，爱花的风气非常兴盛，尤其唐代，可谓是插花文化的黄金时代。唐人杨巨源有佳篇“诗家清景在新春，绿柳才黄半未匀。若待上林花似锦，出门俱是看花人”，就是对时人爱花情形的总结。唐三彩“双兽耳古瓷花瓶”的出土，也证明隋唐时期古人有用瓷瓶养花的传统。

唐代的插花活动，不仅限于民间，在富丽堂皇的宫廷之内也兴起爱花插花之风。宫廷插花讲究色彩华丽、枝叶繁茂、形体硕大、装饰趣味浓厚，符合该特色的牡丹因此成为宫廷插花的主要花材。唐代文人罗虬在《花九锡》里提到，重顶幄（障风）、金错刀（剪断）、甘泉（浸）、玉缸（贮）、雕纹台座（安置）、画图、翻曲、美肴（欣赏）、新诗（咏），说明宫廷插花活动极尽考究之能事，就连剪刀、供水、花器、花台等等附属事物也非常讲究。

到了五代十国，经过盛唐的铺垫，插花文化的发展已成体系。蜀汉张翊在《花经》这本历史上最有名的花品专著里，将花卉分成九品九命的等级，其中牡丹、兰花、腊梅、荼蘼、紫风流（瑞香）因其为花中“最清”被评为“一品九命”之花材。

北宋陶谷在《清异录》中记载的“后主每春盛时，梁栋、总壁、柱模、阶砌并作隔筒，密插杂花，榜曰‘锦洞天’”，这几乎算是中国最早的插花展览了。宋代，买花、卖花、品花、插花的风气较唐时更盛。宋人张邦基在《墨庄漫录》里说：“两京牡丹闻天下，花盛时，太守作万花会。宴席之所，以花为屏障；至梁、栋、柱、拱，以筒储水，簪花钉挂，举目皆花也。”非常详尽地描述了进入精雅期的插花艺术。宋人吴自牧在《梦粱录》中说：“烧香点茶，挂画插花，四般闲事，不宜累家。”可见插花已成为当时流行的生活四艺之一。宋人杨万里在诗作《道旁店》里说：“路旁野店两三家，清晓无汤况有茶。道是渠侬不好事，青瓷瓶插紫薇花。”说明宋时的插花文化已经融入市井百姓的生活之中了。

南宋词人周密在《武林旧事》中如此追忆当时的插花活动：“禁中赏花非一。先期后苑及修内司分任排办，凡诸苑亭榭花木，妆点一新，锦帘绡幕，飞梭绣球，以至裀褥设放，器玩盆窠，珍禽异物，各务奇丽。又命小珰内司列肆关扑，珠翠冠朵，篦环绣缎，画领花扇，官窑定器，孩儿戏具，闹竿龙船等物，及有买卖果木酒食饼饵蔬茹之类，莫不备具，悉效西湖景物。起自梅堂赏梅，芳春堂赏杏花，桃源观桃，粲锦堂金林檎，照妆亭海棠，兰亭修禊，至于钟美堂赏大花为极盛。堂前三面，皆以花石为台三层，各植名品，标以象牌，复以碧幕。台后分植玉绣球数百株，俨如镂玉屏。堂内左右各列三层，雕花彩槛，护以彩色牡丹画衣，间列碾玉水晶金壶及大食玻璃官窑等瓶，各簪奇品，如姚魏、御衣黄、照殿红之类几千朵，别以银箔间贴大斛，分种数千百窠，分列四面。”这说明插花文化也盛行于宫廷。

宋代有关插花理论的著作数量极为丰富。如史正志所著的《史氏菊谱》，范成大所著的《梅谱》，王贵学所著《王氏兰谱》等等，便可作为佐证。再有曾端伯的《花十友》，黄庭坚的《花十客》，周敦颐的《爱莲说》，张敏叔的《花十二客》，等等，都是以花喻人，体现了古代中国人对于花卉的审美认知。

宋代还出现了一种独特的花器叫作花插。花插的主要作用是固定花枝以及防冻，能够四面造型及造景。

到了宋末至元代，受战乱影响，插花艺术文化进入停滞期，但同时，也出现了“心象花”和“自由花”这样从感性出发寄托个人思想与情感的形式。按照传统文化中的说法，香为乾坤之秀气，茶为日月之精华，画为万物之灵韵，而花便为天地之慧黠。这个时期的插花文化虽然由于蒙古游牧民族的入侵而一蹶不振，但隐居文人却通过借花传情使插花文化得到另一种发展。

明代，随着文艺的整体复兴插花艺术进入鼎盛时期。较之宋朝的精雅，明代插花的特点更趋于纯美创作。这个时期的插花以瓶为主，布局配置注重花枝的整体性，从书法以及绘画中的美学法则得到借鉴，在插花艺术中也融入了一定的文学气息。

明代的插花著作可称为历代之冠。嗜好花木的文学家袁宏道在《戏题黄道元瓶花斋》中云：“朝看一瓶花，暮看一瓶花，花枝虽浅淡，幸可托贫家。一枝两枝正，三支四支斜。宜直不宜曲，斗清不斗奢。傍拂杨枝水，入碗酪奴茶。以此颜君斋，一倍添妍华。”同时他还写有最为著名的插花著作《瓶史》，《瓶史》内容可依据花目、品第、器具、择水、宜称、屏俗、花祟、洗沐、使令、好事、清赏、监戒十二节进行划分，分别讲述了瓶花之宜、瓶花之忌和瓶花之法。这本饱含插花艺术精粹的著作，于清初时传至日本，对日本插花艺术流派——宏道流的形成与发展有着不可忽视的贡献。其他明代出现的相关插花著作，有王世懋的《花疏》、陈洪绶的《瓶花画作》、陈继儒的《岩栖幽事》、高濂的《瓶花三说》《草花谱》、张谦德的《瓶花谱》、文震亨的《清斋位置》、屠本畯的《瓶史月表》、程羽文的《花历》《花小名》、何仙郎的《花案》等等。

明代的插花艺术讲求对花进行人格化。比如，“岁寒三友”是松、竹、梅，“四君子”是梅、兰、竹、菊，“风月三昆”是莲、菊、兰，“雪中四友”是白梅、腊梅、山茶、水仙。

清代，插花艺术进入衰微时期。“小景可以入画，大景可以传神”的盆栽花卉逐渐取代了插花的地位，虽然清初以及中期的花市比较兴旺，但到清末时插花艺术已日渐衰微。清代的插花艺术讲求神化和民间喜庆的谐音化，喜好色彩艳丽，工艺繁复。比如清人根据历代名人的个性事迹对花卉进行配称，比如正月梅花，花神是柳梦梅，二月杏花，花神是杨玉环。

清人李斗在《扬州画舫录》中说：“花船于市会插花画舫中，大者用磁缸，小则瓶洗之属，一瓶动辄千金。插花多意外之态。此技瓜洲张某最优，时人称为瓜张。优者叶友松一人，亦传其法。十番教师朱立呆亦能之。”

中国插花艺术的历史，台湾花艺史学家黄永川先生在《中国插花史》一书中进行了简要的总结：“插花乃生活艺术，与政经发展之枯荣同其消长。故而虽经六朝隋唐之孕育，历经宋明之繁荣，但降至清代以后却一蹶不振，直到近代风气虽盛，但时下所见者皆日本流派，怎不令人唏嘘！”

综上所述，插花艺术不仅是通过应用能够产生美感的花材来表现自然美和生活美的造型艺术，也是人们通过花木来表现的艺术形式。插花艺术表现了不可言说的生命之美，将植物特性与人类“性灵”精神相结合，是古人得以认知天地智慧的途径。现代人在生活中通过插花艺术的创作，可以让身心变得更加清灵。

二、中国插花艺术的分类

中国传统插花艺术有着悠久的历史，在不同的历史阶段，插花艺术着不同的历史地位及作用，在社会生活中，不同时代的插花应用、内容、技法、审美等也不尽相同。中国传统插花艺术自然也经历了丰富多样的发展变化，因此插花艺术根据其理论及实践上的不同，所区分的类型也是多种多样的。

根据花器样式的不同，传统插花艺术可以分为吊花、缸花、盘花、瓶花、筒花、篮花、壁花等类型；根据时令的应用，传统插花艺术可以分为日常插花、岁时插花、喜庆插花、端午插花等类型；根据居室陈设环境的不同，传统插花艺术可以划分为堂花、大堂花、茶花、宫殿花、斋花、室花等类型；根据中国传统插花艺术发展的历史进行划分，唐以前主要有古理念花和古宗教供花，唐宋时期主要有古写景花、理念花、宴会装饰花以及古典隆盛院体花，五代时期主要有新古典花、文人花和隆盛理念花，元朝时期主要有自由花、心象花，清朝时期主要有写景花、果蔬造型花、文人式格花、谐音造型花等；根据作者创作意图与内容来划分，传统插花艺术主要可以分为理念花、写景花、造型花和心象花四种类型。

下面我们简单介绍一下根据作者创作意图与内容来划分的四种类型：

理念花起源于宋朝的理学，在宋代以及明代时期兴盛起来。理念花顾名思义，非常注重“理”的表达。理念花的特点是形式重于内容，注重“善”的表达，插花作品带有丰富的理意，守秩序。

写景花，起源于唐朝时期，从明末到清初的这一时间段得到兴盛。唐代文人欧阳詹在《春盘赋》里说：“多事佳人，假盘盂而作地，疏绮绣以为春。丛林具秀，百卉争新。一本一枝，叶陶甄之妙；片花片叶，得造化之穷神。”他的意思是说有闲暇的巧心佳人通过以盆形花器代表大地，在其中创造出秀美的山林以及千姿百态的奇花异草，哪怕是一花一叶都能显得精妙无比。写景花的灵感也多是来源于盆景的表现手法，通过展现自然美景的手段，将“真”的特点活灵活现地展示给世人，使之感受到自然的趣味。

造型花顾名思义，与创造息息相关。造型花是指通过展现花卉的外观形态，遵循造型原理创造出具有典型之美的艺术插花。

心象花的特点是借花明志，注重个人主观意念的表达，所采用的花材需要具有独特的神态和象征意义。元代和清初流行的文人插花多为心象花，基本上都属于将抽象的概念进行具体化展现的范畴。

此外，根据生活层次应用的划分，传统插花艺术有宫廷花、民间插花、茶肆插花、宗教供花和文人花等。

宫廷插花又可细分为日常插花和节日插花等。以宋代为例，四司六局的排办局主要负责专职插花。日常插花是指宫廷摆设和宴会所需的装饰性插花。节日插花是指宫廷内应时应节所需的应景性插花。南宋周密的《武林旧事》里说：“起自梅堂赏梅，芳春堂赏杏花，桃源观桃，粲锦堂金林檎，照妆亭海棠，兰亭修禊，至于钟美堂赏大花为极盛。堂前三面，皆以花石为台三层，各植名品，标以象牌，覆以碧幕。后台分植玉绣球数百株，俨如镂玉屏。堂内左右各列三层，雕花彩槛，护以彩色牡丹画衣，间列碾玉水晶金壶及大食玻璃官窑等瓶，各簪奇品，如姚魏、御衣黄、照殿红之类几千朵，别以银箔间贴大斛，分种数千百窠，分列四面。至于梁栋窗户间，亦以湘筒贮花，鳞次簇插，何翅万朵。”还有文字说：“遂至锦壁赏大花（牡丹）。三面漫坡，牡丹约千余丛，各有牙牌金字，上张大样碧油绢幕；又别剪好色样一千朵，安顿花架，并是水晶、玻璃、天青汝窑、金瓶；就中间沉香桌儿一只，顿白玉碾花商尊，约高二尺，径二尺三寸，独插照殿红十五枝。”这些记录都说明了宫廷花事豪华隆重的性质。

民间插花自宗教插花发展而来，是指民间所流行的插花艺术表现形式。从广义上来说，民间插花所涉范畴较广，文人插花和宗教插花都包含在内；从狭义上来说，民间插花与文人插花、宗教插花都无关，单指民间普通民众的插花艺术。民间插花的特点是敬天、敬地、敬神，注重热闹性的表达，优势是具有丰富的装饰性，缺点是容易缺乏深度，流于媚俗。

文人插花的特点是飘逸清雅。明代文学家袁宏道在《珂雪斋集》里说："凡慧则流，流极而趣生焉。天下之趣，未有不自慧生也，山之玲珑而多态，水之涟漪而多姿，花之生动而多致，此皆天地间一种慧黠之气所成，故倍为人所珍玩。"这说明文人对于花卉气韵的领受有着独到之处，同时也能将之应用在插花上。文人插花的特性是注重心灵境界的表达，人文气息较为浓厚。

佛事插花属于宗教插花的一部分，按风格区分，佛事插花主要分为禅室插花、佛前供养和佛教礼仪插花；按用途的区分，佛事插花又可分为法会献花、佛菩萨供奉、香客供养、自我闲赏。

禅室插花讲求空寂、绝尘、无我、纯净、慈悲的原则，所采用的花材数量较少、色调以平淡清雅为主，所用的器皿质地主要有竹、木、陶、瓷和古铜等等，不追求华丽富贵的风格，崇尚平静淡泊的风格。佛前供养、佛教礼仪插花崇尚庄严光明的境界，所采用的花材花朵较大，花色较为鲜艳，插花器皿较为华美。法会献花可以起到烘托庄严气氛的作用，所用花卉数量繁多，花色鲜明。佛菩萨供奉类的花卉造型隆重，多属理念花。香客供养类的花卉，多应用理念花、写景花和造型花，它的作用是迎接招揽信徒香客。自我闲赏类的花卉主要是修行人自我闲赏之用，多注重心境的表达，具有浓重的心象意味。

在宗教插花历史中，与佛教有关的花卉有忍冬、石榴、茉莉、瑞香、莲花等，最初的佛事插花以莲花为主，到了唐代，牡丹也跻身于佛事插花的队伍之中。

象征纯洁的莲花与佛教的关系密不可分。佛教的经书、壁画等资料中都有许多与莲花有关的内容，佛教经典《妙法莲华经》的梵文翻译成汉语就是需要像白莲花一样进行真正准确的说教。佛教经典《杂宝藏经》中提到了一位相貌美丽的莲花女，莲花女是居于雪山的仙人提婆延之女，莲花女所经之路必有莲花出现，后来她嫁给一位国王，因此也叫作"莲花夫人"。佛教经书中的

“莲界”是佛国的代称，“莲舍”是僧侣修行寺庙的代称。佛书《释氏要览》里说“袈裟名染杂服，又名莲华衣，谓不为欲泥染故”，将“莲华衣”作为袈裟的代称。佛教的净土宗又叫做“莲宗”，起源于东晋时圣人慧远所设的白莲社。

莲花也跟佛祖释迦牟尼的传说有关。据说，天界的菩萨降生到迦毗罗卫国的净饭王宫廷之内，净饭王的王妃摩耶夫人就是佛祖那一世的母亲。释迦牟尼未出生之前，宫殿里就有吉祥的预兆出现，不同时令的花卉纷纷绽放，不同种类的鸟儿纷纷驻留不去，沼泽之内有莲花突然出现，大如车盖。释迦牟尼化身一头六牙的白象进入王妃的腹中，降生的这一天就是后来的“浴佛节”。降生之后的太子，双脚落地，步步生出莲花。

莲花备受佛教欢迎的原因跟它的特性有着密切的关系。佛教有把红尘俗世叫做“六尘”的说法，认为人们身处其中不知不觉身心备受染污难得清静。而莲花的特点是出淤泥而不染，不惧艳阳炙烤，象征着纯洁清净。古印度每逢酷暑，却正是莲花绽放之时，随着习习凉风摇曳的莲花，不光花叶色彩让人忘记暑热，也使人们感受到“莲花池畔暑风凉”的好处，所以为人所喜爱。佛教通过用莲花作为比喻进行说教，契合了人们喜爱莲花的心理，提倡信众努力达到犹如莲花般清净不受污染的境界。举例为证，我国寺庙之中所供奉的佛像，有的手上执有象征清净无碍的莲花，有的双足站立于莲花宝座之上，还有的头上戴有莲花冠。

象征纯洁芳香的茉莉花跟佛教亦有着密切的关系。茉莉在佛教经典里又被叫作“鬘华”，能够点缀女子的长发。宋代文人郑域在《茉莉花》一诗里说：“风韵传天竺，随经人汉京。香飘山麝馥，露染雪衣轻。”南宋范成大在《次王正之提刑韵，谢袁起岩知府送茉莉二槛》一诗里说：“千里移根自海隅，风帆破浪走天吴。”宋人王十朋在《茉莉》一诗说：“茉莉名佳花亦佳，远从佛国到中华。老来耻逐蝇头利，故向禅房觅此花。”宋人叶廷圭在诗作《茉莉花》中说：“露花洗出通身白，沈水熏成换骨香。近说根苗移上苑，休惭系本出南荒。”这些记载的共同点在于，都道出了茉莉的身世。茉莉的原产地是印度，自佛教传入我国后，就被古代中国人广泛喜爱。

象征不死的忍冬跟佛教也有着密切的关系。忍冬又被叫作“金银花”，有着清热解毒的药用价值和临冬不落、色香兼备的观赏价值。忍冬的特点是越冬不死、临冬不落，耐旱耐涝，容易成活，因这些特性，忍冬花纹在南北朝时期被广泛应用于佛教装饰之上，作为灵魂不死的艺术象征而流行开来。

花香浓烈的瑞香也和佛教有渊源。宋人陶谷在《清异录》中写道：“庐山瑞香花，始缘一比丘，昼寝磐石上，梦中闻花香酷烈，及觉求得之，因名睡香。四方奇之，谓为花中祥瑞，遂名瑞香。”宋人陈舜俞在《庐山记》中说：“始野生深林草莽中，山人闻其香寻而得之，栽培数年则大茂。今移贸几遍天下，盖出此山云。”由此可见，这种奇异的野生花卉，在僧侣道士的精心栽培下，得以成活并被大规模传播开来。

宗教插花的范畴还包括道教的应用花卉。

莲花与道教文化也有着一些联系。传说，道祖老子降生后立刻就能走路，每一个步子能够生出一朵莲花。在民间，八位道教神仙最为有名，他们分别是铁拐李、韩湘子、汉钟离、张果老、蓝采和、吕洞宾、曹国舅、何仙姑，“八仙”中的何仙姑常常以莲花作为法器。与佛教不同的是，莲花并没有成为道教的象征花卉。

牡丹也与道教文化有所联系。明人薛凤翔在《牡丹史》里就有涉及神仙道士的牡丹花故事与传说。除此之外，《桓真人升仙记》提到，“有长年之光景，日月不夜之山川。宝盖层台，四时明媚。金壶盛不死之酒，琉璃藏延寿之丹，桃树花芳，千年一谢，云英珍结，万载圆成。”

综上所述，我国的传统插花艺术种类十分丰富，有的令人感受到自然之真，有的令人感受到宗教之圣，有的令人感受到艺术之美，有的又令人感受到人文之善，不同的插花艺术分类有着不同的作用。

三、中国插花艺术的创作方法

我国的插花艺术具有独到的草木之美，韵味独特。千姿百态的花卉特性各不相同，它们的色香味以及精神气能够表达出形形色色的意境，所谓“插花创作”也可以理解为对多姿多彩的花材进行组合加工，以展现花之神韵的一门精妙技术。

我国插花艺术的文化起源很早，传统插花应是自魏晋南北朝时期的佛教供花演变而来，从民间至宫廷，从文人雅士到市井百姓，都对花卉进行插作及鉴赏，可谓是不设门槛。虽然不同朝代的插花创作风格不同，不同地域的插花创作风格也十分不同，但是种类丰富的插花创作艺术却有着奇妙的共同之处，那就是不被外在因素所拘束，不独立于生活之外，而能够融入人们的现实生活中。

我国的插花创作艺术从鉴赏层面出发，既注重自然天成的妙趣，又注重人工创造的巧妙灵机，从鉴赏理念、花材选用、创作步骤等不同层面出发，都有着特别的讲究。插花创作讲求成品能给人带来心灵层面的享受，或者令人感受到意境独特的花卉之美。要想达到这一目标，就需遵循一定的步骤和要领。

插花创作的入门口诀可以简要概括为：神韵天成、情意绵密、陈列有致、景深扬抑、花器适度、象征寓义、枝叶简巧、彩色妍丽。此八法既能用于花卉作品的创作，也能用于花卉的鉴赏。

插花的创作步骤包括立意、选材、选择花器、理材、布势等。（1）立意是指插花创作中的构思。在创作之前要做到对插花艺术有充分的了解，根据花卉的特色表现主题，有了构思之后才能开始制作作品。（2）选材是指根据立意选择所用的花材。选材时需考虑到花语、时节、场合、形状、用花习俗、观赏对象、目的、气氛、材料等方面，根据插花的主题进行筛选。（3）选择花器是指根据花材的形状、特质挑选合适的花器。挑选时需注意花器一要能够支撑和供养花材，二要能对作品构思、造型有益。（4）理材是指对花材进行整理，需要注意根据花材的特点如大小、粗细等有所区别地进行加工。（5）布势是指根据作品的立意明确构图与造型，使其气势得以合理展现。

插花创作的章法也有讲究，对花材的色彩、数量、大小都要有规律地应用，使其各得其所，才能创造出饶有趣味的作品。

插花创作的基本技术主要有剪切枝梗法、定枝法、瓶花定枝法以及素材保养法。（1）剪切枝梗法是指对花卉的枝梗部分进行切割修剪的方法。在采用剪切枝梗法时注意要保持花材的新鲜，使其水分充足。（2）定枝法是固定花枝，使花卉的姿态保持长久。常用的定枝法有盘花定枝法和瓶花定枝法。插花创作所用的定枝器包括莲蓬巢、占景盘、剑山以及绿洲等。（3）素材保养法包括烫热法、砸碎法、炙烧法、药品处理法、喷雾器法等。这些是保鲜花材会运用到的技术方法。

插花创作有具体的步骤可以参考。首先分析作品的观赏对象、气氛、目的、时节、场合等因素，然后确定立意，选择特定风格的合适器皿进行盛水供养。其次要对或是虫蛀，或是污脏，或是僵直，或是枯干的花材进行处理，再为处理完毕的花材进行修剪加工，其间注意器皿的左侧放置处理完毕的花材，右侧放置用具。

确定插花作品的造型时，需要注意对每一枝花都细细查看，检查是否符合作品创作原则，还要注意花器花材的色彩、姿势、风格是否与构图和谐，然后才可以完成初步的造型设计。

在对插花作品进行造型时，可以采用裁、弯、插三种基本技巧。其中裁是指对所用花材或削或剪得到合适的长度，弯是指对所用花材进行弯曲折叠得到合适的形状，插是指通过对花卉材料进行固定使其位置得宜。展现花材之形态需要突出创造主题，这样才能使作品的立意被观赏者清晰感受到。

关于插花创作有“三主枝”之说。三主枝分别指主枝、客枝以及使枝。明末官员屠本畯在《瓶史月表》中也将它们以花盟主、花客卿、花使命称之，并对“三主枝”的功能做了简要的总结。（1）主枝是插花作品的重心，占据了领导地位，可以用君王权威来形容它。若以花器高度为5，三主枝之比例为3∶5∶7，即主为3、客为5、使为7。主枝花头多数都比较笨拙，且稍重。主枝通常面向南方、正面示人，且讲求花大色浓，格调不能低下。花器的颜色讲究与花朵颜色相反，但两者的色彩要做到能够调和。（2）客枝在插花作品中占据辅佐地位，可以用佐相上宾来形容它。客枝能够起到扶持协调主枝的作用。客枝的特点是能够展现花朵的表情，颜色宜使用中间色调。（3）使枝在插花作品中占据下属地位，可以用奴仆、使者、大将军、兵士来形容它。使枝长度通常是花器的1.6倍或2倍，不可超过2倍半，太长则有藐视大地之意。使枝的作用是直接传达主枝的意图。使枝注重灵活，色调较为单一，格调较之主枝、客枝稍低。

传统插花形式讲究"三景具备，景物乃厚；三景分明，景物乃清"以及"三远不够，景深不厚；三远交错，晶莹剔透"。其中，"三景"分别指前景、中景、后景，"三远"分别指高远、平远、深远。花与花器的比例注重有条有理，并不强求绝对的框架。

中国传统插花色彩的特点是不一味追求花色的饱满艳丽，多以清雅绝俗的花色为主，讲究展现插花作品的神韵。不同种类的插花颜色风格都有所区别，如宫廷插花的特点是花色鲜丽，呈现富贵繁丽之意；文人插花的特点是花色明丽，呈现淡雅明秀之意；民间插花的特点是花色缤纷，呈现多姿多彩之意。

插花创作需要讲究陈设环境，需要配合适宜的陈设环境，不同的场合环境对插花有不同的影响。譬如明人文震亨在《长物志》里说"供花不可闭窗户焚香，烟触即萎，水仙尤甚，亦不可供于画桌上"，这就说明插花作品所陈设的环境应通风，令插花本身保养更久。且插花作品不宜陈设于阳光直射的环境中，也不宜陈设于能够催使花卉衰败的环境中，尤其是附近不宜放置香蕉、苹果、柑橘类过熟水果。

插花作品完成前后都需要对其进行合适的保养才能够延长其寿命。所谓"折花之法，不可乱攀；须择其木之丛杂处，取初放有致之枝，或一二种；比枝配色，不冗不孤，稍有画意者，方剪而燔其折处插之，则滋不下洩，花可耐久”，就是说花材的切取不能胡乱进行，而要遵循一定的规律。

古人对插花保鲜讲究极多。清人陈淏子在园艺专著《花镜》里说：“如梅花、水仙，宜盐水养。而梅更宜腌猪肉汁去油，俟冷插花，且瓶不结冻，虽细蕊皆开；若贮古瓶中，常刺以汤，还能结子生叶。海棠花须束薄荷叶于折处，再以薄荷水浸养，细蕊尽开。栀子花折处须槌碎，以盐入瓶中干插，自能放花抽叶，花谢后盐仍可用。牡丹初折，即燃其枝，不用水养，当以蜜浸，自荣。谢后蜜仍可用。芍药烧枝后，即插水瓶中，夜间另浸大水缸内，早复归瓶，则叶绿花鲜。莲花先用泥塞其折孔内，再以发缠之，先插入瓶，后方灌水，夜置无风有露处，则菡萏皆开。芙蓉、竹枝、金凤花，皆当以沸汤养之，乘热即塞瓶口，则花易开而叶不损。若蜀葵、秋葵、芍药、萱花等类，宜烧枝插，余皆不可烧。凡贮瓶中水，须烧红瓦片投之，则水不臭。冬月将浓灰汁和酒灌瓶内则不冻。鲜肉冻汁养山茶、蜡梅则开耐久。……若小口胆瓶等，投硫黄末数钱，亦可免冻之患。”“凡花滋雨露以生，虽瓶养亦当用天落水，每日添换，其开庶久；若三四日不换，花必零落，蕊必干枯。每夜宜择无风有露处置之，犹可多延一二日之鲜丽，此乃天与人参之力也。”可见，古人对延长不宜水养花卉的寿命有着独到的见解。

现代插花保鲜的手段也有很多，最直接便捷的方式是使用专用的保鲜剂或保鲜液，其次是通过使用硼酸、高锰酸钾、酒精、醋酸、稀盐酸等药物对插花进行处理，使插花寿命得以延长。

我国的插花艺术，崇尚自然却不囿于自然，通过对形式、意趣以及色彩进行巧妙结合，令人领略到草木的独到之美和艺术的别致之美，插花创作，正是一门博大精深、奥妙无穷的技术，通过巧妙利用花卉草木的自然之美，使人们感受到艺术之美和精神之美。

四、中国插花艺术的审美方式

中华民族的花卉文化是灿烂辉煌的，而插花艺术作为其中的组成部分，不但能够填补人们生活的空虚，还能增加人们精神上的乐趣。在创造加工及艺术处理的过程中，插花艺术无疑能够展现出中华民族特有的审美观。

“知花、识花、懂花、品花”是中华民族对花木进行审美的基础。清人张潮在其《幽梦影》中说：“梅令人高，兰令人幽，菊令人野，莲令人淡，春海棠令人艳，牡丹令人豪，蕉与竹令人韵，秋海棠令人媚，松令人逸，桐令人清，柳令人感。”这无疑是在对花木的特性有着充分认知的基础上，品读、审视和欣赏其性格。

根据时代风尚的不同，中国传统的赏花方式主要可以分为曲赏、图赏、酒赏、香赏、琴赏、谭赏、茶赏七种。这些传统方式都注重以花卉之美配合其他艺术形式，一同进行欣赏，使审美情趣得到提高，其中曲赏可以简单解释为赏花咏歌，图赏可以简单解释为对画赏花，谭赏可以简单解释为谈论品花，茶赏可以简单解释为赏花品茗，香赏可以简单解释为插花焚香，酒赏可以简单解释为饮酒赏花，琴赏可以简单解释为对花抚琴。

宋朝著名文人欧阳修在《谢判官幽谷种花》里说：“浅深红白宜相间，先后仍须次第栽。我欲四时携酒去，莫教一日不花开。”这说明酒赏作为赏花方式的一种，深受文人喜爱。五代的韩熙说：“对花焚香，有风味相和其妙不可言者。木犀宜龙胆、荼蘼宜沉木、兰宜四绝，含笑宜麝，詹匐宜檀。”这是五代时期香赏盛行的佐证之一。

花卉的审美要素多种多样，最重要的是以下几点：

(1) 在传统文化中，对花木进行审美讲求注重花卉美中的姿态美。宋人杜衍在诗作《雨中荷花》里说：“翠盖佳人临水立，檀粉不匀香汗湿。一阵风来碧浪翻，珍珠零落难收拾。”明人邱睿在诗作《题墨梅》里说：“老龙半夜飞天下，蜿蜒斜立瑶阶里。玉鳞万点一齐开，凝云不流月如水。”清代的张潮在《幽梦影》里说：“花之宜于目而复宜于鼻香，梅也，菊也，兰也，水仙也，珠兰也，莲也；止宜于鼻者，橼也，桂也，瑞香也，栀子也，茉莉也，木香也，玫瑰也，腊梅也。余则皆宜于目者也。花与叶俱可观者，秋海棠为最，荷次之。海棠、酴醾、虞美人、水仙又次之。叶胜于花者，止雁来红、美人蕉而已。花与叶俱不足观者紫薇也，辛夷也。”这些都说明古人对于花卉的姿态之美，具有独到的领会。

每种花卉的姿态均各有特点。清人龚自珍在《病梅馆记》中说的“以曲为美，直则无姿；以欹为美，正则无景；以疏为美，密则无态”，说明梅花的姿态之美在于枝干横斜。明人陈道复在《题秋海棠》里说的“翠叶纷披花满枝，风前袅袅学低垂。墙根昨日开无数，谁说秋来少艳姿”，说明海棠的姿态之美在于娇媚艳丽。

清人松年在《颐园论画》里说的“花以形势为第一，得其形势，自然生动活泼”，非常清晰地说明了花卉姿态美的重要性。如《幽梦影》里说：“山之光；水之声；月之色；花之香；文人之韵致；美人之姿态；皆无可名状，无可执着。真足以摄召魂梦，颠倒情思！”

（2）在传统文化中，对花木进行审美也讲求注重花卉美中的香味美。每种花卉的香味各有不同，如紫丁香香味淡雅、温和，兰花香味幽雅、气清，等等。宋人陶谷在《清异录·草》里说：“兰虽吐一花，室中亦馥郁袭人，弥旬不歇，故江南人以兰为香祖。”清朝时期汪灏等著的《广群芳谱》里说：“兰幽香清远，馥郁袭衣，弥旬不歇，常开于春初，虽冰霜之后，高深自如，故江南以兰为香祖。”这些都表明了兰花在众花之中占据香味之祖的地位。

（3）在传统文化中，对花木进行审美讲求注重花卉美中的色彩美。每种花卉的色彩特点都不一样，红牡丹、美人蕉、杜鹃等红色系花卉的色彩带有明亮活泼的意味，能给人以充满活力之感；金钟花、向日葵、菊花等黄色系花卉的色彩带有愉快甜美的意味，能给人以丰收喜庆之感；白牡丹、白玫瑰、琼花等白色系花卉的色彩带有纯洁典雅的意味，能给人以清雅淡泊之感；三色堇、凤眼莲、蓝雪花等蓝色系花卉的色彩带有冷酷宁静的意味，能给人以压抑低调之感。

（4）在传统花卉审美文化中，最直接的审美要素是花朵。花朵的色彩决定欣赏者的第一印象。宋代诗人林逋在《杏花》一诗里说“蓓蕾枝梢血点干，粉红腮颊露春寒”，就是对杏花色彩的赞美。宋代的李公明在《早梅》一诗里说“东风才有又西风，群木山中叶叶空。只有梅花吹不尽，依然新白抱新红”，肯定了梅花的色彩之美。唐代的刘禹锡在《杨柳枝词九首》里说“南陌东城春早时，相逢何处不依依？桃红李白皆夸好，须得垂杨相发挥”，对桃花、李花的色彩之美形容得非常贴切。

（5）在传统花卉审美文化中，果实也可以作为一种审美要素。不同的果实色彩代表着不同的美感。宋人苏轼诗作《赠刘景文》里的“一年好景君须记，正是橙黄橘绿时”，就是对果实色彩之美的一种肯定。

（6）在传统花卉审美文化中，叶可以作为一种审美要素。各种花卉的叶片普遍是绿色。不同的叶色都具有不同的审美价值，如“霜叶红于二月花”就是对植物叶色之美的肯定。

（7）在传统花卉审美文化中，赏花讲求择时择地。不同时间不同场合的花卉都能带来不同的审美体验。如明人袁宏道的《瓶史》中就说：“茗赏者上也，谭赏者次也，酒赏者下也。若夫内酒越茶及一切庸秽凡俗之语，此花神之深恶痛斥者，宁闭口枯坐，勿遭花恼可也。夫赏花有地有时，不得其时，而漫然命客，皆为唐突。寒花宜初雪、宜雪霁、宜新月、宜暖房。温花宜晴日、宜轻寒、宜华堂。暑花宜雨后、宜快风、宜佳木荫、宜竹下、宜水阁。凉花宜爽月、宜夕阳、宜空阶、宜苔径、宜古藤巉石边。若不论风日，不择佳地，神气散缓，了不相属，此与妓舍酒馆中花何异哉？”

南宋周密《乾淳岁时记》里有记载：“赏花依梯次，按场所，逐步开放，分类设陈，装饰考究，琳琅满目，绚烂已极。”“间列碾玉、水晶、金壶及大食玻璃、官窑等瓶，各簪奇品，如姚魏、御衣、黄照、殿红之类几千朵；至于梁栋窗户间，亦以湘筒贮花，鳞次簇插、何翅万朵。”这些都非常清楚地表明了古人有择时择地赏花的传统。

明人刘伯温在《兰花》里说：“幽兰花，在空山，美人爱之不可见，裂素写之明窗间。幽兰花，何菲菲，世方被佩资篦施，我欲纫之充佩韦，袅袅独立众所非。幽兰花，为谁好，露冷风清香自老。”这是对生长于空山幽谷之中的兰花的赞美。

曹雪芹在《红楼梦》里说："桃未芳菲杏未红，冲寒先已笑东风。魂飞庾岭春难辨，霞隔罗浮梦未通。绿萼添妆融宝炬，缟仙扶醉跨残虹。看来岂是寻常色，浓淡由他冰雪中。"龙林所作《四君子赋》里说："梅不畏寒乃出自天然，而寒香俱来更是造化奇绝，踏雪寻梅，呵气凝香，满目娇色，风雅至致哉！"对冰天雪地之中梅花的傲寒之美进行了肯定。《四君子赋》还说："菊，丽而不娇。傲然临霜，怒放于群芳凋零之际；不畏肃杀，尽展其万方娇媚之态。园艺之菊与野生之菊不同矣，野菊婆娑，点缀村舍疏篱，随处而生，毋须人工；而园艺之菊，从春之下种至秋之绽放，其间治地酿土，防燥虑湿，摘头掐叶，接枝捕虫，防雨避霜，使艺菊之人难得闲暇。从古到今，历代艺菊之人倾心培育，使其种类纷繁，姿态万千。是谓：菊之美，三分出自天工，七分来自人力，艺菊之人终年辛劳，以人力助天工，菊之美，实臻天人合一之境也。"同样强调了不同环境里的菊花风韵也有所不同。

北宋诗人苏轼有《海棠》一诗写道："东风袅袅泛崇光，香雾空蒙月转廊。只恐夜深花睡去，故烧高烛照红妆。"读者仿佛看到出海棠在风中的摇曳之美、在月色之下的迷离之美、在雾中的梦幻之美、在烛光中的娇艳之美。

宗白华在《美从何处寻》中说的"夕阳、月明、灯光、帘幕、薄纵、轻雾，人人知道是助成美的实现的有力因素"，说明时间、地点都能帮助人们领略别具一格的花卉之美。

（8）寄花于情、借花喻人都是中华民族独特的审美习惯。不同的花卉能使古代中国人联想起不同的情感。梁实秋在《四君子》里说："梅，剪雪裁冰，一身傲骨；兰，空谷幽香，孤芳自赏；竹，筛风弄月，潇洒一生；菊，凌霜自得，不趋炎热。合而观之，有一共同点，都是清华其外，淡泊其中，不作媚世之态。"诗人杨波在《花中四君子》中如此形容兰花："寒泉间隙透春光，针叶含锋饮露凉；纤秀蕙兰无媚骨，耐存寂寞始芬芳。"他又形容菊花"林间叶赤百花残，冷艳随风谁与弹；大雁无须传警令，菊华屹立傲霜寒。"这些饱含情感的诗句无疑都是寄花于情的很好的说明。明代笔记《三馀赘笔》提到，宋曾端伯以十花为"十友"，各为之词：荼蘼韵友，茉莉艳友、瑞香殊友、荷花浮友、岩桂仙友、海棠名友、菊花佳友、芍药艳友、梅花清友、栀子禅友；张敏叔以十二花为“十二客”，各赋诗一首：牡丹赏客、梅清客、菊寿客、瑞香佳客、丁香素客、兰幽客、莲静客、荼蘼雅客、桂仙客、蔷薇野客、茉莉远客、芍药近客。这无疑是借花喻人的重要史据。

由于文化背景的差异，中西方对花卉进行审美的习惯有所不同。西方讲求注重花卉的外相，尤其喜爱颜色鲜艳的较大花朵，比如月季。而中华民族历来较为重视花卉的意象，尤其是花卉所象征的风骨、精神姿态等等。《宋元明话本小说选》一书中说：“梅标清骨，兰挺幽芳。茶呈雅韵，李谢浓妆。杏娇疏雨，菊傲严霜。水仙冰肌玉骨，牡丹国色天香。玉树亭亭阶砌，金莲冉冉池塘。芍药芳姿少比，石榴丽质无双。丹桂飘香月窟，芙蓉冷艳寒江。梨花溶溶夜月，桃花灼灼朝阳。山茶花宝珠称贵，蜡梅花磬口芳香。海棠花西府为上，瑞香花金边最良。玫瑰杜鹃，烂如云锦。绣球郁李，点缀风光。说不尽千般花卉，数不了万种芬芳。”这无疑是古代中国人注重花卉内涵的重要佐证。

古代流传下来的咏菊诗里说：“孤高不合压群芳，枉把香魂贮入霜。一季寒姿难妩媚，半篱瘦骨太苍凉。拈来漉酒调诗韵，插罢临风怨夕阳。何必索居标别格，也和泥土共枯黄。”元人冯子振在《西湖梅》里说：“苏老堤边玉一林，六桥风月是知音。任他桃李争欢赏，不为繁华易素心。”这些都说明中华民族对于花卉的审美重在风韵。

中外的插花艺术由于审美习惯的不同也存在着差异。西方式插花艺术的特点是讲求对称或造型构图，色彩丰富繁多，选用花枝量大。中国传统的插花艺术的特点是讲求意韵，花不在多而在精。日本插花艺术隶属于东方插花文化，其特点是讲求花卉的形式以及构图。

现代人的审美虽经时间的洗礼与古代的审美有所不同，但毕竟都是以修养身心为主要目的。对插花进行审美，能够使人性静情逸、神清梦稳。可以说，插花是陶冶情操的一门重要艺术，也是花文化走向艺术高峰的典型代表。

第四章　花文化与其他艺术门类

一、中国花文化与文学

从插花艺术的审美倾向中，我们能够看出，贯穿整个中国传统文化的花文化与各个艺术门类之间都有着不可分割的关系，而文人阶层，作为推动花文化发展的主体阶层，其真正专长的文学领域，更是与花文化紧密相连。

充满人文色彩的花卉题材，在中国传统文学尤其是诗词歌赋中占据了极其重要的位置。文人雅士们从花卉中获得无限灵感，以花卉为题材，或缘物寄情，或借景抒情。千姿百态的花卉寄托了文人特定的情感和思想，更与文人有了不可分割的关系。

花卉虽是看似没有意识的草木，但因其“美”，能够经由文学家挖掘出种种象征、意象，通过艺术加工，赋予其人格特征，从而表现出不同的文学内涵。如松、竹、梅被称作“岁寒三友”，梅、兰、竹、菊被称作“四君子”，梅、兰、竹、菊外加松树或水仙，即可称为“五清”，这些都是最常见的。经由文人典故而人格化、意象化、文学化了的花木，同时也是文学作品创作中长盛不衰的题材。

从佩兰示节的屈原，到采菊东篱的陶渊明，再到咏莲吟柳的白居易等等，中国文人与花卉历来都有着深深的不解之缘。

在有关花卉的文学作品中，诗词是其中占比重最大的一种形式。咏花诗词各有不同，所要表达的精神内涵也不一样。咏花诗词的艺术境界有“物境”“意境”“情境”及“悟境”之分。

何为“物境”？就是表现感官感受。白居易咏花诗《山石榴》中有“日射血珠将滴地，风翻焰火欲烧人”之句，通过强调视觉与触觉，令人感受到花卉红艳如火，仿佛能灼烧伤人；章质夫的《水龙吟》也采用类似的手法来描写杨花飘飞的美态，“傍珠帘散漫，垂垂欲下，依前被、风扶起”。韦庄的《白牡丹》有“昨夜月明浑如水，入门唯觉一庭香”之句，令人如身临其境般感受素花与月色几乎融在一起，影影绰绰不见花，却被花香所醉。文人描写诗词中的“物境”，常常侧重于对花卉的色、香、味、态进行观察。

何为“意境”？通过追求表现审美主体心灵感受的“韵味”来进行创作，便是意境。以陆龟蒙的《白莲》为例，诗云：“无情有恨何人觉，月晓风清欲堕时。”这其中所产生的独特韵味，很容易令人感受到作者所要表达的芳洁自赏和寂寞凄清的心境。再如姜夔的《暗香》中有“竹外疏花，冷香入瑶席”之句这种韵味无穷的诗词表达，同样体现了作者心境的幽冷，“得意而忘象”也。

而所谓“情境”则指，通过移情作用，借花来表达内心之情感。以陈子昂的《感遇》为例，“岁华尽摇落，芳意竟何成”，表达了作者内心时不我与，犹如芳草落魄、美人迟暮的感叹之情；又如宋徽宗的《燕山亭》，表面咏叹杏花“易得凋零，更多少、无情风雨”，实际上寄寓自身国破家亡之痛。表现“情境”的咏花诗词，最大的特点便是含蓄深沉，耐人寻味。

那么什么又是“悟境”呢？通过对花卉原型意象的理解，作者内心有所触动，而后领悟到某些哲理，就是悟境。例如，贺铸的《芳心苦·杨柳回塘》咏荷说：“当年不肯嫁春风，无端却被秋风误。”再如元好问《同儿辈赋未开海棠》写到“爱惜芳心莫轻吐，且教桃李闹春风”；还有李东阳《月桂》一诗，写到“未须夸雨露，慎与藏冰雪”，都是通过观花、赏花，进而懂花，将自己的人生感悟，代入花卉，成为叙述主题。

除了诗词歌赋以外，花文化还渗透了文学的其他层面。比如，成语、俗语、俚语中，关于花的条目层出不穷。有“拜倒在石榴裙下”的俗语，有“步步莲花”的成语，还有“羯鼓催花”的典故，这些都和花文化息息相关。

有关花文化的戏曲有汤显祖的《牡丹亭》、吴炳的《绿牡丹》和周朝俊的《红梅记》，现代的有评剧《花为媒》等。

有关花文化的小说有蒲松龄《聊斋志异》里的一些经典篇章，如《葛巾》《黄英》《莲花公主》《荷花三娘子》等等；经典的文学名著《红楼梦》里，作者曹雪芹常常采用“以花喻人”来描写人物；另一名著《镜花缘》，作者也为了喻示人物的命运和性格，塑造了百位花神。

以花卉为题材的文学作品，究竟如何巧妙地将花卉运用在文学之中呢？以《红楼梦》为例，作者以花喻人，塑造了绝不千人一面的女子形象，每位女子的气质都不同，这跟花卉的意象有着密切的关系。

从外貌描写来看，花卉所代表的象征意义和人物的容貌气质有着很大的关系，如果换个人物或者换一种花卉，就失去了内在意义上的协调。以林黛玉为例，书中描写她是“闲静时如名花照水”“腮上通红，自羡压倒桃花”，充分表现了潇湘妃子独一无二的绝代姿容，若拿牡丹花来喻之，便显然与人物气质外貌不符；再以王熙凤为例，书中描写她是“俏丽若三春之桃，清素若九秋之菊”，正好吻合人物的风度气质及性格，若以宣草、苍兰之类的花卉喻之，又与其特质不符。

从环境上来看，每位人物的居住处出现的花卉也必须符合人物个性。比如孀居的寡妇李纨，住处有杏花、“佳蔬菜花”，以田园美景的开朗明艳，衬托出她与世无争的个性；个性孤绝的出家人妙玉，住处长有清冷傲寒的红梅，正符合她孤芳自赏的个性；作者为宝玉安排了怡红院，“院中点衬几块山石，一边种着数本芭蕉；那一边乃是一棵西府海棠，其势若伞，丝垂翠缕，葩吐丹砂”，正好写出了宝玉的顽石本像以及嗜红癖，说明他见了女儿便觉清爽，所以喜花；女主角林黛玉的住处，是“一带粉垣，里面数楹修舍，有千百竿翠竹遮映”，幽幽竹子，生长在潇湘馆，正与林黛玉孤高自许、目下无尘的性格互相衬托；而薛宝钗的住处，犹如雪洞，一株花木也见不到，反而是藤蔓异草装点得“软烟迷曲径，冷翠滴回廊”，这难道不是薛宝钗“幽冷软媚”的暗喻吗？

在人物性格、品性的表现上，花卉也是非常重要的元素。举例来说，《红楼梦》里宝玉生日，各色女子都聚集在一起。作者安排了抽取花签的情节来描摹各个女子的才貌和命运。丈夫早逝的李纨，守着独子贾兰过活，性情沉稳，不似年少女子的活泼，她掣的老梅，正是暗喻人物的无欲无求和清雅淡泊；喜穿红色的史湘云，掣了海棠，海棠的大气艳丽，正符合史湘云英气活泼的形象；林黛玉掣的芙蓉，是风露清愁的表达；而薛宝钗的牡丹，不正符合她雍容华贵，任是无情也动人的特点吗？

以花卉为人物命名，也暗示了人物的命运。迎春、探春、佳蕙、文杏、葵官和藕官这一类名字，属于直接以花命名；袭人、翠缕、贾芳和李纨这一类名字，属于采用花的品性为人物命名；锄药、扫花和扫红这一类名字，属于采用与花相关的事物为人物命名。以花喻人，不限于一人一花，可以一人多花，也可以一花多人。梅花不仅开在妙玉的栊翠庵里，还可以使宝琴在琉璃世界白雪红梅的美景惊艳亮相；而探春人称“玫瑰花儿”，形容其又红又香，只是扎手，但在掣花名签时所掣到的却是杏花，而不是玫瑰花，就是为了暗喻人物的命运。

清代名著《镜花缘》和花卉也有着紧密的联系，花卉使整部书的艺术境界进一步拔高，《镜花缘》的灵魂无疑是花。故事伊始，正是由于武则天催花开放而引出全书的故事脉络：武则天雪天催花，醉后下旨命百花齐放，百花仙子没有及时阻止而导致“任听部下，呈艳于非常之时，献媚于世主之前”，玉帝认为她折损了神仙尊严，于是将众位花仙贬入凡间，以作惩罚，《镜花缘》的故事于是开始。

《镜花缘》中以花喻貌的描写有：“比花稳重，比月聪明”的卞家七姐妹；有“丽品疑仙，颖思人慧”的蒋家六姐妹；有“饱读诗书，娇艳异常”的孟家八姐妹；也有武则天殿试众才女时观察到的“只见个个花能蕴藉，玉有精神，于那娉婷妩媚之中，无不带着一团书卷秀气，虽非国色天香，却是斌斌儒雅”，以及“娇同艳雪，慧比灵珠”的董家五姐妹和“暖玉含春，静香依影”的吕家三姐妹，处处与花相关。

《镜花缘》中借用花卉的“花格”来比照人物的“人格”之处颇为多见。作者将身微根浅、轻薄易凋的“花格”对应在才华平庸、出生低微的人物之上，其人物性情几乎也都是浅薄、平庸的；而品格高雅的梅、兰、菊、桂花、荷花、芍药、玉兰花、杜鹃花、水仙花、牡丹花、海棠花，与之相对应的人物则为转世的十二花仙，才女榜位列一等，人物的共同点是不仅拥有绝世的美貌，而且拥有高贵的性情，甚至还拥有出众的才华，可谓品格贵重。正如《镜花缘》里借用上官婉儿之口，将花划分为师、友、婢三等，在文学描写上，作者也将当时社会对女性地位的认知和品评，借花之比喻，带入故事之中。有的花古香自异，国色无双，那便是上等，“花格”贵重；有的花态浓意远，骨重香严，令人敬重，“花格”高贵；有的花要不就清芬宜人，要不就是风流自赏，只能算是中等；还有的花，要不就是嫣红腻翠，要不就是送媚含情，自然只能算下等。从“花格”自然就可以窥视出“人格”来。

在古代，有什么最为风雅的事是与花卉有关呢？那当然就是借花卉植物来吟诗作赋了。花文化，已经深入人们的精神、情感、艺术创作以及生活方式等方方面面。《镜花缘》里就有一个场景描写：武则天和公主赏花饮酒，大摆筵席与群臣同乐，“将九十九种花名，写签九十九根，放于筒内。每掣一签，俱照上面花名作诗一首”，展示了当时花文化在人们日常生活中的存在。

因为文人的参与和介入，中国的花文化不仅仅是农业文化、园林文化，而且蕴含泛人文主义的色彩。中国人对于花卉的观赏是别具一格的，不仅仅将花卉视作外在的自然物，同时也赋予花卉“生命性”，所以，不仅仅是《镜花缘》，许多文学作品中，都出现各种花仙、花妖、花神，她们都和人一样，有着丰富的情感。也正是因为这种独特的意识，中国文人有的将花视为朋友，有的将花视为良师，还有的将花视为精神伴侣。

中国文化在和花卉结合的过程中，有了多层次的发展。尤其是儒、释、道思想的融入，使中国的花文化逐渐充实起来，渐渐发展成一种高深的、精妙的哲学。当然，花文化看似以“花”为中心，实际上却还是以“人”为中心，正因如此，花文化实际上可以称作是一种以人为中心的、独特的文化现象。

自然界的花花草草，在文学中呈现出独特精彩的魅力，不断鲜活起来，润泽和温暖着中国文化人的心灵。从整体上来说，文学与花卉有着密不可分的血缘关系。文学赋予了花卉风姿各异的内涵，而花卉也为文学提供着无数或美妙或伤感或寂寞的意象，丰富了创作的题材。

二、中国花文化与美术

（一）中国画中花卉主题的发展历程和历史意义

人文色彩及艺术创造的参与，是中国花文化的核心。没有中国文人的建构和艺术升华，花文化将黯然失色。无论是陶渊明诗句“采菊东篱下，悠然见南山”的诗句，以超凡脱俗的意象使菊花隐逸之宗的身份得以奠定，还是《爱莲说》洋洋洒洒细说荷花历史与人文象征，从此使得荷花高雅圣洁、不染纤尘的形象固化在人们心中。文学家们都是在用自己独特的才华在作品中推动花文化的发展成熟。而历代画家也在用绘画艺术语言描绘着高于生活的、艺术化的花卉形象。无论是王冕画梅，还是板桥画竹，他们都是通过直接地描绘花卉形象，再加以自己的人文情怀，而赋予花卉直观的文化内涵。

历朝历代的画家都对花卉情有独钟，并且不断创新发展，独立出了“花鸟”这一画科。其成型虽然比人物画和山水画更晚，形式上也有工笔重彩和水墨之别，但仍然是名家辈出，技法独特，在中国乃至世界美术史上都有着举足轻重、不可替代的艺术地位。

花木禽鸟、昆虫果蔬等等都是中国花鸟画广义上的描绘对象，它的名目可以细分为花卉、翎毛、草虫、蔬果等。有关花卉的题材，中国历史上出现得很早。春秋时期，衣纹服饰上，常以花鸟作为装饰点缀；秦汉时期时壁画和帛画，花鸟画粗见雏形；魏晋时期，真正的花鸟画还没有形成独立画科，但花鸟画家已渐渐增多。到了唐代，花鸟画画家已是名家辈出。举例来说，完整的花鸟屏风壁画在新疆阿斯塔那墓葬出土，表明花鸟画已不再是人物画的附属，而开始了自己独立的发展。唐玄宗甚至成为墨竹画之开创者，加速了花文化在美术上的发展。唐朝的花鸟画画家有多少呢?《唐朝名画录》记录有20人之多，其中最擅花鸟和折枝草木的画家边鸾，不仅用色鲜明，而且下笔轻利，同时能够不掩笔迹，折枝花木之新格正是由他开创。

五代十国画家徐熙、黄筌，对后世的花鸟画影响极大。徐熙出身大族，志节高迈，不愿去做官，而是在田园自得其乐，画作多写江湖汀花野竹、花果禽鱼，《梦溪笔谈》说其“画以墨笔为之，殊草草，略施丹粉而已，神气迥出，殊有生动之意”。人们称“徐熙野逸”，正说明了士大夫那种不为功名富贵所拘束，一心旷达的性情。黄筌作为宫廷画家，耳濡目染的都是宫廷里的富贵气象，笔下所绘的都是奇花、怪石和珍禽瑞鸟。他的画风“厚施色彩，崇尚逼真”，有“黄家富贵”之说。进入宋代后，两人的后代也各自继承和发展了这两个流派。黄筌的少子黄居寀风格和其父相似，都是精工艳丽，他创立了“勾勒填彩法”，擅长于花竹翎毛，北宋画院甚至在100多年间都用黄派的标准评判画作，奠定了花卉画在一个较长时期的发展方向。徐熙流派的徐崇嗣初学家承因不合时尚，后改学黄派，最终在徐熙派“落墨花”的基础上创造了“没骨法”，即不用墨笔勾勒而直接以彩色晕染，从此两派并起，花卉画进入繁荣时期。

中国花鸟画史上的重要飞跃，始于北宋文人，宋朝几位皇帝都支持并倡导画院的兴隆，宋徽宗赵佶更是一位技艺精妙的书画家，可以说宋代是整个花鸟画的鼎盛时期。正是在宋代，梅、兰、竹、菊开始在绘画中被文人画派作为主题强调，使得花卉画成为文人“托物言志”的媒介，日后逐渐形成中国审美方式的民俗特点，使中国花卉画百代不衰、传承至今，也为南宋时期花鸟画的新发展奠定了基础。花鸟画的地位，在这一时期不再是人物画的附庸，其地位日益上升，甚至动摇了人物画在中国传统绘画中的中心地位，开始与山水画平分秋色。

明清写意花卉画的基础奠定，与宋元人物画的没落密切相关。自元代人物画日渐式微后，花鸟画日渐兴盛。在这一时期，突出发展的有水墨山水、墨竹以及墨花，花文化的渗透日益深入。“四君子”成为元代“墨戏画”最主要的题材，代表人物如：擅长画墨竹的有李衎、柯九思、顾安、吴镇、倪瓒等，擅长画墨梅的有王冕。墨戏花卉画取代了工丽花鸟画的地位，形成了另一股流行风潮。

明代的花鸟画和宋元时期的同样师承徐、黄二体，却自出新意而与其区分开来。除了宗黄派（边文进、吕纪为代表）和宗徐派（孙隆、孙克弘为代表）之外，开创中国写意花鸟画新派的广东画家林良正也是其中的重要人物。明代后期，陈淳以及被后世称为“青藤画派”鼻祖的徐渭出现。尤其徐渭汲取前人精华而自成一派，以花卉画最为出色，开创了中国绘画史上的“泼墨大写意画派”。而明代吴门画派中的唐寅、沈周、文徵明等人，也在水墨写意花鸟画上有着深入的探索和开拓，使得花鸟画的表现技巧更加丰富而精妙。

明末清初，有一种超然、狂放、拔脱的画风，为朱耷、石涛所创。他们的画中蕴含独特的个性和感情。而恽寿平、王武、沈铨、蒋廷锡、邹一桂等清初以及中期的画家，能够运用没骨法或勾花点叶法，表现出花卉的明净柔美。而后的扬州八怪，也多半以花卉为题材，如汪士慎、金农擅长画梅；郑燮擅长于兰、竹的创作；而李婵，各种花卉无所不能绘制，既继承了传统，又没有墨守成规。他们的画风不拘泥古法，不落窠臼，但对后世的工笔画，尤其工笔花鸟，产生了很大的影响。

清末，出现了以赵之谦、吴昌硕为代表的花鸟画家，赵之谦把篆隶书法的笔墨运用吸收入花卉画中，吴俊卿以金石篆籀之笔入花鸟技法中，对写意花卉画有着非常大的贡献和影响。

在这期间，勾勒花卉一派又有所谓“三任”出现，任渭长、任阜长、任伯年三家，延续了花卉画的生命力，并且有所精进。明末陈洪绶的花鸟画带有装饰风味，“三任”虽然学习他，却并不一味故步自封，特别是任伯年的作品，“仿北宋人法，纯以焦墨钩骨，赋色肥厚”，开辟了花鸟画的新天地。

近现代，中国绘画史上与花卉联系最紧密的重要画家，不得不提齐白石、潘天寿、李苦禅、张大千等人，他们对于传统花卉画都有着创造性的发展，其中，齐白石作品中以花卉为主的作品最为丰富，可谓不计其数。

（二）中国花卉画的表现形式

1. 中国传统花卉画的表现形式

中国传统花卉画有着丰富的表现形式，既有着色与水墨，也有工笔与写意。以细致工整笔法描绘花卉，就是工笔；用简练和概括的笔法描绘花卉，就是写意。

按照季节划分，入画的花卉可分为春、夏、秋、冬四类季节性花卉。按照花木习性划分，可以分为草本、木本还有藤本与蔓本。木本花卉的特点是枝梗结实。其中，乔木类包括玉兰、海棠、石榴桃、梅、杏、李、柿、梨、紫薇、山茶、樱花、枇杷、辛夷（紫玉兰）等；灌木类包括迎春、腊梅、丁香、茉莉、芙蓉、蔷薇、月季、杜鹃、绣球等；草本花卉包括荷花、芍药、萱花、百合、水仙、兰花、菊花、秋海棠等；而藤本与蔓本花卉多枝梗细长和形状曲折，茎蔓有的攀缘、有的缠绕，如紫藤、葡萄、凌霄、扁豆、丝瓜、黄瓜等都属于藤本及蔓本花卉。

2. 中国传统花卉画的表现技法

中国传统花卉画的表现技法可以分成勾勒法和没骨法两种。

一来一往、一顺一逆地用墨笔勾勒即是勾勒法，勾是顺笔，勒是逆笔，也被称作双勾。着色叫作勾勒填色，不着色的叫作白描，勾勒法通常适用于工笔花鸟画。

没骨法就是点染形象不用勾勒，而是用彩色和水墨直接创作。没骨法还可以分成写意和工笔两种，多用晕染的是工笔，多用点簇的是写意。勾勒法和没骨法没有规定的应用方式，可以根据创作需要灵活地运用。

此外，皴法是通过表现山石、峰峦和树木表皮的各种脉络纹理进行创作的一种中国画技法。

3. 具体的花卉画法

具体的花卉画法包括枝干、叶片、花朵和点缀物四个部分。

花卉的枝干根据草本和木本的分别有所不同。苍劲古拙是木本枝干的特点，柔嫩纤秀是草本枝梗的特点。木本枝干根据表皮纹路和质感的不同，所用的皴法也不同。画草本茎要体现柔嫩多汁的效果，笔要滋润，不宜干枯。

花叶的画法，主要注意其自然形态和着生方式，根据所描绘的对象而安排顺序画。花朵的画法则要注意其植物学上芯、蕊、蒂、瓣、萼的构成和不同的开放程度。五瓣花形是花朵常见的基本画法。

其余点缀物的画法，应考虑使用常见的点缀物，如石、水、坡岸、苔草等，在描绘时也不能笔触相同，要安排得宜。

中国传统的花卉画构图，最重要的，除了必须深度观察自然，尽可能写实描摹之外。如何处理主宾、虚实、疏密、聚散、参差、呼应、开合等问题也是最关键的。中国画中所谓“攒三聚五”“三七停起手式”等构图原则就是这种要求的经验总结。这些花卉美术文化上的技法，在古代插花法中同样适用。

（三）中国花卉画代表人物及其作品

齐白石一生总共创作了四万多幅画作，其中以花卉为主题的就占据了相当多的数量，此类题材的画作有《兰花》《梅花》《藤萝》《菊花秋虫》《瓶梅》《牵牛花》《百花与和平鸽》《梅花立鹊》《秋荷双鸭》《牡丹双鸡》《菊花蜻蜓》《鸡冠花飞蝶》《残荷》《荷花鸳鸯》《雁来红蜻蜓》《蝴蝶花》等等。花卉题材在齐白石创作生涯中占据了不可替代的重要位置。

当代重要的两位写意花鸟画家潘天寿和李苦禅，在画史上有着“南潘北李”的地位，常用题材有松、竹、梅、兰、菊、石、荷、鱼、虫等。潘天寿个人特色突出，笔墨朴厚劲挺，做到融诗、书、画、印于一炉，画技高超。李苦禅画风讲究自然天趣，风格厚朴雄浑，能够令人振奋精神，以画作唤起人们内心对生活的热爱，个性尤其鲜明。

优秀的中国花卉画家还有国画大师张大千。张大千受到家庭成员的影响，喜欢用花卉为题材进行创作，兰花、水仙、荷花、海棠、牡丹、梅花等花卉都是他的常用题材。1958 年张大千创作的《秋海棠》，画作韵味柔细，花瓣如同少女羞红的胭脂，风姿绰约。凭借此画，纽约国际艺术协会将张大千选为“世界伟大画家”。张大千最热爱、应用频率最广的题材是荷花，大小作品都有，其中六幅荷花屏风在美国展出后，售价 14 万美元。张大千以荷花和海棠为题材的创作，被徐悲鸿称赞为前无古人。

从古至今，无论是层出不穷的伟大艺术家还是伟大的艺术作品，都能够说明，花文化是美术不可缺少的组成部分。无数的中国画家既继承了传统花卉画的优秀之处，也敢于求新求变，这也是花文化能够长盛不衰的原因之一。

三、中国花文化与其他艺术

中国的花文化不仅仅是单一的艺术，也是多元的艺术，所囊括的文化门类之间既相互影响，又相互补充与融合。花文化与其他艺术之间的关系，同样是紧密相连的。

（一）花文化与音乐

从表面上看，花卉和音乐是两个独立的艺术门类，两者应该互不相干。但是，我们从中国音乐史里可以发现许多传奇、经典以及脍炙人口的音乐，它们都或多或少受到花文化的影响，可以说，花卉是古今音乐家的灵感源泉。观花开可以感受到喜悦平和，观花落可以感受到哀伤悲戚，花开花落这些看似平常的自然现象，却使得创作音乐的人为自己的音乐赋予了种种动人的情感，使得乐曲触动听者的心灵。

爱情被认为是人类永恒的主题，创作者在表达爱情的悲欢离合时，通常习惯以花卉为题材，这种做法往往使得情感的表达更为细腻，更能触动心怀。以花卉为题材反映爱情的音乐作品往往也是最多的。除了表达爱情以外，在反映其他思想时，花卉也是通用的题材。如《诗经》《楚辞》、乐府、绝律诗、词曲等艺术在历史的发展和演变过程中，涌现了一篇又一篇让人印象深刻不被岁月湮灭的经典篇章。

以花卉为题材的汉族传统小调《对花》在中国北方广泛流传，“正月里来开的什么花?”“正月里来开的是迎春花。”歌曲的内容主要包括十二段词。一个月一段来对一花，情侣通过歌曲猜谜，将花卉与娱乐联系起来，通俗易懂，令人喜爱。

汉族民间小调《茉莉花》在中国广大地区都有流传，江浙地区的曲调尤其悦耳动听，既轻盈又活泼。该曲通过花卉题材反映出年轻男女之间爱情的纯真。在歌剧《图兰朵》中也被意大利作曲家普契尼借鉴运用。

汉族情歌《六月茉莉》广泛流行于中国台湾地区，该曲内容是少女自比六月芳香的茉莉，渴盼得到真心实意的心上人，以免随着光阴流逝蹉跎青春。

汉族“秧号子”《拔根芦柴花》在江苏北部地区广泛流行，该曲通过牡丹、玫瑰、芙蓉以及芦柴花暗喻美妙的爱情，同时又展现了乡野中朴素纯洁的气息。

《桂花开放贵人来》和《槐花几时开》，表达了贵州、四川一带人民翻身做主，在中华人民共和国成立后生活变得美好，歌颂人民解放军的心情。

现代音乐《心中的玫瑰》是电影《泪痕》里感人至深的插曲，该曲通过玫瑰花比喻美好温馨的旧梦，带动情绪，动人心肠。在电视电影的插曲里，以花卉为题材，更能使听众感同身受。

没有歌词的纯器乐，在创作和演奏中也常以花卉为主题。

器乐合奏《梅花操》以高雅的梅花为主题描摹出乐曲想要表达的优美意境。该曲第一段“酿雪争春”风格优美古朴，节奏徐缓，旋律的特点为级进和同音反复，采用8/4拍子，以琵琶、三弦、洞箫、二弦等乐器来演奏，表现出梅花斗雪争春的凌寒傲骨，使人充分感受到作者借梅花的形象寄托了高洁的情操。该曲第二段“临风展笑”转变拍子为4/4拍子，速度开始渐渐变快，音调同时从低至高转变，优美明快如同梅花临风展笑，表达出梅花那种生机勃勃、热情向上的情趣。该曲第三段“点水流香”保持既活泼又轻快的节奏，犹如冰雪消融，梅花迎春，潺潺流水在山间流淌，表达出一种令人舒畅的情绪。该曲第四段“联珠破萼”音调更加活泼，节奏更加富有弹性，犹如梅花吐蕊，表达出一种令人欢快喜悦的情绪。该曲第五段“万花竞放”节奏采用1/4拍子，犹如万花竞放，令人欢腾、激动不已。

以花卉为题材的古琴曲《梅花三弄》，是以梅花不畏严寒的意象，展现出梅花那种铮铮傲骨。泛音三段，同弦异徽为“三弄”，“梅为花之最清，琴为声之最清，以最清之声写最清之物，宜其有凌霜音韵也”。该曲有十段及一尾声，前六段相间循环三段清澈透明的泛音，曲调活泼跳脱，表现出犹如傲骨梅花盛开的一种意境。该曲自前六段以后的第七到八段音调由低到高，转变得更加高亢，节奏也随之加重，表现出梅花迎风冒雪巍然屹立的凌寒韵味。该曲第九段通过在低八度重复第七段旋律，强调了梅花的苍劲沉稳。

以花卉为题材的广东音乐《雨打芭蕉》，是以雨天碧纱窗外有潇潇雨点滴落于芭蕉之上的意象来表现感人的艺术情境。该曲的灵魂在于“雨打芭蕉”的“打”字，因此作曲家竭力要表现青翠芭蕉被清脆雨滴洗润的美妙意境，通过和谐的音乐语言，塑造出经典动人的艺术形象。该曲共有六十八板，在曲子开始之初，音调优美明快，令人联想到青翠芭蕉在雨中摇曳的动人情景。随后，通过短而急促的顿音，表现出芭蕉因清冷雨滴而发出清脆悦耳细声的情景。接着，通过长的变徵音颤鸣表现出急雨敲打芭蕉的情景，随后交替平和旋律，乐声徐疾相间表现芭蕉在急雨和小雨中怡然自得的情景。该曲末尾，通过稳定的节奏和最高音表现芭蕉经受了风雨吹打却更加挺拔的情景，于两个强劲的主音后落下帷幕。

由这些民乐作品可以看出，花文化与我国民间传统音乐也有着水乳交融的密切关联。

（二）花文化与工艺美术

中国的工艺美术常常以花卉为题材进行创作。在考古过程中发掘出的文物，从8000年前以叶纹、花纹装饰的新石器时期陶器，到4500年前的云彩纹陶花瓶，再到2700多年前以莲花图案装饰的青铜莲鹤方壶，都证明了工艺美术中花卉的出现有着非常悠久的历史。

南北朝时期盛行以莲花装饰青瓷；东汉以后，佛教传入中国，与其相关的莲花、忍冬等具有宗教象征的花卉，也随之发展成南北朝最为流行的装饰图案。

唐代的花卉纹饰多应用于金银器、玉器、瓷器、织锦、绢画和铜镜等工艺品上，花卉题材中，月季、莲花、佛手、石榴、牡丹、芍药、菊花、桃花、百合等出现最多。蔓草的特点在于其滋长延伸、连绵不断，寓意茂盛、长久，是在花卉题材中最为特殊的草纹，由于其形象丰美，成为隋唐时期的流行纹样，故又有“唐草纹”之称。

由于文人花鸟画的兴起，五代、两宋流行的花文化进一步影响到了工艺美术的创作。牡丹、月季、莲花、百合等吉祥花卉依然作为常用题材，而梅、兰、竹、菊等文人画中的代表种类也被应用到工艺美术之中。宋代闻名的“云锦”“宋锦”以及“蜀锦”，精致华美、花色出彩，大都是以花卉为题材。宋代瓷器等工艺品上也多有梅花等花卉图案。

受花文化影响，明清时期文人所使用的工艺品通常以花卉为主题表现文人“逸气”，用梅花、菊花等花卉装饰折扇、装饰砚台、笔筒以及宜兴紫砂陶器皿等；明永乐“剔红孔雀牡丹纹盘”所使用的花卉题材为肥厚茂盛的大朵牡丹，明宣德以后的“剔红松竹梅纹盒”以折枝小花为主。另外，以花卉为主题的还有雕漆工艺、竹雕、大雕等工艺。

新中国成立后，工艺美术有了“百花齐放，推陈出新”的转变。例如，河南郑州的松梅独玉盆景、扬州的花卉剪纸和漆器、南京的牡丹花云锦、江西景德镇的梅花薄胎瓷等等，都体现了这一特点。

在中国工艺美术中，花卉图案的吉祥内容主要为福、禄、寿、喜、财、洁、顺、吉，被赋予吉祥内涵的花卉由此更受欢迎，应用得非常广泛。花卉的吉祥图案并不是单一的，而是既可以单独直接应用，也可以和鸟兽进行组合变形，还可以多种花卉组合，表达的主题也就更加丰富。

（1）以花卉为题材的吉祥图案有“凤戏牡丹”，凤鸟优美，牡丹富丽，是光明和幸福的象征图案，两者结合在一起，为古人所喜爱。

（2）以花卉为题材的吉祥图案有“香花三元”。兰花、茉莉、桂花合称“香花三元”。在中国花文化中，人们把茉莉称作熏茶花卉中的状元，把兰花称作观赏花卉中的状元，把桂花称作食品配料中的状元，兰花、茉莉、桂花自古以来以香著称，根据浓、情、远、久的品香标准评判，谓之上品。

（3）以花卉为题材的吉祥图案有“万象更新”。“万象更新”的图案具体为一只大象背驮一盆万年青，其含义为“一元复始，万象更新”，不仅代表着除旧迎新，同时也是时运好转、财源不断的象征，深受民间喜爱。

（4）以花卉为题材的吉祥图案有“一路连科”。“一路连科”的图案具体为鹭鸟、莲花与芦苇组合而成的水禽图，代表对人生和事业的美好祝愿，寓意一路荣华，荣耀富贵。鹭是古代的一种吉祥鸟，曾经作为六品文官的服饰标记，“鹭”“芦”（苇）的谐音是“路”，“莲”的谐音是“连”。

（5）以花卉为题材的吉祥图案有“四季平安”。“四季平安”的图案主要以花瓶和月季组合而成，象征着古代中国人对四季安泰的美好祈求。月季寓意幸福和平，四季常开。花瓶的谐音是“平”，两者结合常应用于中国的传统装饰。

（6）以花卉为题材的吉祥图案有“玉堂富贵”。“玉堂富贵”的图案由玉兰、海棠与牡丹组合而成。借“玉”字、“棠”的谐音是“堂”、牡丹可代表

“富贵花”，“玉堂富贵”由此诞生，寓意府第辉煌富贵，大气华丽。

（7）以花卉为题材的吉祥图案还有“锦上添花”。“锦上添花”寓意好上加好以及美上加美，锦是指彩色花纹的丝织品。花朵添在美丽、华贵的锦上，是深受人们喜爱的吉祥图案。

此外，凤戏牡丹、竹梅双喜、连年有余、尚书红杏等都是由多种花卉组合而成的吉祥图案，常用于民间工艺品制作。这些吉祥的花卉图案表达了人们渴求幸福的愿望。

可以说，花草主题是中国工艺美术中出现频率最高的一种主要题材。

中国花文化在长期发展过程中，既受其他艺术领域的影响，又影响了其他艺术领域，从而不断推陈出新、生命力常驻。不论是音乐还是工艺美术，都只是中国花卉文化影响到的其中的一个艺术门类。可以说，中国花文化和其他文化融合发展之后，所延伸发展出的结果及对整个传统文化体系的影响，之大、之巨，都是不言而喻的。

四、中国花文化与花器

插花艺术是传统文化中独树一帜的生活艺术，用来作为鲜花“插作”的器皿，也渐渐发展为一个工艺品门类，简称“花器”，花器不仅有作为插花容器的功能性，本身也具备了工艺品器物的观赏性与艺术性。

花器日常使用中，除了盛水和保养花材之外，最重要的是从美学意义上烘托和陪衬花卉。在传统的插花审美中，花器既可烘托主题，又能强化意境。可以说，花器本身也能够独立成为一门专业的“设计学科”，涉及传统工艺品制造的技艺与美学。正是花器的存在，承载并丰满了插花艺术和整个中国工艺工艺美术发展史。

中国传统花器种类繁多，根据其质地和风格的不同，主要可分为瓷、铜、石、玉、砖、陶和竹七种，因其不同的质地、工艺、颜色、主题风格，应用于何种场合，要与何种花卉搭配，也十分讲究，譬如铜器多插牡丹，瓷器多插梅花；冬春时节适合选用铜器，夏秋时节适合选用瓷器；堂屋适合选用大瓶，书斋适合选用小瓶；等等。

根据造型的不同，花器又分为简单形、变化形、圆形、方形等。根据外观的不同，以及不同历史阶段所进行的总结概括，到现代，最为常见与常用的中式插花器皿主要可以分为瓶、盘、缸、筒、碗、篮六大种类。“瓶花高昂、盘花深广、缸讲块体、碗求中藏、筒重婉约、篮贵端庄”，此为各种花器器型之表现特色。

在历史演变进程中，花器亦随着朝代的不同而有着形态各异的发展与变化。

汉代，古代中国人常在圆形的陶盆中安置陶制动物、陶树、陶楼等，以此作为池塘湖海的象征。《春盘赋》里也提到“假盘盂而作地”“协陶甄之妙致”。从这两个事例可以看出，中国古代对花器意义的认识，是将其看做大地的象征，或者花木的“金屋”“精舍”。

南北朝时《南史·晋安王子懋传》中云：“有献莲花供佛者，众僧以铜罂盛水，渍其茎，欲华不萎。”这是花器最早被文字所记录，文中描述的插花是“供花”的一种，将花瓣或鲜花放置于器皿中，供奉佛前。《法华经》云：“佛说此经已，入于无量义处三昧，身心不动。是时天雨曼陀罗华，摩诃曼陀罗华，曼珠沙华，摩诃曼珠沙华。而散佛上及诸大众……”从佛经记载可以看出，供花是佛教非常重要的仪式之一。原始供花可以分为三种：一种是佛经上所形容的“散花”，即指将花型纸片或莲花花瓣放于花筥中洒散；第二种名为“瓶供”，顾名思义是指以瓶器盛水，其中插花；第三种名曰“皿花”，就是前文提到的将鲜花放于器皿之上供奉。

自南唐后主李煜发明了竹筒插花之后，古代文人便有了喜用竹筒作为花器的历史。五代末的《清异录》另外记载了“占景盘”的出现，“郭江州有巧思，多创物，见遗占景盘，铜为之，花唇平底，深四寸许，底上出细筒殆数十，每用时，满添清水，择繁花插筒中”。占景盘进一步发展了插花技术，经过后来的演变也被应用到瓶形花器上，宋代十九孔花插及明代七孔珐琅花插即是。

宋代，由于人们生活水平的提高，对生活情趣的追求已经非常高雅，宋人不仅仅开始赏“名花”，还要赏“名器”，对花器的收藏鉴赏有着极高的审美需求。甚至出外郊游时也“中置桌凳、列笔床、香鼎、盆玩、酒具、花博之属”。花与器的鉴赏，已完全融入文人的生活之中。

到了明代，最著名的插花论著之一《瓶史》诞生。袁宏道在《瓶史》中写道：“养花瓶亦须精良。譬如玉环飞燕，不可置之茅茨；又如嵇阮贺李，不可请之酒食店中。尝见江南人家所藏旧觚，青翠入骨，砂斑垤起，可谓花之金屋。其次官哥象定等窑，细媚滋润，皆花神之精舍也。大抵斋瓶宜矮而小，铜器如花觚、铜觯、尊罍、方汉壶、素温壶、匾壶，窑器如纸槌、鹅颈、茄袋、花樽、花囊、蓍草、蒲槌，皆须形制短小者，方入清供。不然，与家堂香火何异，虽旧亦俗也。然花形自有大小，如牡丹、芍药、莲花，形质既大，不在此限。尝闻古铜器入土年久，受土气深，用以养花，花色鲜明如枝头，开速而谢迟，就瓶结实，陶器亦然，故知瓶之宝古者，非独以玩。然寒微之士，无从致此，但得宣、成等窑磁瓶各一二枚，亦可谓乞儿暴富也。冬花宜用锡管，北地天寒，冻冰能裂铜，不独磁也。水中投硫磺数钱亦得。”在这本著作中，袁宏道对不同质地的花器应用做了详细的描述及搭配建议。

同时代文人震亨也在《长物志·花瓶项》里说：“花瓶以古铜入土年久，受土气深，以之养花，花色鲜明，不特古色可玩而已。铜器可插花者：曰‘尊’，曰‘罍’，曰‘觚’，曰‘壶’，随花大小用之。瓷器用官、哥、定窑古胆瓶，一枝瓶、小蓍草瓶，余如暗花、青花、茄袋、葫芦、细口、匾肚、瘦足、药坛及新铸铜瓶、建窑等瓶，俱不入清供，尤不可用者，鹅颈壁瓶也。古铜汉方瓶，龙泉、钧州瓶，有极大高二三尺者，以插古梅，最相称。瓶中俱用锡作替管盛水，可免破裂之患。大都瓶宁瘦，无过壮，宁大，无过小，高可一尺五寸，低不过一尺，乃佳。”“贵铜瓦，贱金银，忌有环，忌成对。”

明代戏曲家高濂也在其著作《瓶花三说》中记载道：“若书斋插花，瓶宜短小，以官哥胆瓶、纸槌瓶、鹅颈瓶、花觚、高低二种八卦方瓶、茄袋瓶、各制小瓶、定窑花尊、花囊、四耳小定壶、细口扁肚壶、青东瓷小蓍草瓶、方汉壶、圆瓶、古龙泉蒲槌瓶、各窑壁瓶。次则古铜花觚、铜觯、小尊罍、方壶、素温壶、匾壶，俱可插花。又如饶窑宣德年烧制花觚、花尊、密食罐、成窑娇青蒜蒲小瓶、胆瓶、细花一枝瓶，方汉壶式者，亦可文房充玩。但小瓶插花，折宜瘦巧，不宜繁杂，宜一种，多则二种；则分高下合插，俨若一枝天生二色方美。或先凑簇象生，即以麻丝根下缚定插之。若彼此各向，则不佳矣。"

说明在明代，花器的搭配和鉴赏已经形成相对固定的审美范式。在选择花器进行运用时，要考虑诸多方面，如花材、环境、时令以及节气等客观条件因素。而插花器皿本身材质、形态、大小、风格也都各不相同，有的高贵典雅，有的华丽庄重，有的质朴素雅，有的野趣盎然，如何考虑诸多复杂因素进行择选和搭配，则需要长期的插作经验以及深厚的美学积累。

明清时，插花器皿多以瓶为主，并在其中附上金属内胆。"当春冬时节水易结冻，以内胆隔离水与瓶，可防止瓶器崩裂。内胆盖面镂空，间隙用以固定花叶枝脚；清雍正年间造办处《活计档》载有胆盖镂圆形孔的'莲蓬式内胆'；有连蝙蝠、连螭龙等纹饰的'冰冽式内胆'等。通过绘画及带有内胆的插花器皿，可观察明清两代瓶花的形式及花器的选择；而各种古代铜器、玉器用途的改变，仿古定、汝、官、哥窑及珐琅等花器的制作，可欣赏明清两代皇室生活的风雅与创新。"

以明清具体花器中最为常见的"梅瓶"为例，民国许之衡的《饮流斋说瓷》中云："梅瓶，口小而项短，肩极宽博，至胫稍狭折，于足则微丰。口径之小仅与梅之瘦骨相称，故名梅瓶也。"现于唐而兴于宋，唐贞观五年（631年）形似梅瓶的器皿于淮安王李寿墓石椁内壁的线刻画中出现，其造型优美，线条流畅。梅瓶既能作为花器，也能作为酒器，又称"酒经"或是"经瓶"。明代画家仇英的《修禊图》中就有描绘将梅瓶作为酒器的场景，画中带盖梅瓶置于地面，位于酒桌之旁。明代陈洪绶《岁朝图》中也描绘了在铜制梅瓶中插放水仙、茶花、辛夷、梅等花卉的情形。

中国花器，讲究搭配之精妙，因为花器在国人心目中不仅是插花的器皿，同时也是富有生命的艺术品，因此历朝历代都给予了花器极大的尊重。同时，正因有了插花艺术及花木文化的蓬勃与繁荣，增添了瓷器工艺品及古董器物的使用价值和艺术价值，更为其提供了技术发展动力，并因此产生了源源不断的生命力。

五、名士与花

（一）陶渊明与菊

菊花形态美丽，兼具珍贵的药用价值，其清寒傲雪、隐逸高雅的品质令它作为具有文化意义的花卉而备受人们喜爱。我国历代文人中，与菊花有着不解之缘的首推陶渊明。

菊花的文化内涵本就极为丰富，而陶渊明在其诗作中为菊花赋予了更为深刻的文化意义，令菊花日渐渗入文人雅士的精神生活之中。陶渊明有诗《和郭主簿》写道："芳菊开林耀，青松冠岩列。怀此贞秀姿，卓为霜下杰。"《饮酒·其五》写道："结庐在人境，而无车马喧。问君何能尔？心远地自偏。采菊东篱下，悠然见南山。山气日夕佳，飞鸟相与还。此中有真意，欲辨已忘言。"《饮酒·其四》写道："秋菊有佳色，裛露掇其英。泛此忘忧物，远我遗世情。一觞虽独尽，杯尽壶自倾。日入群动息，归鸟趋林鸣。啸傲东轩下，聊复得此生。"《归去来兮辞·并序》写道："三径就荒，松菊犹存。携幼入室，有酒盈尊。引壶觞以自酌，眄庭柯以怡颜。倚南窗以寄傲，审容膝之易安。"这些诗句或是描写出娇而不躁、艳而不媚的菊韵，或是赞颂菊花孤高傲世的高贵气节，或是咏叹菊花恬淡自然的气质。所谓"一从陶令评章后，千古高风说到今"，菊花的发扬光大与陶渊明是脱离不了关系的。

（二）陆游与海棠花

海棠花温和美丽，但却是一种断肠之花，它的花语是苦恋及离愁别绪。在民间，宋代著名文人陆游的爱情故事就与海棠花有关，这段凄美的传说至今为人们所叹惋。

相传，陆游本来有一段美满如意的婚姻，但因陆游母亲之故，一对有情人从此分离。离别之际，既是表妹又是爱妻的唐琬将一盆海棠赠予陆游作为纪念，并将海棠唤作“断肠红”，陆游在悲伤的氛围中回应道，此花更应唤作“相思红”。数年后再相逢之日，陆游对着美丽如昔的海棠花感叹，往日时光难以追回。于是，他触景伤怀写下《钗头凤》：“红酥手，黄縢酒，满城春色宫墙柳。东风恶，欢情薄。一怀愁绪，几年离索。错、错、错。春如旧，人空瘦，泪痕红浥鲛绡透。桃花落，闲池阁。山盟虽在，锦书难托。莫、莫、莫！”在文人的心目中，海棠花不仅是妩媚动人的美丽之花，更是象征分离的苦情之花。

（三）王羲之与兰花

兰花高洁典雅，素有“花中君子”之称。许多文人雅士都将“气如兰兮长不改，心若兰兮终不移”的品格作为自己的理想追求，推而广之更将美好佳妙的书文称作“兰章”，将益友称作“兰客”等等。

东晋时期的王羲之在书法造诣上的精进也与兰花有关。兰花的花姿优美，叶形潇洒。据说，王羲之在自家庭院专门种植了兰花，以便常常观摩学习。在将兰花的神韵融入书法后，王羲之所写出来的字便具有了妍美遒媚的特点。可见兰花的妍美及高雅气节是它为诸多文人所钟爱的主要原因。

（四）袁枚与牡丹

牡丹雍容华贵、国色天香，有着富贵、圆满的象征意义，清朝的名士袁枚就极为喜爱牡丹。他在《并头牡丹》一诗中说："两枝春作一枝红，春似生心斗化工。远望恰疑花变相，鸳鸯闲卧彩云中。"又在《牡丹说》一文中记载："主人之喜怒无常，花之性命尽矣！然则子之病，病乎其己尊而物贱也，性果而识暗也，自恃而不谋诸人也。他日子之庭，其无花哉！"从中得见袁枚对于牡丹的鉴赏和养护都有独到之处。

袁枚的一生能够用他的一首有关牡丹的诗概而言之。所谓"白日不到处，青春恰自来。苔花如米小，也学牡丹开"，在这首诗里袁枚可谓是尽述自己的心志，即使身为蝼蚁般微小的苔花，常常受到命运的风吹雨打，仍愿效仿牡丹绽放出属于自己的光彩。袁枚自幼家境清贫，虽考上进士但官运总是不佳，仕途难以如意。在这样的情况下，袁枚在《苔》一诗里吐露的心声正如牡丹所具有的翩然气度，令人敬服。

（五）周敦颐与莲花

提到莲花，就令人联想到它香远益清、不蔓不枝的脱俗形象。而莲花之所以能够引起人们的注意进而受到追捧，得益于北宋文人周敦颐。周敦颐在《爱莲说》里写道："水陆草木之花，可爱者甚蕃。晋陶渊明独爱菊。自李唐来，世人甚爱牡丹。予独爱莲之出淤泥而不染，濯清涟而不妖，中通外直，不蔓不枝，香远益清，亭亭净植，可远观而不可亵玩焉。"这篇文章表明了周敦颐对莲花坚贞、高贵品格的赞美，随着此文的传播，世人因此更加喜爱重视莲花。周敦颐本人，也践行着莲花所具备的高贵精神，为官洁身自好，不随波逐流玷污自己的品行。

（六）王冕与梅花

梅花不仅高雅脱俗，并且傲雪欺霜，具有铮铮傲骨，因此备受文人喜爱。特别是元朝著名画家、诗人、篆刻家王冕更是极为推崇与钟爱梅花。

王冕以梅花为题，著有多篇诗文。《梅花其一》里，他说：“林下见清真，草衣如野人。开花冰雪里，岂是不知春?”《梅花其三》中，他说：“朔风吹寒脱繁木，石溜潺潺出空谷。荒村野店少人行，独有寒梅照寒渌。玉质灿灿无纤埃，春风不来花自开。平生清苦能自守，焉肯改色趋樽缶？我与梅花颇同调，相见相忘时索笑。冰霜岁晚愈精神，不比繁华易凋耗。长安多少骑马郎，寻芳竞集桃李场。东家买酒西家尝，引得世间蜂蝶忙。”

王冕在咏梅之外，还非常善于种梅、画梅，他的作品往往精妙地表现出梅花的孤傲、幽雅之美。在为人处世方面，王冕也极力向梅花学习，其诗《墨梅》中所说的“不用人夸好颜色，只留清气满乾坤”，正是他自身的情怀写照。

（七）李渔与水仙花

水仙花清逸秀美，有凌波仙子之称，是世人喜爱的传统名花之一，明末清初著名文学家李渔更是爱水仙成痴。

李渔在《闲情偶寄》里说：“水仙一花，予之命也。予有四命，各司一时：春以水仙兰花为命；夏以莲为命；秋以秋海棠为命；冬以腊梅为命。无此四花，是无命也。一季夺予一花，是夺予一季之命也。水仙以秣陵为最，予之家于秣陵，非家秣陵，家于水仙之乡也。记丙午之春，先以度岁无资，衣囊质尽，迨水仙开时，索一钱不得矣。欲购无资，家人曰：‘请已之，一年不看此花，亦非怪事。’予曰：‘汝欲夺吾命乎？宁短一岁之寿，勿减一岁之花。且予自他乡冒雪而归，就水仙也。不看水仙，是何异于不反金陵，仍在他乡卒岁乎?'家人不能止，听予质簪珥。"李渔即使在家徒四壁的窘况下，仍然不能舍弃对水仙的爱好，当掉妻子的首饰购买水仙，可谓是爱花到了极点。

（八）唐寅与桃花

桃花娇艳明丽，花姿动人。世人常以"人面桃花"来形容美人，足见桃花具有极高的审美价值。明代文人唐寅对桃花情有独钟，还自命"桃花庵主"，他常常在诗文中借桃花抒怀。在《桃花庵歌》中，唐寅说："桃花坞里桃花庵，桃花庵里桃花仙；桃花仙人种桃树，又摘桃花换酒钱。酒醒只在花前坐，酒醉还来花下眠；半醒半醉日复日，花落花开年复年。但愿老死花酒间，不愿鞠躬车马前；车尘马足富者趣，酒盏花枝贫者缘。若将富贵比贫者，一在平地一在天；若将贫贱比车马，你得驱驰我得闲。别人笑我忒疯癫，我笑他人看不穿；不见五陵豪杰墓，无花无酒锄作田。"诗句之中，作者俨然将桃花视为一种精神寄托，聊以自慰。其他有关桃花的篇章，也不在少数，多脍炙人口。

（九）傅雷与月季花

月季花有姹紫嫣红、明丽动人之美。我国著名作家及翻译家傅雷尤为喜爱此花，他与妻子在住处精心培育数十种月季，人们因此戏称他为"月季王"。月季也与傅雷的命运起伏有关，在傅雷生活如意时，月季因受到很好的养护更显优美风姿；而在傅雷的生活发生剧烈变化时，月季也随之境况惨淡。

（十）张大千与荷花

荷花亭亭玉立，有端庄秀丽之美。我国著名的书法家、泼墨画家张大千对荷花之美有着独到的见解，并能将其应用于画作。"中国画重在笔墨，而画荷是用笔用墨的基本功”，张大千的作画理念，使他的荷花画作通常具有大气磅礴、瑰丽脱俗的特点。在画荷生涯中，张大千追求精益求精，通过在敦煌洞窟的临摹和学习，领悟出更进一步的画荷技巧，将荷花的神韵描绘得更为精妙，成为世人公认的画荷大家。

第五章　社会文化中的花文化

一、花文化与民间神话、传说、典故

（一）花主题神话故事与民间传说

对于每种植物的起源及功用，人类普遍有着浪漫的原始猜想，于是便诞生了各式各样围绕花卉植物展开的神话传说。古希腊和古罗马神话中亦不乏关于花卉植物的传说及典故，比如古希腊神话中的春与花之仙女克洛里斯，以及古罗马神话中的春与花之仙女弗洛拉。

我国关于“花神”的神话故事和民间传说，也有着丰富的内容和众多版本。在道教中，用来描述掌管花卉的神祇，称为花神，又称花仙。最早在我国神话传说中，“花神”通常也是女子形象，《淮南子·天文训》中记载：“女夷鼓歌以司天和，以长百谷、禽鸟、草木。”“女夷”是指神话中主宰春夏万物生长的女神。在后世的传说中，她是道教女仙魏夫人的弟子，得道后做了专司百花的女神。明人冯应京《月令广义·岁令一》中亦云：“女夷为花神，乃魏夫人之弟子。花姑亦为花神。”“魏夫人”原名魏华存，晋代女道士，又称紫虚元君，是道教上清派第一代太师，民间称之为“二仙奶奶”，是中国民间信仰并被道教尊奉的四大女神之一。“花姑”则指唐代女道士黄令微。道家《云笈七签》卷一百一十五载：“花姑者，女道士黄灵微也。年八十而有少容，貌如婴孺，道行高洁，世人号为花姑。”《中国民间俗神》一书中描述，花姑原本是一位种花的女子，因为她崇道奉祀魏夫人，修行精进而后得道升仙，晋封为花神。另外，在《月令广义·春令》中也写道：“春圃祀花姑。”《花木录》：“魏夫人弟子，善种花，号花姑。”说的是花姑在种花上有所建树，因而被以种花为业的花农们奉为花神。五代时期杜光庭《墉城集仙录》也说，花姑名叫黄令微，临川人，是位女道士，年逾八十，形貌娇小可人。她曾把魏夫人在抚州并山的静室、临川的坛宇这两处已经荒芜的胜迹整修一新，魏夫人闻知后，托梦给她，详加教诲，花姑得魏夫人教授传道，便得道成仙。《太平寰宇记》亦有类似记载。

花神掌管着世间花开花谢，百花得以生长都是出于神祇的庇护。《太平广记·神仙·殷天祥》中记载，唐代阔州鹤林寺院内有一株一丈多高的杜鹃花，每年春末时期花开最盛。传说这株杜鹃花，是一百年前由外国僧人从天台山移植到鹤林寺的。寺僧对其爱护有加，便围上栏杆，锁于院内。常常有人从门缝窥见三位艳丽的红裳女子在花树下游玩。有人偶尔进院折枝摘花，就会受到那三女子的责罚，传说三位红衣女便是花神化身。节度使周宝准备重阳节去鹤林寺，对道士殷天祥说：“鹤林之花，天下奇绝。道人能使它重阳节开花吗?”殷天祥回答说能，便在重阳节前两天住进鹤林寺。半夜有女子来敲门说：“你想要杜鹃花开是吗?”殷天祥问其何人，女子说：“我乃上天派来保护此花的花神。此花在人间已逾百年，就要返回天宫阆苑，现在，看在你的面子上，我让花开一次。”说完，女子忽然不见。次日晨起，杜鹃树上已绽出花蕾，重阳节那天，满树鲜花烂漫如春。消息传开，周宝和全城人都惊讶万分，纷纷前往观赏。没过几天，花一下全消失了，地上亦无落花。道教典籍《云笈七签》中同样记述了这个故事：“窥见女子红裳艳丽，游於树下。有辄採花折枝者，必为所祟，俗传女子花神也。”

明人冯梦龙《醒世恒言·灌园叟晚逢仙女》中，也记载有“惜花致福，损花折寿”的故事：花农秋先爱花若痴，常常祭祀花神。因此，当他受到官家子弟张委的欺侮时，花神便以张委“损花害人，奏闻上帝”，上帝“夺其算”。秋先在花神度化下登云成仙，做了专管人间百花的护花使者。

另有一位“百花仙子”，也是中国古代神话传说中的花神，她统领百花，掌管百花的开放、衰败、颜色、香味、生长地点等各类与花事相关的事务。清代文学作品《镜花缘》里，她的名字叫“唐闺臣”。小说中，因人间帝王武则天之令，百花畏权在寒冬齐放，花神失职而被玉帝贬至凡间，经历数次劫难，最终修成正果。戏曲《天女散花》中出现的花神正是这位“百花仙子”。故事中，人间瘟疫横行，玉帝派百花仙子在空中洒下象征吉祥的百花花瓣，用以解除众生疾苦。百花仙子便与众花仙手提花篮，在虚空之中载歌载舞撒下花瓣，向人间播撒健康吉祥。民间“天女散花”的典故就是源自这里。

花神中最悲戚的一个传说，便是汉惠帝的皇后张嫣，她十一岁时被外祖母吕后嫁予自己的舅舅汉惠帝刘盈，因年幼无法生养，被迫收养他人之子，孤独终老。崩后入殓，宫女们替她净身时惊奇地发现，皇后至死都冰清玉洁，仍是处子之身。《汉宫春色》记载：“不数日后薨，年四十一。侍女闻空中奏乐声，异香数日不散。后既无骨肉懿亲在侧，小敛时，侍女为后沐浴，验视后之下体，皆曰：‘可怜哉，后真处女也。’”故事传说张皇后离世时，侍女听到空中有音乐声，闻到室内有异香不散。此后人们纷纷为她立庙，定时享祭，尊她为花神。

除了专司百花的花神之外，在很多历史、文学典籍中都有描述美丽的女子因为喜爱某种花卉而流传出风雅韵事或因其性格与某种花卉特性相似而升仙得道，成为此类花神的传说。例如古代“四大美人”之中的杨贵妃就因死于杏花树下成为杏花花神，而西施因其“采莲女”的身份而成为荷花花神等。

此外，很多历史上极具代表性的文人墨客，都曾“借花言志”，表达自己的人生理念、情操、气节，因为这些人与花的强烈关联，也被后人尊为花神，成为此花性格的一种人文符号。例如李白曾因写下过歌颂牡丹的名篇而被尊为牡丹花神，陶渊明因其爱菊咏菊，被尊为菊花花神。明代黄周星所著《将就园记》中记录的“有花神，主祀百花之神，而以历代才子、美人配享焉。”就说明了以上风俗。

随着时代的不断发展，花神形象由女夷、魏夫人、花姑等等，最终发展到无数备受赞美的女子形象、爱花雅士形象、受人尊敬的英雄形象、高洁贤士形象，以及于文学作品中的虚构人物形象等。

花神形象由神话形象演变成生活中的形象。而民间流传最广，最为著名的，就要数传说中的“十二花神”。在我国明清时期的瓷器和木雕中，常见大量有关花神的题材，在许多皇历、年画以及民俗工艺品中也可以找寻其踪迹，但其中出现最多的便是“十二花神”。所谓“十二花神”，首先使人想到的是“月令”和“花月令”。“月令”意为“以时系事”，主要是指人们遵循天文历法、气象特征等自然节律，用以安排社会生产和社会生活的观念思想，体现了古代中国人民对自然社会的认知以及人与自然的关系。月令以四时为总纲、十二月为细目，因其是官方用以安排生产生活的政令，故名“月令”。汉代蔡邕《月令篇名》曾记述：“因天时，制人事，天子发号施令，祀神受职，每月异礼，故谓之月令。”最早的月令相传源自《夏小正》，《夏小正》为我国现存最早的一部记录传统农事的历书。

而“花月令”是将一年四季中一些主要花卉的开花、生长状况，记录并传颂。历史上的花月令，有很多版本，譬如《夏小正》中记载了少量花月令：“正月……梅、杏、杝桃则华。杝桃，山桃也。”；《礼记·月令》记载了：“仲春之月……始雨水，桃始华；季春之月……桐始华；季秋之月……鞠有黄华。”

明代程羽文《花历》中的花月令，在今天来看仍具实用价值：

正月：兰蕙芬。瑞香烈。樱桃始葩。径草绿。望春初放。百花萌动。

二月：桃始夭。玉兰解。紫荆繁。杏花饰其靥。梨花溶。李花白。

三月：蔷薇蔓。木笔书空。棣萼韡韡。杨入大水为萍。海棠睡。绣球落。

四月：牡丹王。芍药相于阶。罂粟满。木香上升。杜鹃归。荼蘼香梦。

五月：榴花照眼。萱北乡。夜合始交。薝匐有香。锦葵开。山丹赪。

六月：桐花馥。菡萏为莲。茉莉来宾。凌霄结。凤仙绛于庭。鸡冠环户。

七月：葵倾赤。玉簪搔头。紫薇浸月。木槿朝荣。蓼花红。菱花乃实。

八月：槐花黄。桂香飘。断肠始娇。白苹开。金钱夜落。丁香紫。

九月：菊有英。芙蓉冷。汉宫秋老。芰荷化为衣。橙橘登。山药乳。

十月：木叶落。芳草化为薪。苔枯萎。芦始荻。朝菌歇。花藏不见。

十一月：蕉花红。枇杷蕊。松柏秀。蜂蝶蛰。剪彩时行。花信风至。

十二月：蜡梅坼。茗花发。水仙负冰。梅香绽。山茶灼。雪花六出。

“十二花神”之所以和“花月令”有着密切关联，是因为这十二位花神，正是一年当中掌管着十二个月“月令花卉”的神祇。十二月令花卉的排序均是按照我国传统物候规律所排列。但随着历史不断发展变化，十二月令花卉的种类和顺序也开始出现差异，其民间流行的版本越来越多，花神形象的塑造也各不相同，历史上并没有一个完整统一的定义。这里我们先展示其中一个常见的版本：

部分常见“十二花神”版本

农历月份	月令花卉	女性花神	男性花神
正月	梅花	（南北朝）寿阳公主、（唐）江采苹（又称梅妃）	（北宋）林逋、柳梦梅①
二月	杏花	（唐）杨贵妃、（东汉）董奉	
	兰花②	（南北朝）苏小小	（战国）屈原
三月	桃花	（春秋）息侯夫人妫氏、（元）戈小娥	（北宋）杨延昭、（唐）皮日休、（唐）崔护
四月	牡丹	（西汉）丽娟、（东汉）貂蝉、（唐）杨贵妃	（唐）李白、（北宋）欧阳修
	蔷薇	（西汉）丽娟、（南北朝）张丽华	（西汉）汉武帝
五月	石榴	（西汉）卫子夫	（唐）钟旭、（西汉）张春、（南北朝）江淹、（唐）孔绍安
	芍药		（北宋）苏轼
六月	荷花或莲花	（春秋）西施	（唐）晁采、（北宋）周敦颐、（南北朝）王俭
七月	秋葵	（西汉）李夫人	（南北朝）鲍明远、（东晋）谢灵运
	玉簪	（西汉）李夫人	
	凤仙花		（西晋）石崇
	鸡冠花		（南北朝）陈叔宝

---

① 出自《牡丹亭》中的柳梦梅和传说中的水仙花神凌波仙子，无朝代可考。

② 兰花比较特殊，一年四季均有不同种类的兰花开放。在不同版本的“十二花神”中，兰花分别出现在农历正月、二月、七月和十月，在这里暂且将兰花放在二月。

续 表

农历月份	月令花卉	女性花神	男性花神
八月	桂花	（唐）徐贤妃（徐慧）、（西晋）绿珠	（五代）窦禹钧（也称窦燕山）、（南宋）洪适
九月	菊花	（西晋）左贵嫔（又称左芬）	（东晋）陶渊明
十月	芙蓉花	（五代）花蕊夫人、（北宋）谢素秋	（北宋）石曼卿
十一月	山茶花	（西汉）王昭君	（唐）白居易
腊月	水仙花	（上古）娥皇、（上古）女英、（东汉）洛神、凌波仙子（神话人物）	（春秋）俞伯牙
	腊梅	（北宋）佘太君（也称老令婆）	（北宋）苏东坡、（北宋）黄庭坚

从表中能够看出，“十二花神”所掌花月令中的花卉都源自中国本土，足见我国花卉栽培历史的悠久，且花事文化与农业生产自古以来就有着不可分割的交融关系。在中华人民共和国成立后，这最常见的本土十二月令花卉中被评选为“十大名花”的有：梅花、牡丹、菊花、兰花、月季、杜鹃、茶花、荷花、桂花、水仙。

“十二花神”在民间艺术中是一个最为常见的民俗文化题材。其中最广为流传的花神多数为女性形象，如“四大美人”中的杨贵妃、西施。“回眸一笑百媚生，六宫粉黛无颜色”的杨贵妃为杏花花神，因其在安史之乱中含恨自缢于马嵬坡，当时正逢杏花盛开的季节，美人香消玉殒，花飞满天，人们为表示对她的同情、喜爱，便以二月杏花喻之；六月荷花花神是西施，因她生活在吴越之地每日浣纱、采莲，沉鱼落雁的优美形象深入人心因此与荷花有了不解之缘，成为掌管此花的神祇。

而三月桃花花神，一种说法是“人面不知何处去，桃花依旧笑春风。”一诗的作者崔护；另一说法是晚唐诗人皮日休，因他在《桃花赋》中赞扬桃花为“艳中之艳，花中之花”；还有一种说法是道家仙女麻姑，因西王母寿辰时，麻姑摘仙桃以献寿。有诗云：“海上桃花千树开，麻姑一去不知来。辽东老鹤应慵惰，教探桑田便不回。”但最早也最多见的版本，还是息夫人妫氏。息妫是春秋时代陈国国君的女儿，嫁给楚国的息侯。《左传》上说：楚文王灭息，以息妫归己。息夫人愤而跳楼。汉刘向《烈女传》上说，楚文王灭息，虏获息君夫妇，息夫人自杀，息君亦自杀。后人在他们溅血之处遍植桃花，象征鲜血遍地，并建桃花洞和桃花夫人庙作纪念。息夫人因此成为桃花花神。晚唐时期杜牧所作《题桃花夫人庙》：“细腰宫里露桃新，脉脉无言度几春。毕竟息亡缘底事，可怜金谷坠楼人。”就是赞其纤细腰条，美丽容颜，但可怜青春短暂，红颜命薄，堪比春尽桃花落，其情感人，可歌可泣。

另在《汉书·外戚传》里还有传说：“北方有佳人，绝世而独立。一顾倾人城，再顾倾人国。”描写的是汉武帝宠妃李夫人，她的绝色容颜倾国倾城，而她的早逝就如同秋葵花一样花期短暂，因此，人们称她为七月秋葵花神。

相传舜帝南巡薨后，其妃娥皇与女英不忍分离，双双殉情于湘江，人们为表纪念，将她们称之为湘水之神——洛神，亦封为水仙花神。宋代刘邦直诗云：“钱塘昔闻水仙庙，荆州今见水仙花。”可见早在宋代便有水仙神庙的存在，今福建漳州地区仍还一直流传着凌波仙子的传说。清朝的官窑瓷器中也可以找寻到关于水仙花的踪迹。水仙花是以清新、高雅著称，“春风弄玉来清画，夜月凌波上大堤”，就是形容它的气质。

男性被命名为花神的较少，有花神之誉的男性多以爱花人士为主，他们留下了很多脍炙人口、赞誉花卉的诗词，例如，唐代著名诗人李白曾因写下“云想衣裳花想容，春风拂槛露华浓”这首史上描写牡丹最为动人的诗句，而被后世尊为牡丹花神。更因其写下“安能摧眉折腰事权贵，使我不得开心颜”的诗句，体现出与“焦骨牡丹”在性格、气节上的相互呼应。相传牡丹花不奉武则天“明朝游上苑，火急报春知。花须连夜发，莫待晓风吹”的圣谕，在百花仙子惊慌失措，纷纷开放时，牡丹独不绽放，于是遭受烈火焚烧，并从长安被贬到洛阳的摧残，因此有着“焦骨牡丹”的说法。从这一角度出发，李白被誉为牡丹花神的确再适合不过。

宋代欧阳修的《洛阳牡丹记》记录了牡丹的栽培技术、品种、由来和特征，意义在弘扬牡丹精神以及节操，因此也被誉为过牡丹花神；此外，还有《爱莲说》作者周敦颐被誉为荷花花神；诗中写下“滋兰九畹，树蕙百亩”的屈原，为兰花花神；“采菊东篱下”的陶渊明为菊花花神；“以梅为妻，以鹤为子”的林逋则因其对梅花的痴爱，被人们誉为梅花花神；另有王俭爱荷，为官时在府内建荷花池，留下“莲花幕下风流客”的美名，亦被称为荷花花神；而“杏林”祖师董奉，则因医术高明、悬壶济世而被称为杏花花神。还有很多并没有直接与花卉相关联的英雄人物，但他们的事迹、品行与花卉的品格一致，也被人们称为花神。例如杨家将中的杨延昭，智勇双全，精忠报国，镇守边关驱逐外敌，却被奸人所害，死后被人们称为桃花花神。为取桃木有镇邪祛妖之意，民间“十二花神”年画中，所描绘的场景便是杨延昭在桃树下操枪练武的场景。

桂花代表富贵，因“桂”与“贵”同音，五代时期侍郎冯道曾赋诗一首赞美“五子登科”的窦禹钧“燕山窦十郎，教子有义方，灵椿一株老，丹桂五枝芳”。旧时考场中举叫做“折桂”，以丹桂比喻科举及第者。由此，教子有方的窦禹钧被尊为八月桂花花神。

民间十二花神的版本非常之多，其中还有一个常见版本如下：

（1）一月梅花花神：梅妃。

梅妃，本名江采萍，高力士收她选入宫中服侍唐玄宗，倍受宠幸，后因杨贵妃而失宠，郁郁而终。

有诗赞曰：月底梅花性所耽，逢迎懒似欲眠蚕。上阳宫禁春深后，辞却珍珠诵二南。

（2）二月杏花花神：道觐（无考）。

（3）三月梨花花神：虢国夫人。

虢国夫人，是唐玄宗李隆基宠妃杨玉环的三姐，唐朝蒲州永乐（今山西芮城县）人。她早年随父居住在蜀中，也有才貌，传其与玄宗会面，不做修饰依旧分外动人。

诗赞曰：不作浓妆分外妍，阿姨素面去朝天。景阳楼上钟初罢，一骑嘶过凤阙前。

（4）四月牡丹花神：杨贵妃。

杨贵妃，本名杨玉环，是唐玄宗李隆基宠妃，因姿容艳美，能歌善舞，且通音律、舞姿优美。其音乐才华在古代后妃中鲜见，被后世誉为中国古代四大美女之一。

有诗赞曰：霓裳一曲舞衣轻，含笑秋波百媚生。宫院三千皆国色，春寒独赐浴华清。

（5）五月石榴花神：潘夫人。

潘夫人，本名潘淑，吴帝孙权的皇后，传其容色婉娈，美若天仙，有江东绝色、神女之称。少以父罪没入织室，后蒙帝宠为妃。后孙权废太子孙和，改立其子孙亮为储，并立潘淑为皇后。

有诗赞曰：满面啼痕泪不收，堪怜织室竟同幽。谁知感动君王处，就在图中一点愁。

（6）六月莲花花神：西施。

西施，越国美女，后为吴王夫差之妃，后人称其“西子”。春秋末期出生于越国苎萝村（今浙江省诸暨市苎萝村），自幼随母浣纱江边，故又称“浣纱女”。她天生丽质、秀媚出众，是美的化身和代名词。

有诗赞曰：芳踪出自苎萝西，未许修明色与齐。水剩山残吴越尽，千年犹说浣纱溪。

（7）七月秋海棠花神：秦若兰。

有诗赞曰：一夜因缘未忍抛，漫将恩爱比鸾胶。秦蛾唱出风流调，难解词人万古嘲。

（8）八月桂花花神：张丽华。

张丽华，南朝陈后主陈叔宝的妃子。张丽华出身兵家，聪明灵慧，有辩才，记忆力很强，深得陈后主喜爱，为陈后主生有二子。

有诗赞曰：临妆媚脸映朝霞，称得佳人字丽华。不道胭脂易零落，一时竞唱后庭花。

(9) 九月菊花花神：贾佩兰。

高祖宠姬戚夫人的婢女贾佩兰，后来出宫做了扶风郡人氏段儒的妻子。古代文学作品中有记载她向世人描述，九月宫中赏菊、识菊的景象，劝人饮菊花酒，言曰能令人长寿。

(10) 十月芙蓉花神：花蕊夫人。

徐氏，蜀王孟昶之宠妃，蜀王封其为慧妃，赐号花蕊夫人。后被宋太祖赵匡胤所杀，鲜血染红了院中的芙蓉花，人们因敬仰花蕊夫人对爱情的忠贞不渝，尊她为芙蓉花神。

有诗赞曰：锦江驿路恨绵绵，泪血频闻泣杜鹃。无限深情人不识，金钟牒拜祀张仙。

(11) 十一月山茶花花神：袁宝儿。

隋宫美人，其腰肢纤弱，娇憨多态，舞姿优美，深得杨广喜爱。

有诗赞曰：自喜君王怜村慈，手花常傍六龙萨。他时狼籍兵临日，嘲笑还应得世南。

(12) 十二月水仙花神：甄夫人。

甄宓，素有“洛神”之称，其三岁失父，九岁便可识文断字。三国时期，袁绍为子袁熙聘以为妻，然曹操攻破邺城时，曹丕纳其为夫人，生曹睿及东乡公主。汉献帝进献郭氏、李氏为嫔妃，二妃受宠，甄氏失意，有怨言，曹丕大怒派人赐死甄后，葬于邺城。魏明帝曹睿即位后，谥她为文昭皇后。

有诗赞曰：玉箸凝腮忆魏宫，朱弦一弄洗清风。明晨追赏应愁寂，沙渚烟销翠羽空。

（二）花木典故

1. 杏　坛

人们把教育界称为“杏坛”，据传，代指孔子聚众讲学之所。《庄子·渔父》载：“孔子游乎缁帷之林，休坐乎杏坛之上，弟子读书，孔子弦歌鼓琴。”从中可以看出，当时“杏坛”只是寓言，并没有实指。后来，人们建山东曲阜孔庙大成殿祭拜孔子，建亭、书碑以及植杏为悼念孔子。直到宋乾兴年间孔子四十五代孙孔道辅增修祖庙，方以讲堂旧基石为坛，植以杏树，取名“杏坛”，随后世代相承。

2. 杏　林

在三国时东吴有一位名叫董奉的名医，他为人宽厚善良，悬壶济世，病人痊愈后，在他居住的山坡上种上杏树，病重者植五株，轻者植一株，以作回报。渐渐地他治愈的病人越来越多，山坡上的杏树成了一片杏林。后来，因为他医术高明，功德无量，人称他为“董仙”，此杏林得名“董仙杏林”。此后，“杏林春暖”“誉满杏林”等词都用来称颂医德医术。明代园艺家王世懋曾述：“杏花无奇，多种成林则佳。”其意义便是在农历二三月，杏花一树万蕊，与桃李争芳斗艳，共同渲染欣欣向荣的春天，给人带来的是融融春意。

今时今日，“杏林”已成为我国传统医学的代名词，医者以“杏林中人”为荣，医著以“杏林医案”为藏，医技以“杏林圣手”为赞，凡是从医者多以“杏林精神”为文化传承。

3. 梨　园

提到“梨园”，便会想到戏班、剧团，古代时期的演员，多数以“梨园弟子”称之，世世代代从事戏曲事业的则以“梨园世家”著称。

清朝，嘉庆九年（1804 年）进士孙星衍在《吴郡老郎庙之记》一文中载：“余往来京师，见有老郎庙之神。相传唐玄宗时，庚令公之子名光者，雅善，赐姓李氏，恩养宫中教其子弟。光性嗜梨，故遍植梨树，因名曰梨园。后代奉以为乐之祖师……”现代人李尤白也在《梨园考论》一文中阐述了梨园的来历，认为在唐中宗（705—710 年）时，梨园只不过是皇家禁苑中与枣园、桑园、桃园、樱桃园并存的一个非常普通的果木园，当时果木园中设有离宫别殿、酒亭球场等，是供帝后、皇戚、贵臣宴饮游乐的地点。随后，在唐玄宗李隆基时期，开始倡导戏曲，梨园的性质发生了变化，由简单的果木园演变成唐代的一座“梨园子弟”演习歌舞戏曲的地方，成为我国历史上集音乐、舞蹈、戏曲为一体的综合性“艺术学院”。当时，李隆基还亲自担任梨园崔公，相当于今天校长的职位。崔公以下有编辑和乐营将（又称魁伶）两套人马，随后李隆基为梨园搞过创作，还经常聘请当时的翰林学士或有名的文人编撰节目，如诗人贺知章、李白等都曾为梨园编写曲目。

李隆基、雷海青、公孙大娘等人都曾担任过乐营将的职务。他们不仅自己是这方面的艺人，还亲自教授弟子，如杜甫在《观公孙大娘弟子舞剑器行》一诗中，咏叹公孙大娘的舞姿豪迈奔放，“耀如羿射九日落，矫如群帝骖龙翔；来如雷霆收震怒，罢如江海凝青光”。据传，当时还有一位书法家名叫张旭，自从看了公孙大娘的剑器舞，他的草书有了很大的长进。唐玄宗李隆基依靠这些杰出的创作人员和导演，造就了一大批表演艺术家。唐玄宗时期（712—756 年），也就是所谓的“开元盛世”，封建经济和文化的发展达到了前所未有的高度，不仅造就了一批中外闻名的文学家和诗人，在舞蹈和音乐等艺术领域也取得了杰出成就，正是当时文艺的发展，为今日奠定了基础。

4. *梅妻鹤子*

梅妻鹤子是中国传统绘画的常见题材，作为成语和典故，通常比喻恬静的生活和舒适清高的情态。

林逋（林和靖）（967—1024 年）。字君复，浙江黄贤（今奉化市）人，出生于儒学世家，北宋著名诗人。他早年曾游历于江淮等地，后隐居在杭州西湖孤山，终身不为功名利禄，过着闲云野鹤般的生活，相传他“以梅为妻、以鹤为子”，被人称为“梅妻鹤子”。他本人十分喜爱梅花，每日观察不厌其烦，曾咏出“疏影横斜水清浅，暗香浮动月黄昏”的诗句，至今广为流传。

对于林逋“无妻无子”的说法，并无确切的史料证实。当代杭州作家、茅盾文学奖获得者王旭烽女士在其江南知性之旅第二集《绝色杭州》一书里，特地写到了“处士林和靖”，文中有一段很有意味的话：“都说林和靖终身不娶，方有‘梅妻鹤子’之说，我却终有疑惑：那个终身只爱草木禽羽的人，果然能写出《长相思》来吗？‘吴山青，越山青，两岸青山相对迎，争忍离别情。君泪盈，妾泪盈，罗带同心结未成，江头潮难平’。想来，处士林和靖也是有眼泪的，也是有爱情的。梅可爱，鹤可爱，但终究是人最可爱。我曾从杭州地方史专家林正秋先生处得知，林和靖果然是有爱情的，不但有爱情，而且还有婚姻，不但有婚姻，而且还有后代，后代大大的多，一分又为二了。一支在浙江奉化，人丁兴旺。另一支更了不得了，漂洋过海竟到了日本，到了日本还不算完，竟又成了日本人制作馒头的祖先，这几近乎传奇了。但奉化和日本二支林家，前些年又在杭州胜利会师，摄相于孤山祖先梅下，有林教授挽臂为证。这实在是货真价实的寻根文化了，至于它在学术上经不经得起千锤百炼，要靠史家去百花齐放、百家争鸣。在我，却是希望隐士有后的。绝人情爱的隐士，终不如增人情爱的隐士更可信呢……”

5. 姚黄魏紫

“姚黄魏紫”指宋代洛阳两种非常名贵的牡丹品种，后来指此花卉十分贵重。

宋代欧阳修《绿竹堂独饮》曰：“姚黄魏紫开次第，不觉成恨俱零凋。”清代赵翼《檀桥席上赋红牡丹》曰：“姚黄魏紫向谁赊，郁李樱桃也没些。却是南中春色别，满城都是木棉花。”

所谓“洛阳牡丹甲天下”，在洛阳牡丹中，姚黄和魏紫是其中最好的两种名花。

自古以来，爱花之人的趣闻层出不穷，有屈原以兰喻己之说，有陶潜采菊东篱，还有李白醉卧花荫，以及杜甫对花溅泪，而故事背后往往藏有鲜为人知的故事。

(三)花朝节与我国传统花习俗

花卉植物本身的实际功用在日常生活中，很自然地能与人们的衣食住行、婚丧嫁娶、岁时节日、游艺娱乐发生密切联系，在民间社会生活中经过一定时间的积淀，从而成为民俗。自古以来，我国花文化与民俗文化，就有着水乳交融，无法分割的密切关联。民间生产生活里，处处可以见到花事文化的影子。

前文提到，花卉在历史发展的进程中，慢慢被人格化，并逐渐走向神化，从而有了“花神”的称谓。中华文化博大精深，演变出的花神形象也随着文化赋予的各种人物形象而变得更加鲜活。民间农历二月十五的“花朝节”，就是我国一个与“花神”文化密切相关的传统节日。最初这一天是为了庆祝春天百花齐放时节，百花的生日，后又成为祭祀具体某位“花神”或“百位”花神的盛大节庆（不同朝代、不同地域，内容有所差别）。随着花文化在民间日益兴盛，“花朝节”渐渐成为“花神节”。从一个农业气候的纪念日，成为专门祭祀“花神”的节日，并衍生出无数与花卉相关的民俗。所以“花朝节”又简称“花朝”，或称“花神节”“百花生日”“花神生日”等。

花朝节在我国的民俗文化中扮演着非常重要的角色。它流行于我国东北、华北、华东、中南等地，是汉族的一个传统节日。一般于农历二月初二、二月十二或二月十五举行。节日期间，人们结伴到郊外游览赏花，称为“踏青”，姑娘们剪五色彩纸粘在花枝上，称为“赏红”。与正月十五上元节、五月初五端午节、八月十五中秋节、九月九重阳节等并称为“民间岁时八节”。

《旧唐书·罗威传》载：“每花朝月夕，与宾佐赋咏，甚有情致。”因此留下“花朝月夕”的成语，寓意花晨月夜，良辰美景。田汝成的《熙朝乐事》还规定了“花朝月夕”的具体日期，书中说：“二月十五日为花朝节，盖花朝月夕，世俗恒言。二八两月为春秋之中，故以二月半为花朝，八月半为月夕也。”

花朝节起源于春秋时期，初步形成于晋代，晋朝周处所著《风土记》提及："浙间风俗，言春序正中，百花竞放，乃游赏之时，花朝月夕，世所常言。"春序正中指二月十五。而早在南北朝时期，当时江南地区流传的诗词中便有"花朝"一词出现，南朝梁元帝《春别应令诗》有云："花朝月夜动春心，谁忍相思不相见。"可见花朝节在我国至少有两千多年的历史。

唐代明确规定，农历二月十五为花朝节，除了赶庙会祭祀花神和踏青赏花，还增添了赋诗吟咏、聚宴饮酒、制作与品尝花糕等习俗。① 节日期间皇家和民间都要举行隆重的庆祝和祭祀活动。据说，每次到花朝节时，唐太宗李世民都亲自到御花园中主持"挑菜御宴"，故今花朝节又名"挑菜节"。根据《山堂肆考》所述，武则天是个惜花、爱花之人，每到二月十五花朝节这一天，便会游览上林苑赏花，命令宫女采集百花，随后和米一起捣碎从而蒸制成糕点，供其享用，并赐予群臣同乐。《全唐诗》中共有 15 篇诗文出现"花朝"，如，"春江花朝秋月夜，往往取酒还独倾"（白居易《琵琶行》），"伤怀同客处，病眼却花朝"（司空图《早春》），"虚空闻偈夜，清净雨花朝"（卢纶《题念济寺晕上人院》），又如白居易《祭崔相公文》曰："南宫多暇，屡接游遨。竹寺雪夜，杏园花朝。杜曲春晚，潘亭月高。前对青山，后携浊醪"，唐代农学家陆龟蒙还有诗《和袭美扬州看辛夷花次韵》云："柳疏梅堕少春丛，天遣花神别致功。高处朵稀难避日，动时枝弱易为风。堪将乱蕊添云肆，若得千株便雪宫。不待群芳应有意，等闲桃杏即争红。"

宋代花朝节的日期由于各地气候的不同，具体也不一样。南宋钱塘人吴自牧在《梦粱录・二月望》里提及，"仲春十五日为花朝节，浙间风俗以为春序正中、百花争放之时，最堪游赏"。西京洛阳以农历二月初二为花朝节。在东京汴梁（今开封）以农历二月十二为花朝节，而江南地区至今依旧承袭二月十五为花朝节的文化传统。《广群芳谱》引《诚斋诗话》的"东京二月十二曰花朝，为扑蝶会"，又引入《翰墨记》所述："洛阳风俗，以二月二日为花

---

① 舒迎澜：《古代花卉》，农业出版社 1993 年版。

朝节。"①“万花会”是宋朝人于花朝节举办的赏花宴会，规模以大取胜。元祐七年（1092年）洛阳太守一次“用花千万朵”，被称为“劳民伤财，达于极点”。北宋政治家、书法家文彦博在《游花市示之珍慕容》说：“去年春夜游花市，今日重来事宛然。列肆千灯争闪烁，长廊万蕊斗鲜妍。交驰翠幰新罗绮，迎献芳樽细管弦。人道洛阳为乐国，醉归恍若梦钧天。”说明了当时花会的盛大场面。

《全宋诗》中共有26篇出现“花朝”的内容。例如，“每相逢月夕花朝，自有怜才深意”（柳永《尉迟杯》），宋人钱时也有诗《二月望游齐山呈仓使》云，“春到花朝花未多，小梅才作玉婆娑。东君不是恩光薄，无奈霜欺雪压何”，以及“尊中绿醑意中人，花朝月夜长相见”（晏殊《踏莎行》）。宋词中也有不少关于“花朝”的内容，例如，“月夕花朝，不成虚过，芳年嫁君徒甚”（欧阳修《夜行船》）②。北宋婉约派词人柳永有词《引驾行》云：“红尘紫陌，斜阳暮草长安道，是离人、断魂处，迢迢匹马西征。新晴。韶光明媚，轻烟淡薄和气暖，望花村、路隐映，摇鞭时过长亭。愁生。伤凤城仙子，别来千里重行行。又记得临歧，泪眼湿、莲脸盈盈。消凝。花朝月夕，最苦冷落银屏。想媚容、耿耿无眠，屈指已算回程。相萦。空万般思忆，争如归去睹倾城。向绣帏、深处并枕，说如此牵情。”宋人曹组在《声声慢》中更是以赞颂的笔调描写了花朝节的盛典，“重檐飞峻，丽彩横空，繁华壮观都城。云母屏开八面，人在青冥。凭栏瑞烟深处，望皇居、遥识蓬瀛。回环阁道，五花相斗，压尽旗亭。歌酒长春不夜，金翠照罗绮，笑语盈盈。陆海人山辐辏，万国欢声。登临四时总好，况花朝、月白风清。丰年乐，岁熙熙、且醉太平”。

明清时期，花朝节和花神文化步入了成熟期，花神庙依旧香火旺盛，花神形象深入民间，并不断丰富。其中，明代戏剧家汤显祖所著《牡丹亭》和后

---

① 江朝辉：《摩崖石刻的纪时特点——以岭南摩崖石刻为例》，载《湖南科技学院学报》2018年第1期。

② 李菁博、许兴、程炜：《花神文化和花朝节传统的兴衰与保护》，载《北京林业大学学报（社会科学版）》2012年第11卷第3期。

来改编的昆曲《游园惊梦》当中就有大花神和众小花神的介绍，而《牡丹亭》的主人公——柳梦梅，当时被人们称为梅花花神。在明代冯梦龙的《醒世恒言》之《卖油郎独占花魁》一书中也有花神的介绍；明初十才子之一的高启有诗《梅花》云："翠羽惊飞别树头，冷香狼籍倩谁收。骑驴客醉风吹帽，放鹤人归雪满舟。淡月微云皆似梦，空山流水独成愁。几看孤影低徊处，只道花神夜出游。"另外，在南北朝、唐、宋时期的历史人物也有逐渐被纳入花神的范围，并随之演变成元杂剧、话本、明清小说等等，相关神话故事至今被人们称颂，例如，杨贵妃作为杏花花神的故事，随着《长生殿》被编成剧目一直在民间流传。清初蒲松龄的《聊斋志异》中也有多篇提到花神故事，如《绛香》《葛巾》《香玉》《黄英》《荷花三娘子》等。清代传奇剧本《桃花扇》的作者孔尚任曾写有竹枝词，形容花朝节踏青归来的盛况："千里仙乡变醉乡，参差城阙掩斜阳。雕鞍绣辔争门入，带得红尘扑鼻香。"

清朝乾隆年间，《帝京时岁纪盛》记载了关于二月的风俗："十二日传为花王诞日，曰花朝。"清光绪《光山县志》提及，"二月二日，俗云'小花朝'，十五日云'大花朝'"。清人蔡云有诗《咏花朝》云："百花生日是良辰，未到花朝一半春。万紫千红披锦绣，尚劳点缀贺花神。"

清初每至花朝节，无论贵贱老少皆有庆祝百花生诞，共度欢乐佳期的习惯。曹雪芹在《红楼梦》中所写的大观园上下祭饯花神的活动正是现实生活中的花朝节，"至次日乃是四月二十六日，原来这日未时交芒种节。尚古风俗：凡交芒种节的这日，都要设摆各色礼物，祭饯花神，言芒种一过，便是夏日了。众花皆卸，花神退位，须要饯行。然闺中更兴这种风俗，所以大观园中之人都早起来了。那些女孩子们，或用花瓣柳枝编成轿马的，或用绸锦纱罗叠成旌尾执事的，都用彩线系了。每一棵树上，每一枝花上，都系上了这些物事。满园里绣带飘飘，花枝招展，更兼这些人打扮得桃羞杏让，燕妒莺惭。一时也道不尽"。而曹雪芹笔下的林黛玉，她的生日正是花朝节，《红楼梦》一书中也有很多关于各种花神的描绘。

清代，花朝节与花神均属于民间传统习俗，在北大校园中还曾发现过

“莳花记事碑”，可见清朝时期皇家对于花朝节的传统还是十分重视的，慈禧太后每年二月十二花朝节时还会到颐和园内“赏红”，并称之为“花神庆寿事”。

花朝节期间的节日风俗主要以娱乐为目的。扑蝶，是花朝节的一种娱乐活动。田汝成《熙朝乐事》中提及：“二月十五为花朝节，盖花朝月夕，世俗恒言，二八两月为春秋之中，故以二月半为花朝，八月中旬为月夕也。……宋俗有扑蝶之戏，今虽不举，而寺院启涅槃会，谈孔雀经，拈香者麇至，犹其遗俗也。”南北朝梁宗懔的《荆楚岁时记》提及，“长安二月间，仕女相聚，扑蝶为戏，名曰‘扑蝶会’”。花香弥漫，花光如海，春光明媚，文人看蝶，仕女扑蝶，说明扑蝶是隶属于花朝节的一桩雅事。

然而令人遗憾的是，经历了百年历史更迭变换，到了现今，花神文化已不再如古时那样兴盛了，花朝节的传统在民间也几乎无存。

二、花文化与民俗、节庆文化

（一）花文化与传统民俗节日

我国花文化与农业文化、民俗文化，始终是一个同步发展，相互浸润、无法剥离的关系。在民俗文化中，传统民俗节日与花文化之间又有着千丝万缕的联系。

（1）春节是我国最重要的传统节日之一，也是与花文化有着久远联系的节日。提到春节，首先就要提到特别的节日用花——“岁时插花”和“岁朝清供”。作家汪曾祺先生曾说：“‘岁朝清供’是中国画家爱画的画题。明清以后画这个题目的尤其多。任伯年就画过不少幅。画里画的、实际生活里供的，无非是这几样：天竹果、腊梅花、水仙。有时为了填补空白，画里加两个香橼。'橼'谐音圆，取其吉利。水仙、腊梅、天竹，是取其颜色鲜丽。隆冬风厉，百卉凋残，晴窗坐对，眼目增明，是岁朝乐事。"由此可知，所谓岁朝清供，是指古人在春节期间，以象征吉祥喜庆的花卉来作为新年气氛的装点。岁朝清供常用的花卉主要有牡丹、水仙、桃花、腊梅、竹以及春梅等等。现如今，现代人又增添了蝴蝶兰、富贵竹、大花蕙兰、国兰、银柳等花卉品种，均能起到增添新春气氛的作用。

（2）端午节是与花文化有关的传统民俗节日。菖蒲和艾叶是端午节主要习俗所用的花卉。宋人吕原明在《岁时杂记》中记载"端午以菖蒲或缕或屑泛酒。章简公端午帖子：菖花泛酒尧樽绿，菰叶萦丝楚粽香。"明朝著名医药学家李时珍在《本草纲目》里说："菖蒲酒，治三十六风，一十二痹，通血脉，治骨痿，久服耳目聪明。石菖蒲煎汁，或酿或浸。"可见，菖蒲因自身的保健功能为人们所看重。南朝梁代宗懔在笔记体文集《荆楚岁时记》中说："端午四民踏百草，采艾以为人，悬之户上，禳毒气。"可见，艾叶因其驱邪避凶的功效，备受人们欢迎。明人谭贞默在《谭子雕虫》中说："蚊性恶烟，旧云，以艾熏之则溃。然艾不易得，俗乃以鳗、鳝、鳖等骨为药，纸裹长三四尺，竟夕熏之。"这说明，艾叶还有驱蚊的作用。除此之外，在端午节，用丁香、木香、白芷之类的药草盛装于锦袋之中，可起到保健的作用。总之，端午节的习俗用花，主要作用是驱除邪祟以及身心保健。

（3）重阳节是与花文化有关的传统民俗节日。重阳节的习俗用花主要有菊花和茱萸。汉代文人刘歆在《西京杂记》说："九月九日，佩茱萸，食蓬饼，饮菊花酒，令人长寿。菊花舒时，并采茎叶，杂黍米酿之，至来年九月九日始熟，就饮焉，故谓之菊花酒。"可见，古人认为菊花和茱萸都具备于健康有益的药用价值。茱萸的特点是气味浓郁，能够驱蚊杀虫。汉代，人们喜欢佩戴茱萸制成的香袋。晋朝，演变为在头上插茱萸。菊花和茱萸具有美好的象征意义。"菊酒"的谐音是"九九"或"久久"，寓意吉祥。唐人王伟在诗里说："独在异乡为异客，每逢佳节倍思亲。遥知兄弟登高处，遍插茱萸少一人。"晋宋时的五柳先生陶渊明说："酒能祛百虑，菊能制颓令。"唐人郭元振在

《子夜四时歌·秋歌二》中说："辟恶茱萸囊，延年菊花酒。"唐人孟浩然在《过故人庄》一诗里说："待到重阳日，还来就菊花。"宋代女词人李清照也在《醉花阴·薄雾浓云愁永昼》中说："佳节又重阳，玉枕纱厨，半夜凉初透。东篱把酒黄昏后。有暗香盈袖。莫道不消魂，帘卷西风，人比黄花瘦。"宋朝时期，人们不仅热衷于赏菊，民间酒肆酒店也普遍用菊花装点门面招徕生意。菊花和茱萸作为重阳节的习俗用花深得人心。

（4）中秋节也是与花文化有关的传统民俗节日。中秋节有团圆美好之意，其习俗用花主要为桂花。桂花的花期正值中秋，是赏花的大好时节。桂花不仅具有观赏价值，同时也具备食用价值，古人常用桂花酿酒、制茶、做点心。

（二）花文化与少数民族节日

一些少数民族的节俗也与花卉有着密切的关系。许多少数民族及其支派千百年来的娱乐节庆，祭祀天地、敬拜祖先、庆祝丰收，几乎都与花联系在一起，如彝族的插花节。①

（1）彝族与花卉有关的节日为插花节。

农历二月初八为彝族传统的"马缨花节"，也就是插花节。插花节期间，人们摘取具有祝福意义的花卉，或是为家畜插花，或是编织花幡和牌坊，或是彼此插花祝福对方。

（2）藏族与花卉有关的节日为看花节。

农历六月为藏族的看花节也就是赏花节。节日期间，人们骑马到野外看花，或是搭起帐篷聊天，或是聚众享用美食。

（3）苗族与花卉有关的节日为花山节。

苗族的花山节也被叫作"踩花山""耍花山"，或者也叫"跳场""跳花"。节日期间，人们穿上节日盛装，载歌载舞。花山节最具特色的标志性民

① 洪崇恩：《呼唤现代中华花文化》，载《中国花卉园艺》2005年第21期。

俗为爬花秆，爬花秆需要选择合适的松树或是柏树，然后让参加者进行比赛夺取战利品，爬花秆需要有人在花秆附近表演舞蹈以助兴。

（4）傣族与花卉有关的节日为采花节。

采花节其实也是傣族人民的情人节，每逢采花节期间，彼此有意思的青年男女便会将亲手扎好的花环赠送给心上人，接着再到寺庙里向佛祖祈福。

（5）纳西族与花卉有关的节日为三多节。

每年农历二月初八即是三多节。在此期间，人们会进行赛马、跳舞、祭神、赏茶花。“三多神”是纳西族公认的保护神，当地人把三多节作为祭祀“三多神”的重要日子。

（6）壮族与花卉有关的节日为花婆节。

农历二月初二是花婆节举行之时。花婆是壮族人信仰的女神，她守护儿童，并且主宰女人的生育之事，因此她也被叫作“花王”或是“圣母”。壮族人在结婚之前，会向花婆祈祷恳请送子送女。壮族人的父母去世之后，嫁出去的女儿要进行“女儿受花”，向花婆祈祷父母能够得到保佑，从此安宁。

（7）白族与花卉有关的节日为梨花会。

梨花会顾名思义举行之时为梨花开放的时候。人们出外踏青，欣赏梨花美景的同时享用美食。

（8）满族与花卉有关的节日为年息花节。

在此期间，人们会采集杜鹃花上的露珠以作洗眼之用，相传这种做法能够让眼睛变得更加明亮清澈。

（三）花市、花会

其他与花卉相关的民俗文化，有花市、花会。花市的由来和花农们定时在城里销售鲜花商品有关。南朝时期，岭南人民以种植当地特有的素馨茉莉为业，有了集贸花市的出现。汉唐时期，规模盛大、极尽考究的宫廷花会也传出了很大的名气，武则天驱逐洛阳牡丹的传说便与此相关。北方盛行的“社火”，也初具了民间花会的雏形。

广州迎春花市在各地的花市中名气最大。清朝诗人陈华《咏河南诗》说：“三十三乡人不少，相逢多半是花农”，就描述了古代花卉种植业的兴起和花市的繁盛。相传乾隆年间，年宵花会已经在广州出现。到了1919年，花市的规模得到进一步扩展，珍贵花卉如牡丹也在此期间流入广州花市。

扬州花市也在各地的花市中享有盛名。清代著名画家郑板桥在《扬州竹枝词》里说：“千家养女先教曲，十里栽花算种田”，说明扬州是花木之乡。扬州由于具备极其适合植物生长的地理条件，特产许多富有特色的奇花异草。清人李斗在《扬州画舫录》中说：“（扬州）花市，始于禅智寺，载在《郡志》。王观《芍药谱》云：扬人无贵贱皆戴花。（旧城）开明桥，每旦有花市。盖城外禅智寺，城中开明桥，皆古之花市。近年梅花岭、傍花村、堡城、小茅山、雷塘皆有花院，每旦入城，聚卖于市。每（届）花朝，于（天宁门街）对门张秀才家作百花会，四乡名花集焉。”这说明，扬州花市花卉出现得很早，清朝时期就已相对繁荣。

现今，全国各地的花会、花市等民俗文化并未消失，仍作为重要的民族特色，吸引了大量的游人到来，为我国经济的发展做出了重要的贡献。

（四）花文化与装饰

以花作为装饰是我国传统民俗之一。清人徐灼说：“酒阑娇惰抱琵琶，茉莉新堆两鬓鸦。”中国妇女尤其喜欢将鲜花作为头饰，或者其他部位的装饰。茉莉花、白兰花有着芳香宜人的特点，可谓是“行动的香水”，因此备受女性青睐。至今，江南地区一些相对封闭的地方，仍有卖花、簪花的风俗。小贩们用茉莉花和白兰花做出精致、华美、香气宜人的物件，往往为女性所钟爱，便于销售。湖南省溆浦县就保留着用花作为头饰的传统民俗。用花作为头饰插戴时需要注意，青翠的草或叶子，通常插于两鬓之侧，以示纯洁、雅致、淡雅、动人。鲜艳显眼的大花通常戴在头部顶端，以示大气端正气度不凡；花朵中若有瘦黄寡蓝的，可戴在头的一侧。少年女子、已婚妇女，以及老年女性的头饰都有着区别。颜色娇嫩、生机勃勃的杜鹃、山茶一类花卉，适合少女插戴，象征着纯洁可爱、富有青春活力；清雅宜人的栀子、茉莉一类花卉，适合已婚妇女插戴，象征着贤良淑德和亲切感；沉静典雅的秋菊、冬梅一类花卉，适合老年的女性插戴，象征坚韧，生命力犹存。

所谓纤指蔻丹，指取花卉汁液染甲，也是我国传统民俗之一。我国妇女喜爱用花汁染指甲的习俗古已有之。凤仙花又叫作指甲花，顾名思义，它是极其适宜用来染指甲的一种花卉。凤仙花的特点是色彩缤纷，有红色、粉红色、雪白、紫色等各种颜色，是一年生草本花卉。这种花的外形犹如蝴蝶又似彩凤，花色容易变异，形态优美。凤仙花因为像凤，也叫作金凤花。但因避宋光宗李后忌讳，更名为“好女儿花”，其他别名还有旱珍珠、羽客等等。

有关凤仙花染指甲的文字记录有很多。明末清初文学家、戏曲家李渔在《闲情偶寄》里说：“凤仙极贱之花，止宜点缀篱落，若云备染指甲之用，则大谬矣。纤纤玉指，妙在无瑕，一染猩红，便称俗物。况所染之红，又不能尽在指甲，势必连肌带肉而丹之。迨肌肉褪清之后，指甲又不能全红。渐长渐退，而成欲谢之花矣。始作俑者，其俗物乎?”南宋周密在《癸辛杂识》中说：“初染色淡，连染三五次，其色若胭脂，洗涤不去，可经旬。直至退甲，方渐去之。”《群芳谱》里说：“此草不生虫蛊，蜂蝶亦多不近，恐不能无毒。花卸即去其蒂，不使结子，则花益茂。”唐人李贺在《宫娃歌》里写道：“蜡光高悬照纱空，花房夜捣红守宫。”元朝文人杨维桢在《美人红指甲》里说：“金凤花开色更鲜，佳人染得指头丹。弹筝乱落桃花瓣，把酒轻浮玳瑁斑。拂镜火星流夜月，画眉红雨过春山。有时漫托香腮想，疑是胭脂点玉颜。”他在《凤仙花》一诗里又说：“金盘和露捣仙葩，解使纤纤玉有瑕。一点愁疑鹦鹉喙，十分春上牡丹芽。娇弹粉泪抛红豆，戏掐花枝缕绛霞。女伴相逢频借问，几番错认守宫砂。”这些文字都是有关花文化的重要资料，保留了古人用花卉染甲这一习俗的技术以及人们对此不同看法。

民间还认为，在凤仙花汁里添加明矾然后染指甲，能使手指坚硬。

（五）花文化与酒文化

用花名作为酒令，也是我国传统民俗之一。我国古典名著《红楼梦》就有相关的描写。比如，薛宝钗的花名签酒令为国色天香、艳冠群芳的牡丹，有“任是无情也动人”之意包含在内。唐代诗人罗隐在《牡丹花》一诗里说：“似共东风利有因，绛罗高卷不胜春。若教解语应倾国，任是无情也动人。芍药与君为近侍，芙蓉何处避芳尘？可怜韩令功成后，辜负浓华过此身！”正是“任是无情也动人”的出处。贾探春的花名签酒令为瑶池仙品的杏花，有“日边红杏倚云栽”的意思包含在内，唐朝诗人高蟾在《下第后上永崇高侍郎》诗里说：“天上碧桃和露种，日边红杏倚云栽。芙蓉生在秋江上，不向东风怨未开。”正是这句话的出处。清朝的俞敦培在《酒令丛钞》里提到了数量颇多的用花名作为酒令的玩法。可见，以花名作为酒令，是我国古代的传统习俗，由来已久。

（六）花文化与姓名文化

以花命名也是我国的传统民俗之一。云南省大理白族自治州一带的特点为家家院内是繁花，户户门外有清流。当地的白族人民有以花命名的风俗，命名方式各有不同，最容易被广泛命名的花卉有梅花、菊花、银花、杏花、山花、刺花、海花、兰花、茶花这类花卉。比较特别的命名方式有单取花卉中一个具有代表性的字眼，举例来说，花惠、花丽、花凤、花芬等名字就是按照这种方式来取名的。还有一种比较特别的命名方式是采用花卉中一个具有代表性字眼的偏旁，举例来说，贵芳、杨芳、杏芳、王芳、芬芳、树芳等名字就是按照这种方式来取名的。

（七）花文化与节气

以花卉作为节气的预兆，也是我国传统民俗之一。北宋人吕原明在《岁时杂记》说："一月二气六候，自小寒至谷雨，四月八气，二十四候。每候五日，以一花信应之。"梁元帝萧绎在《纂要》一书中说："一月二番花信风，阴阳寒暖，冬随其时，但先期一日，有风雨微寒者即是。其花则：鹅儿、木兰、李花、杨花、桤花、桐花、金樱、鹅黄、楝花、荷花、槟榔、蔓罗、菱花、木槿、桂花、芦花、兰花、蓼花、桃花、枇杷、梅花、水仙、山茶、瑞香，其名俱存。"

自然界中的花卉，随着一年四季时序的演进而呈现节律性的物候变化，因此，人们就将花卉与一定的节气联系起来，自古便有"二十四番花信风"的说法。综上所述，花卉与时令之间有着紧密的关系，掌握好它们就能管理好农事。我国的花文化内容是丰富多彩的，与之相关的民俗文化更是影响着我国人民的生活，并且在其中占据着不可或缺的位置。

三、花语与礼仪

（一）花语及其礼仪

花语，指人们用花来表达人的语言，表达人的某种感情与愿望，是在一定历史条件下约定俗成的，为一定范围人群所公认的信息交流形式。也可以说是指各国、各民族根据各种植物，尤其是花卉的特点、习性和传说典故赋予花卉各种不同的人性化象征意义。①

花语因其象征语义，某种程度上，是构成花文化的核心之一。花语最早起源于古希腊，据希腊神话可知，爱神出生时创造了玫瑰，因此“玫瑰”就成为“爱情”的象征。19世纪初，法国开始兴起花语，随即流行到英国与美国。也可以说，花语，是人们根据花卉的特性，以服务自身为目的所赋予花卉的种种象征意义。人们通过对花卉进行人格化、情感化、意象化、神圣化的艺术加工，满足传达某种情感与愿望的需求。在古代中国，无论是借花寄语，传情达意，还是折梅赠远，采莲怀人，日常都少不了和花语相关的习俗及礼仪，作为礼仪之邦，花卉被应用于各种礼仪场合也就成了非常自然的事。诗歌中有关花卉的描写可上溯至《诗经》《楚辞》。其中，“维士与女，伊其相谑，赠之以芍药”，就是有关芍药的内容。“溱与洧，方涣涣兮，士与女，方秉蕑（指兰花）兮”，是有关兰花的内容。花卉本身具有象征意义，能够表达不同的情感思想。

花语的构成，归纳起来，主要来自于季节、人格、宗教、观赏、色彩、典故等。② 常见的譬如：荷花代表夏季（季节），梅花代表高洁（人格），绣球花代表团圆（观赏），红玫瑰代表热烈的爱（色彩），梅、兰、竹、菊代表“君子”（典故）……其有着丰富性、多样性、广泛性、具体性等特征，不但内容丰富，而且形式多样。

从世界范围内来看，花语作为一种普遍存在的文化现象，受到不同文化背景、宗教信仰和风俗习惯的影响，也有着普遍性和特殊性的区别。不同花语体系对于同一种花卉的认识与情感差异较大，对于同一种含义所选择的植物载体也多有不同。③

花语的涵义并非一成不变，而是存在着地区差异。举例来说，菊花在中国寓意为丧葬哀悼，在日本寓意却是高贵、象征皇室；牡丹在中国寓意是雍容大方、富贵吉祥，在法国寓意却是拘谨、害羞。花语的特点为“一花多义”“多

---

① 贾军、卓丽环：《花语综议》，载《北京林业大学学报（社会科学版）》2010年第3期。
② 贾军、卓丽环：《花语综议》，载《北京林业大学学报（社会科学版）》2010年第3期。
③ 贾军、卓丽环：《花语综议》，载《北京林业大学学报（社会科学版）》2010年第3期。

花同义”等。举例来说，由于“莲”“廉”谐音，因此莲花有“廉洁”的涵义；由于莲花清雅高洁，又有“君子”的涵义；又由于佛教传说常用莲花比拟神圣净洁，因此有“圣洁”的涵义。再举例来说，民间有“杜二孝母甘替死”的传说，因此杜鹃就有了“奉献”的涵义；文学作品中有“望帝啼鹃”之句，因此杜鹃有“怀念”的涵义；又由于鹃子与刘鹄的浪漫爱情故事而有了“属于你”的涵义。这些都是对“一花多义”的例证。在同一花语体系内，同一花语内涵也会借多种植物载体来传递和表征，呈现出“多花同义”的特征。①

谐音文化也是中国语言文化中一个既特殊又普遍的现象，因为谐音的存在，人们对花卉名称和花卉语意的用法，也存在借喻、避讳等特殊的处理。例如，由于“桂”与“贵”同音，桂花拥有了“富贵、吉祥”的含义；由于“梅”“霉”同音，因此梅花有“倒霉”的含义；又由于“橘”与“吉”同音，因此橘有“大吉大利”的含义。人们根据花卉的谐音，在日常生活的应用中多注重与此有关的名称。比如，江南园林的庭院之中经常将“金桂”与“玉兰”同种，有“金玉满堂”的含义，这就是对金桂和玉兰的一种吉祥借喻；相反，出现倒挂梅花的书画作品有“倒霉”的含义，不适合用来作为礼物馈赠，这就是对梅花谐音的一种避讳。

广义的花语，也包含花卉植物除花朵之外的部分，如石榴代表“多子”、佛手代表“多福”、桃子代表“多寿”等。或以带有典故的相关花卉植物名称做特别指代，譬如“梨园”代表戏曲界，“杏林”代表“中医学界”，“杏坛”代表“教育界”，“桃李”代表学生及教学成果等等。可见，花语中“花”的范畴不仅仅是“花朵”和“花卉”的概念。

民间习俗中有关花卉的礼仪传统也非常丰富、普遍，花卉在特定场合中有着不同的含义，节庆活动场合多表喜庆，哀悼场合多表悲伤悼念。比如，在布置新房时，采用扶郎花，有新婚夫妇互敬互助、妻子支持丈夫成就事业的美好

① 贾军、卓丽环：《花语综议》，载《北京林业大学学报（社会科学版）》2010年第3期。

寓意。而人们在悼念场所采用的花卉通常以白色为主搭配黄色的菊花，偶尔也使用其他诸如蓝、紫等沉静色系。人们在探望病人时，所采用的花卉需要特别讲究，尤其需要注意不要赠送寓意不祥的花卉，也不能赠送有根的花即盆花，这等于诅咒病人“久病成根”。我国大多数地区人们在装饰新房时所采用的插花通常以月季、腊梅为主，搭配其他百合（百年好合）、柿子、如意（事事如意）、花炮等物，有“百事如意”的美好寓意，能够增添喜气。

花语，在时代的演变中，构成了社交文化的一部分。送花要懂花语，合适的花语能够准确表达出赠送者的心意。做到正确地了解和运用花语，有助于人与人之间的礼仪交往，胡乱地赠送花语不合适的鲜花，便会产生不必要的误会。

同时，花语也在与时俱进，文化间的交流往往使外来的习俗成为时尚，从而引发新旧观念的更替；新的花卉品种的诞生也促生了新的花语。为开拓市场促进消费而对传统花卉进行了新的解读与诠释，使新的花语被不断发掘和总结。在历史发展进程中，随着人们认识水平的提高和审美取向的转变，花语也在不断地发展演化，烙下明显的时代特征。①

（二）国花、市花的花语及礼仪

正因为花卉的意义象征广泛存在于社交礼仪、社会生活中，除了作为个人的人格象征与精神象征之外，国家、民族、城市的品格和精神风貌，也会以花卉作为代表，从而诞生了国花与市花的概念。国花是指一个国家用来作为自己国家象征的花，国花一般对一个国家的文化别具意义，可能是当地特别著名的花卉，或是本地独有花卉，或和自己的历史故事有特别联系的花卉。通过一个国家的国花也能看出该国家的文化底蕴及历史。②

市花，则是指一个城市的代表花卉，与国花性质相似，市花通常都是要在

---

① 贾军、卓丽环：《花语综议》，载《北京林业大学学报》（社会科学版）2010 年第 3 期。
② 引自维基百科。

该城市常见或特有的品种。由于城市规模较国家狭小，因而20世纪的市花通常还带有一定的政治意义。

国花、市花以及州花，都是中外国家及城市的一种象征，通常都是人民最喜爱的花卉。例如，日本以樱花作为国花，韩国以木槿花作为国花，老挝以鸡蛋花作为国花，孟加拉国以睡莲作为国花，俄罗斯以向日葵作为国花，荷兰以郁金香作为国花。每个民族的国花都对该国文化别具意义。

世界发达国家一直都十分重视国花的评选，并已有几百年甚至几千年的历史，如古希腊是历史上最早设立国花的国家，英国、荷兰、希腊、西班牙、加拿大、日本、韩国、孟加拉国等国家也将国花作为国家形象展示的一个有效窗口。①

每一个国家都有自己特定的自然环境、历史文化和民族习俗，不同国家和民族对国花的选择方式也不尽相同。有人统计，截至2013年，已有127个国家（地区）设立了国花，占世界国家总数2/3。② 约从清代末年开始，中国就有了国花牡丹，并于颐和园修筑国花台。1915年版《辞海》载："我国向以牡丹为国花。"民国时又将梅花尊为国花，而且把它那五枚花瓣，表示汉、满、蒙、回、藏五个民族，象征着全国各族人民的大团结。③ 1994年全国人大八届二次会议期间，有30多位代表提案建议评选中华人民共和国的国花，其中有29人赞成牡丹花作为国花。当然，我国的国花目前仍在商选中，毕竟国花是一个国家和民族的象征，是国家的文化标志、美学徽章，是民族感情和民族文化传统的载体。

关于市花，1982年，我国兴起评选市花风潮。市花评选标准有三：第一，种类为当地所特有。土生土长最佳，适应性强、栽培历史悠久，容易成活、为

---

① 陈冠群、江源、任丽、申晓辉：《国花、市花设立现状调查与分析》，载《园林》2012年第4期。

② 陈冠群、江源、任丽、申晓辉：《国花、市花设立现状调查与分析》，载《园林》2012年第4期。

③ 陈冠群、江源、任丽、申晓辉：《国花、市花设立现状调查与分析》，载《园林》2012年第4期。

群众喜闻乐见，如香港紫荆花、成都木芙蓉、南京梅花。第二，观赏价值较高，在城市环境美化中具有重要地位。第三，富有地方特色，与当地的人文历史有着密切联系。我国目前共有大中型城市438个，其中已有167个城市评选出了市花。在这些城市中，以月季为市花的城市有46个，分布在我国中部及沿海地区。① 市花使用频率位居前10位的花卉中，中国“十大”传统名花有八种。1987年3月12日，北京市第八届人民代表大会第六次会议确定：月季、菊花为北京市市花，月季为天津市市花，白玉兰为上海市市花，菊花为太原市市花，呼和浩特市人民选定丁香为市花，玫瑰花定为沈阳市市花，君子兰为长春市市花，梅花为哈尔滨市市花，桂花命名为杭州市市花，安徽合肥市以桂花和石榴为市花，荷花为济南市花，月季为郑州市市花，梅花为武汉市市花，杜鹃为长沙市市花，木棉花确定为广州市市花，朱槿为南宁市市花，芙蓉花为成都市市花，云南山茶花定为昆明市市花，玫瑰花为拉萨市市花，石榴花为西安市市花，西宁市把丁香花定为市市花，玫瑰为银川市市花，玫瑰为乌鲁木齐市市花。杜鹃花为台北市市花，紫荆花为香港特别行政区区花。

与国花不同，市花是代表一座城市的花卉，故更容易被评选出来。1992年，陈俊愉先生撰文高度赞扬我国市花评选“十年成绩斐然”。2006年，潘剑彬提出了市花、市树的选择应能够代表城市的文化内涵、人文精神和地域特征，并为市花的后续评选、研究工作提出了建议。②

四、作为商业之用的传统花文化商品

除了花卉植物本身可观赏、栽培、使用之外，我国自古就有“花文化产

① 陈冠群、江源、任丽、申晓辉：《国花、市花设立现状调查与分析》，载《园林》2012年第4期。

② 陈冠群、江源、任丽、申晓辉：《国花、市花设立现状调查与分析》，载《园林》2012年第4期。

业"，将花卉文化加以升华、利用，运用在商业活动之中，甚至形成了经久不衰的"历史文化产业"，如今的"非物质文化遗产传承人"所传承的技艺中，很大一部分就是传承了古代的"花文化产业"。因为传统花文化商品品种太多，只能随机粗略论述一二。

（一）刺 绣

我国古代，最常见的将花卉视觉形象应用于商业领域，且兼顾艺术性与商业性的文化产业，应当算是服饰花样、刺绣及簪花。其文化起源很早。

在服饰的花样、纹样上，花卉形象的运用是一个不可或缺的个性元素，所谓"衣袂九章""分五色"，花饰通过伏羲、神农、黄帝制定的礼仪制度，渗透于古代服饰文化中。清代，官员所穿的官服上就有特定的花样，通过对花样的判断，人们就能得知官员的品级。"花样"所代表的美学设计价值，远远超过面料、质地和色彩。

正因如此，对于"花样"装饰的看重，诞生了刺绣工艺，刺绣早在秦汉时期业已发展出较高的艺术水平。《尚书》里有"衣画而裳绣"的记录；周代文献也有"绣缋共职"的记录；唐宋开始，盛行用绣法做书画及饰件，这一时期绣花的特点为设色丰富、施针匀细。明清时期，宫廷绣工规模很大，民间绣艺也开始形成流派和风格，诞生了苏绣、粤绣、湘绣、蜀绣等"四大名绣"以及闽绣、汴绣、汉绣、苗绣、顾绣、京绣、瓯绣、鲁绣等独具特色的刺绣艺术。

（二）簪 花

古代花文化的另一种流行形式是作为女子修饰仪容的用品。《木兰辞》里就有"对镜贴花黄"一说。

簪花作为一种古老的传统习俗，在我国已有两三千年的历史。而戴花不只是女子专利，古代凡是佳节喜庆之日，朝廷官员都要在巾帽上簪花。《明代男子簪花习俗考》写道：古代男女不分性别，皆喜簪花。汉代文献也提到簪花习俗已经出现。① 陆贾《南越行纪》中写道："南越之境，五谷无味，百花不香，此二花特芳香者，缘自故国移至，不随水土而变，与夫橘北而为枳异矣。彼之女子，以彩丝穿花心，以为首饰。"《晋书·后妃列传·成恭杜皇后》也记载到："三吴女子相与簪白花，望之如素柰，传言天宫织女死，为之者服……"到了唐代，名画《簪花仕女图》中就画有六位贵族女子佩戴荷花、牡丹花、海棠花、芍药花或辛夷花；宋代，苏轼在《吉祥寺赏牡丹诗》里说"人老簪花不自羞，花应羞上老人头"，更说明簪花不仅限于年轻女子。

宋代，每逢节日庆典或从事各种礼节"往来皆簪绢花"。《宋史·舆服志》有"幞头簪花谓之簪戴。中兴、郊祀、明堂礼毕回銮，臣僚及扈从并簪花，恭谢日亦会如此"的说法。这说明，簪花有了为礼仪制度服务的作用。

明人在《广陵竹枝词》中记载了扬州姑娘的簪花习俗，色香俱全的"紫薇白茉建兰香"是当时女子最爱之花。到清代，男子少见有簪花者，簪花习俗更加趋向于女子日用，而男子礼仪化。陈康祺《郎潜纪闻》卷三："新进士释褐于国子监，祭酒、司业皆坐彝伦堂，行拜谒簪花礼。"

（三）绢　花

古代最为流行的簪花种类，除了鲜花之外，还有绢花、缠花、绒花、罗花、绫花、缎花、绸花、通草花、纸花、珠花和羽毛花等等，种类丰富。

绢花的文化起源，相传始于唐代，杨贵妃令宫女采摘鲜花遮挡鬓角处的伤疤，冬日鲜花凋零后，有善于逢迎者以丝绸、丝缎制成活灵活现的假花献给贵妃。这种簪在头上的"假花"，作为一种头饰，逐渐流行开来，后演变成为"绢花"。

---

① 赵连赏：《明代男子簪花习俗考》，载《社会科学战线》2016 年第 9 期。

1972 年，新疆吐鲁番阿斯塔那唐墓出土的文物里包括绢花，此花高 32cm，色彩鲜艳，保存完好。绢花的主干材料为树枝，花叶与花瓣材料为绢、纸，花蕊材料为棕丝、丝线等。

北京绢花源于明代，兴盛于清代，也称“京花”，是以丝、绸、缎等为原料，经凿、染、握、攒等多道工序制作而成的传统美术表现形式。

清宫内务府造办处的“花儿作”即是专门制作绢花的地方，主要供应妃嫔佩戴所用以及宴会摆放的绢花。民间的簪花铺称为“花儿行”，北京“花市大街”的得名即源于此。

扬州绒花，谐音“荣华”，是南京传统手工艺品，以蚕丝染色成绒，再用钢丝勾条制作而成。诞生在唐代，于清代兴盛，又称官花、喜花。最早作为“鬓头花”或节庆时的“彩花”之用，近现代已更新为“案头小品”和“绒花盆景”作为商品流通。其特点是色泽艳丽，造型活泼，主题通常是福寿喜禄、蝙蝠蟠桃、挂印封侯及喜上梅梢等吉庆花样。

1. 绢花的制作工艺

制作绢花的主要原料有真丝绸绢、绫缎、染料、淀粉、铁丝以及少量的棉织品。

绢花的制作工艺包括选料、上浆、染色、窝瓣、烘干、定型、粘花、组枝等。

绢花的揉料、刮料需要将冲成浆的绿豆淀粉或揉或刮于面料表面，达到僵板平整的效果。硬挺刚劲且耐用的花瓣多为刮料所做，美观柔和且自然活泼的花瓣多为揉料所做。

绢花的下料简单说就是冲压花叶花瓣，把裁好的料通过铁模凿子加工成形。

绢花的染色就是将花叶与花瓣染成实色、晕色。

做花，就是将花叶与花瓣加工出一定的卷曲度或弧度。

粘花，就是将以铁丝做叶的茎脉、内外瓣和花心粘上定型的瓣、叶。

组枝，就是用铁丝、绿绵纸缠连枝叶与花头然后区分出阴阳向背。

总结来说，绢花的特点为色彩协调，明快淡雅，艳而不俗。

2. 缠花的制作工艺

制作缠花的主要原料是丝线、金属丝和纸板。

缠花的制作工艺主要是通过把金属丝夹在剪成不同的基础形状的纸板中，然后均匀地用丝线缠绕好，再弯折组合。缠花外观的皮毛为丝线，造型组件的“肉”为纸板，立体造型的“骨架”为金属丝。

3. 绒花的制作工艺

制作绒花的主要原料是蚕丝绒、金属丝。

绒花的制作工艺主要是将铺平的丝绒修剪成条状，按照一定距离以铜丝或铁丝固定，然后通过滚搓得到合格的丝绒条，最后修剪、弯形、组合，加工为完整的花。绒花的上色要先将饱含胶质的生蚕丝进行熬煮，然后才能染色。

4. 通草花的制作工艺

制作通草花的主要原料是通草、宣纸、皮纸、毛边纸。

通草花的制作工艺主要是将经过晒干、切片处理的通草片和纸进行裱褙，手工修剪出花瓣并组合成花，然后为塑形后的花叶染色，最后以铁丝穿连组枝就能得到栩栩如生的通草花。处理通草片时须注意趁湿取出通草的内茎。

5. 纸花的制作工艺

制作纸花的主要原料是纸。

纸花的制作工艺与绢花的制作过程大致相同。

6. 羽毛花的制作工艺

制作羽毛花的主要原料是羽毛。

羽毛花的制作工艺主要是通过将精心选出的各色鸟禽羽毛进行染色、整理和搭配，组合加工成形。①

进入现代社会，传统簪花、刺绣、花样等古代流通于市面的与花文化相关

① 付超：《清宫后妃的头花》，载《收藏家》2012 年第 11 期。

的商品，其功能性已渐渐消失，艺术性、收藏性渐渐增强。传统刺绣图案、花样纹样，却因能够展现种类不同的装饰风格，在短暂的停滞后，又在市场中展现了全新的活力。最为广泛流传的花样图案多具备吉祥意义，如凤凰牡丹寓意富贵吉祥，石榴寓意榴开百子，荷花纹寓意出淤泥而不染，金鱼莲花寓意连年有余，鸳鸯荷花寓意双宿双栖、和和美美，白菜蝴蝶纹寓意有财有寿、福寿双全等等，这些传统花卉装饰纹样，在现代设计和审美的介入后，获得了新生。可以说，商品用花及运用于商业的装饰性花卉图案，其审美意义一直随着人们审美观的改变而不断变化，其制作工艺也随着时代的进步而不断变化更新。

五、作为食用与药用的花文化

花文化渗透于我国“民以食为天”的饮食文化中。在饮食领域，花卉文化有增食欲、添食兴、助消食、提食效的功用。历朝历代的菜肴品系，不论是四大菜系、还是八大菜系、十大菜系，都与花紧密相关。食之“三昧”，即香、色、味均离不开花的点缀。连许多名菜名点的称号，也都由花而得，梅花粥、桂花羹、莲子汤、菊花糕、茉莉豆腐、桂花黄鱼、芙蓉肉片、荷花虾仁、酱醋迎春花等，都是受大众欢迎的鲜花菜肴点心，有些已列入传统名菜。广州、重庆甚至都开出餐馆，专做“花卉大餐”，可烹调出百余种风味各异、色香俱佳的花卉菜。主食之外，花卉还在许多“另类食品”中唱大角，譬如入药、制茶、酿酒。一贯主张“药食同源”的中医，早就发现了花卉在开胃、益智、悦色、健肤、润体等方面的作用。从《黄帝内经》到《本草纲目》，不少“花经”直接可读作“药经”。绝大多数花卉还可“合香入茶”或独立成茶。至于鲜花酿酒，在我国也有悠久的历史。2300年前大诗人屈原在《九歌》中就写了“蕙肴蒸兮兰藉，奠桂酒兮椒浆”的诗句。还有青梅酒、菊花酒、莲花酒、“上元酒”，以及其他种种香酒、药酒，都以花为主要材料，各有功用，受人喜爱。①

（一）作为食用的花

将花材用作“食材”，是人类社会的一种普遍现象，随着社会发展，从古代社会最原始的将可食用花材作为赖以生存果腹的食物，到今天全世界范围内，将花材充分利用、加工、提取、改良，成为一种成熟的食材乃至一种独特的饮食文化，证明花卉在人类社会中举足轻重的地位及其不可替代的文化功用。在中国，“食花”或被称之为“花馔”，有着悠久的历史传统，并日渐发展为民族文化的重要组成部分。

古代甚至有“花开则赏之，花落则食之，勿使有丝毫损废”的说法。如今市面上常见的可食用花卉做成的家常菜肴，如炸玉兰片、苜蓿马兰头、茉莉花炒鸡蛋、韭菜花做咸菜、洋槐花做蒸菜等等，十分常见。除了作为食材之外，可以用来做原料或是佐料，比如玫瑰以及桂花就是常见的糖果点心原料或佐料，用它们制成的美食风味独特，为世人所喜爱。

最早在春秋战国时期贵族阶级就有以菊花、韭花、蓼花烹羹宴客或祭祀之用的记载。先秦时期我国文学史上第一部浪漫主义诗歌总集《楚辞》中开始出现譬如“朝饮木兰之坠露兮，夕餐秋菊之落英”等充满神话色彩的、描写餐花食花的诗句。

汉代以来，每逢重阳，就有吃重阳糕、饮菊花酒之习俗。汉晋时，重阳糕谓之“蓬饵”，用蓬草加以黍米混合而成。“蓬草”为菊科植物；“饵”，即为将熟米捣烂或先将米磨成粉做成糕饼。《玉烛宝典》云：“九月食饵，饮菊花酒者，黍林并收，以因私米嘉味，触类尝新，遂成积习。”

菊花酒，自然是用菊花酿制而成，酿酒需取嫩菊花材，仅用花蕾叶茎，杂以黍米，经数月酿制，待次年九月九日开坛取饮。既取菊花花期长久不败，傲

① 洪崇恩：《呼唤现代中华花文化》，载《中国花卉园艺》2005 年第 21 期。

寒而开来象征长寿之意，也取菊花味之清香，深受当时宗室贵族及达官商贾之喜爱。除此之外，汉代还有兰花酒和芍药酱，“汉昭帝游柳池，中有紫色芙蓉大如斗，花叶甘，可食，芬气闻十里”，以此记录鲜花在汉代已经被直接食用。

唐代，崇花之风日盛，春日采花做糕已成日常，而唐代重阳糕的内容也更加丰富，无论唐《食谱》还是《唐六典》，均记载了唐代重阳节已有麻葛糕、米锦糕以及菊花糕。《文昌杂录》中说：“唐时节物，九月九日则有茱萸酒、菊花糕。”茱萸可“辟除恶气，而御初寒”。此时民间对于花卉的食用已然非常广泛，文学史上还留有刘禹锡用嫩菊苗做的菜招待白居易的佳话，宫廷中也有食花之风。《隋唐佳话录》还曾记载武则天在花朝日游园时令宫女采集百花和米捣碎，蒸制成百花糕，分赐臣下，自此鲜花入馔之风更是盛行，此外，桂花鲜栗羹和木香花粥也成为宫廷宴席上的珍品。

伴随佛教文化的进一步中国化，宋代素食菜品更加丰富，花卉进入菜肴的记录也越来越多，许多寺庙、庵观将鲜花采摘后用以制作斋芳素馔。据《清稗类钞》记载，江南寺院，如南京鸡鸣寺、镇江定慧寺、苏州寒山寺、杭州烟霞洞等，素食中就有使用菊花、玉兰花、荷花等入馔。

宋代民间将花材作为食品的范围就更加广泛，如林洪的《山家清供》就有“金饭”“梅粥”（“扫落梅英净洗，用雪水煮白粥，候熟，入英同煮”）、“荼蘼粥”“雪霞羹”（“采芙蓉花，去心、蒂，汤瀹之，豆腐切成小块，一块煮，红白交错，恍如雪霁之霞。加胡椒、姜亦可也）、“蜜渍梅花”（“剥白梅肉少许，浸雪水，以梅花酝酿之，露一宿取出，蜜渍之，可荐酒。较之敲雪煎茶，风味不殊也”）、“汤绽梅”“广寒糕”“黄菊煎”“梅花汤饼”“松黄饼”“蘑蔔煎”“紫英菊”等几十种将花卉作为肴馔的记录。这些食品中加入的花材有文官花、梅花、菊花、桂花、芙蓉、栀子、玉簪、紫藤、金雀等等。有的入汤粥，有的做糕点，有的做饼饭，有的加以腌渍，也有的用沸水“焯”后加调料进行“凉拌”。其中，林洪对于菊花怎么吃才好，就写道：“采紫茎黄色正菊英，以甘草汤和盐少许焯过，候粟饭少熟，投之同煮。久食，可以明目延龄，苟得南阳甘（一作江）谷水煎之，尤佳也。”

之后，《云林堂饮食制度集》中记载了元代用花卉熏制茶叶，制作花茶，以及制作汤类的饮料；明代王象晋在《群芳谱》中写有："玉兰花馔。花瓣洗净，拖面，麻油煎食最美。""金雀花，花生叶傍，色黄形尖，势如飞雀，甚可爱。春初开即采之，滚汤，入少盐微焯，可作茶品清供。"

到了清代，清初陈淏子所辑《花镜》一书中，则专列"百花酿"一节，并说："况园中自有芳香，皆堪采酿；既具百般美曲，何难一浼杜康。"用各种鲜花酿酒，在我国亦有悠久的历史，流传至今的"花酿"品种繁多，包括桂花酒、菊花酒、玫瑰酒、茉莉酒、牡丹酒、桑葚酒、月季花酒、桃花酒以及杏花酒等，都是书中有记载，而后世依然存在的"花酿"品种。清代集大成的《调鼎集》中，只"果品部"就收录了近50种花果的烹饪方法。清代《养小录》中还专立"餐芳谱"一章，分叙了20多种鲜花食品的制法，其中写道："（迎春花）热水一过，酱、醋拌供，就做成了迎春花馔。"另有清代徐珂在《清稗类钞·饮食类》中记载："梅花点茶。梅将开时，摘半开之花，带蒂置于瓶，每重一两，用炒盐一两洒之，勿用手触，必以厚纸数重密封，置阴处。次年取时，先置蜜于盏，然后取茶二三朵，沸水泡之，花头自开而香美。"

清代，花材成为食材已经是日常常见的饮食习惯，宫廷亦不例外。爱新觉罗·浩（末代皇帝溥仪的胞弟溥杰先生的夫人）在其所著《食在宫廷》一书中，还专门记述中国宫廷菜肴"花卉鲜果菜"一类。

直至今日，许多古代可食用花卉，留下的菜谱和记录，至今延续并存于各大菜系之中。花卉菜肴的种类数量很多，功效也各不相同。比如，粤菜里的菊花蛇羹鲜美爽滑，能够祛风活血，深受人们的欢迎；岭南菜系里，鸡蛋花茶清香可口、有润肺解毒之效，菊花鲈鱼清香浓美，有化痰止咳之效，霸王花汤清甜芳香，有润肠通便之效；上海菜系里，桂花栗子香甜可口，有延缓衰老之效；北京菜系里，桂花鲜贝口感鲜美，有平肝明目之效，深受人们欢迎；淮扬菜系里，菊花锅咸鲜适口，有强身健体之效。

而在有"植物王国"之称的云南，目前已知各少数民族常吃的花卉植物就有近百种之多。譬如云南省拥有310个品种（及变种）的野生杜鹃花，其中目前已知可食用的就有16种之多。当地人将花“焯水”之后或“凉拌”或炒食，或做汤的烹饪方式，既符合古法，又符合现代科学认知。有研究表明，“大白杜鹃”花瓣里含有微量黄酮醇类，经过水煮浸洗之后，就能得到清除。杜鹃花本身不含生物碱，含有2.62%的植物油，同时含有17种氨基酸，BS含量超过许多食用植物，营养价值相当高。

食花之风固然古雅，但也须注意，不是所有的花卉都能食用。譬如五色梅、一品红、夹竹桃、水仙、长春花、曼陀罗、海芋、金花石蒜、虞美人等花卉，既美且香，但却含有对人体有害的成分，不能胡乱食用。人们在以花入食时，应该注意筛选出符合无毒、安全、卫生标准的花卉，同时要遵循科学步骤制作美食。

（二）作为药用的花

从一般定义上来说，植物的整体或部分，或其分泌物及所含成分，可以直接入药或经提炼后可以作为制药工业的原料，统称为药用植物。广义而言，也指可以用作营养剂、保健品、调味品、色素添加剂及农药和兽医用药的植物资源。① 药用植物种类繁多，其药用部分也各不相同，有以根茎、枝叶、果实等等入药。

花卉入药和花卉入馔一样，在中国有着丰富而悠久的历史，自文字收录的《神农本草经》至今，具有药用价值、能够防病治病的植物不胜枚举，其中各类常用花卉植物的医药作用，也已被历代医药学家收载于典籍之中，而中草药的发展史也成为中国医学史的基石。

譬如较早为古人认识并食用的菊花。中医经典著作《神农本草经》里记载有：“菊服之轻身耐老。”这便是早期对于花卉食之而得药用的朴素认知。前文提到，自汉初起，九月初九重阳节有饮菊花酒、食菊花糕的习俗。然而真

① 王富强、宋新佩：《天津中医药大学药用植物景观设计探索》，载《建筑知识》2011年第3期。

正的“观赏菊”一般不作为药用。作为药用的菊类一般有野菊、黄菊、白菊等，其中野菊一种，多为黄色，花茎小，有清热解毒、降低血压的功效；黄菊与白菊二种多为人工栽种品种，花茎较之野菊更大，朵数更多，也更为鲜艳美观，其中黄菊多用于清热散寒，而白菊则多用于平肝明目。白菊中有一种“甘白菊”，又称“胎菊”“小胎皇”，也就是市面常见的“菊花茶”，作为药用茶饮，菊花茶茶性微寒，味辛甘苦，有散风清热、清肝明目和解毒消炎等作用。

另有金银花露也是夏季常见清凉药饮，金银花具有很好的清热解毒功效，对于热毒病症，无论是瘟病、痈肿、疮疡疔疖、毒痢脓血，疗效都较显著。鸢尾以根茎入药，可活血祛瘀、祛风利湿、解毒消积。美人蕉以根茎入药，活血利湿、安神降压。百合以鳞茎入药，可润肺止咳，清心安神，主治肺痨久咳，咳嗽痰血，余热未清，虚烦惊悸，神志恍惚。①

花卉的医疗作用在中医药学上分为解表、清热、理血和补益等几大功能，其实不少中医药专家经过多年的潜心研究，发现花卉的医疗作用远不止这些，甚至对癌症也有较好的疗效，如长春花、仙人掌、凤仙花、苏铁和红花石蒜等对胃癌、食管癌、肝癌、肺癌、卵巢癌、宫颈癌和淋巴癌具有一定的治疗作用。②

举例来说，传统花卉中，芍药花：根入药，名白芍，性凉、味酸、苦，归肝、脾经。平抑肝阳，养血柔肝，敛阴收汗，缓中止痛。主治胸腹胁肋疼痛、泻痢腹痛，自汗盗汗、阴虚发热、月经不调、崩漏带下。牡丹花：根皮、花入药，名牡丹皮、牡丹花。根性凉，味辛、苦；归心、肝、肾经；花味苦，性平；清热，凉血，和血，消瘀；主治妇女月经不调，经行腹痛，发斑、吐血、衄血、便血、骨蒸劳热、经闭、痈疡、扑损。2015 年我国首位荣获诺贝尔医学奖的药学

---

① 刘红岩、袁毅君：《天水植物资源调查及开发利用研究——食用与药用花卉》，载《甘肃农业》2003 年第 2 期。

② 陈卫元：《试论我国食用·药用花卉的市场开发》，载《安徽农业科学》2008 年第 30 期。

家屠呦呦女士就是从复合花序植物黄花蒿茎叶中提取到了“青蒿素”从而发现了被世界卫生组织称作“世界上唯一有效治疗疟疾的药物”。

其次花卉的香味也能够应用到治疗疾病上。杀菌素，是一种具有抑菌杀菌能力的挥发性物质。据统计，约有300种花卉能够释放出有杀菌素的香味。通常，大多数含有杀菌素的花都对健康有所帮助，它们的功效各不一样。古人早已发现花香可以治病并且将其记录在相关资料中。三国时期的著名文学家、思想家嵇康在作品《养生论》里就说“合欢蠲忿，萱草忘忧”；晋代的诗人左贵滨在作品《郁金颂》说“伊有奇草，名曰郁金，越自殊域，厥珍来寻。芳香酷烈，悦目怡心。明德惟馨，淑人是钦”，表明郁金香具有行气解郁之效；明代医药大家李时珍也在《本草纲目》中将其收载；宋明以后，香花益神的功效在养生专著里频繁被提及。可见，古人对花卉的香味功效是有所认识的，如《养生奉亲书》就主张养性需“看山水花木”。吴师机《理瀹骈文》更直接提出“七情之为病也，看花解闷”。清代刘灏《广群芳谱》集《种兰》诗云：“知有芳香能解秽。”香味疗法的方子有：解郁方：牡丹花、芍药花、桃花、梅花、紫罗兰、柠檬花、茉莉花、山栀花、黄花、兰花、桂花、木芙蓉、凌霄花、迎春花、郁金花等，用于情绪不乐、郁郁寡欢的病人。宁神方：合欢花、菊花、百合花、水仙、莲花、兰花、茉莉花等，用于烦躁易怒、性急和失眠等症。定志方：梅花、菊花、迎春花、莲花、水仙花、山茶花等，用于感情脆弱、意志不坚、多疑不决等症。①

除了内服、外嗅的药用方式之外，花卉的美容功效也不能不提及。古时美容之法有春采桃花、夏取荷花、秋摘芙蓉，阴干后，以冬雪煎之为汤，去渣取汁，保藏起来，然后以此洗面，去屑防皱，使肌肤白里透红，美如芙蓉。这方子流传至今，叫作“三花除皱液”。②

桃花具有美容护肤的作用，如“隋宫增白方”是中医美容的古方，有燥湿化痰、活血化瘀、祛斑增白以及润泽肌肤之效，为隋炀帝后宫佳丽所专用。

---

① 方晓力：《花卉疗法》，载《湖南林业》2002年第1期，第25页。

② 洪崇恩：《呼唤现代中华花文化》，载《中国花卉园艺》2005年第21期。

此方的用法是采摘初绽桃花晾干，然后与冬瓜仁共同研磨得到极细的药末，收入瓷瓶中保存。此方长期使用能够令人面肤细腻，用时可以温糯米酒送服。

能够用于美容护肤这一用途的花卉品种还有很多，比如古代的“则天大圣皇后牡丹花蜜留颜圣方”有令人容颜不老之效，就是将牡丹花作为美容材料；“面色光悦方”是以桃花作为美容材料，有令面光悦如桃红之效；“神仙玉女粉”是以益母草作为美容材料，有增白去皱之效；“玉容散”是以白芷、白牵牛、白丁香、白莲蕊作为美容材料，有润泽肌肤之效；“双花白面液”是以杏花、桃花作为美容材料，有活血美肤之效。

下编　中国花文化产业

第六章 花文化产业的发展现状与综合贡献

一、以食用花卉为例看特色花文化产业

花卉在中国传统文化中有着举足轻重、不可替代的地位，数千年的花卉栽培历史和丰富的花卉资源，形成了中华民族独特的花文化。在花卉资源极其丰富、花文化蓬勃发展的今天，花文化如何走出特色产业化道路，如何更好地作用于花卉产业，是非常值得研究和关注的议题。今天广义的花文化，可以泛指围绕观赏花卉而展开的各类社会文化活动及其成果，包括花市、花展、花节、花膳、花画、花诗、花歌、花舞、花工艺品等。近年来，插花艺术悄然兴起，已成为都市丽人生活的必修课，随之而来的花道培训等特色文化产业也得到快速发展。①

围绕花文化所展开的特色花卉产业，不仅能够带动花文化的进一步发展，还能创新和优化自身产业结构，花文化产业所具备的商业性也对我国的经济活动发展起着至关重要的作用。

① 范建华：《中国特色文化与特色文化产业论纲》，载《学术探索》2017 年第 12 期。

花卉产业，是人们根据花卉的商品特性，以获得商业价值为目的而开拓的一系列商业活动，它包含且不限于生产、开发、研究、营销、售后服务等环节。因为花卉产业由盆栽、干花、人造花、鲜切花、草花、装饰植物、观叶植物、种子、种苗、种球、绿色蔬菜、草坪、绿化苗木、观赏苗木、生物组培、栽培技术及设备、花肥、介质、病虫害防治、花盆、花架、营养钵、花瓶、插花布置、包装材料等部分组成，所以，花卉产业涉及方方面面的内容，可谓是具有生物系统工程特性的活力产业。花文化产业作为其中的重要部分，意义十分重大。

花文化是与花卉相关的文化现象和以花卉为中心的文化体系，与其他文化门类互相影响、互相补充，还与古神话传说、哲学思想、民族风俗等密不可分。因为花卉及其文化产业具有相互融合的特点，所以如果能围绕花文化发展具有特色的花卉产业，对于我国的经济发展将有良好的促进作用。

和花卉有联系的产业如保健、医疗、美食、美容、旅游、节庆礼仪以及装饰等也都包含在花文化产业的范围之内，这说明花文化产业发展潜力极大。花卉与观光、体验、休闲、度假、旅游、教育、节庆等方面的已有结合，譬如在“花卉主题景点”“植物旅游资源研究”“花卉旅游商品研究”“花卉美食研究”“花卉与旅游审美研究”“花卉与节庆文化研究”等领域施展智慧，成果斐然。

花餐、花饮、花浴、花疗、花节、花庆、花艺、花歌、花舞、花礼等为我们的生活提供了别样的情趣，使我们的生活内容更加丰富多彩。同时也提升了我们对优质生活的向往以及对美好事物的憧憬与追求。

食用花卉是发展花文化特色产业的重要参考方向。以花卉食品产业的现状为例，花卉食品属于花卉消费市场的一部分。以“花粉”为例，花粉属于花卉食品的一种，较之其他药用食品，优势在于其营养价值非常全面。花粉又被称为“全能营养库”“运动员食品”“绿色黄金”“植物生命的精华”以及“永葆青春和健康的源泉”等，花粉所富含的营养成分包括微量元素、维生素、氨基酸、糖、核酸、脂肪、无机盐、酶、激素、黄酮类化合物等，其中氨基酸含量在花粉中占比为25%，精氨酸、赖氨酸、亮氨酸、脯氨酸、谷氨酸、天冬氨酸占据了大部分的含量。花粉中含有的必需氨基酸在人体内不能自动合成，只能通过外部吸收。花粉中的必需氨基酸含量较之鸡蛋、牛肉中的含量要多上5倍左右，甚至较牛乳干酪的含量要多。

不同种类的花粉保健功效也不一样。茶花花粉主要有美容护肤、提神醒脑以及预防动脉硬化、肿瘤生长之效。虞美人花粉主要有安神益气、调理肠胃、补中健体以及镇静安神之效。益母草花粉主要有活血消瘀以及清热之效。玉米花粉主要有降血压以及利胆消肿之效。野玫瑰花粉主要有美容以及利尿之效。枣花花粉主要有防止肌肉萎缩以及提高生育能力之效。蒲公英花粉主要有辅助人体血液再生、通经活络、提神醒脑、化痰、利尿、补肾以及散寒之效。栗树花粉主要有治疗静脉曲张、减少前列腺充血以及补血之效。洋槐花粉主要有防治高血压、动脉硬化、静脉扩张以及软化血管之效。荷花花粉主要有减肥、美容养颜、养心安神、固精益精、收涩止血以及清肠排毒之效。油菜花花粉主要有治疗便秘、抗辐射、降低胆固醇、抗动脉粥样硬化以及治疗静脉曲张性溃疡之效。芝麻花粉主要有降血压、降血脂、止血止痢、美容、清肿止痛以及健胃之效。山楂花粉主要有缓和血液循环功能紊乱以及治疗头痛目昏、心悸之效。矢车菊花粉主要有利尿以及抗风湿之效。西瓜花粉主要有利尿、降血脂、降血糖、调节神经功能、保护皮肤以及消除祛斑之效。苹果花粉主要有抗衰老、提高心脏收缩能力、增强心脏功能、抗心肌梗死以及抗脑中风之效。椴树花粉主要有镇静、增强造血功能以及促进生长发育之效。黑莓花粉主要有治疗腹泻、痢疾之效。菊花花粉主要有促进皮肤新陈代谢、改善皮肤生理状态和功能障碍、清热降火以及平肝明目之效。荞麦花粉主要有健脾、理气、补血、防止流血和出血、增强心脏的收缩以及缓和心悸之效。薰衣草花粉主要有利尿以及治疗食欲不振之效。南瓜花粉主要有调节植物性神经正常工作之效。欧石楠花粉主要有治疗前列腺炎之效。杜鹃花粉主要有促进肝糖原形成之效。橙子花粉主要有镇静、安眠、健胃、驱虫以及强壮身体之效。

经现代科学研究印证，花粉的营养价值得到了充分的肯定，食用花粉可说是营养全面的保健食品，人体全部的必需氨基酸都可通过食用花粉得到补充。在罗马尼亚、玻利维亚地区，一些长寿民族就有食用花粉的习惯。不少日本人也有保持食用花粉的习惯，即使到了老年，仍然保持良好的精神与活力。近年来，随着“回归自然”风气的复苏，花粉作为宝贵的天然食品，受到了国内外诸多人士的推崇。

在现有的花粉商品中，我们已经能够把握住花粉的现代营养价值，但对其食用、药用的历史、典故等等的挖掘认识还远远不够。如何能从文化研究上对商业品牌的深度打造产生帮助，就是现在需要下功夫进行研究的方向。我们需将花粉商品从简单的食品行业，转型为有文化、有深度、有故事、有噱头、有内涵的特色文化产业。

比如从花文化角度来说，我国食用花粉的历史源远流长。宋代医药学家苏颂曾在《图经本草》说：“蒲黄即花中雄蕊粉，细若金丝，当欲开之时便取之以蜜搜之作果品食之甚佳。”明代的《便民图纂》一书中也曾记录了“花粉蜂蜜浆”的制作方法，而《便民图纂》又改编自前朝的《便民纂》一书。可见，在宋朝以前人们就懂得了食用花粉，至明朝时花粉已经作为一种食品在民间传开。至清朝时，关于食用花粉的历史记载也有不少，如中医温病学家王士雄在《市京岁时记胜》《随息居饮食谱》中就记录了食用花粉的相关内容。时至今日，花粉行业的投资价值还没有得到充分开发，所以若能对花粉的历史价值与文化内涵进行深入挖掘，十分有助于其品牌开发、商业营销以及向着特色产业的路径发展。

鲜花入馔也是花卉食品的消费趋势之一。鲜花的花瓣色彩能够给人们带来美的感受，作为入口的食物能够使人们得到审美享受和更好的口感，还能够给人体提供所需的多种物质。可以说鲜花入馔的优势在于迎合了中国人对食物色香味的需求以及对保持身体健康的需求。

鲜花入馔的主要花卉有菊花。早在先秦时期，古人就有“朝饮木兰之坠露兮，夕餐秋菊之落英”的说法。晋人傅玄在《菊赋》中说，“服之者长寿，食之者通神”，这里就对菊花的食用和保健价值进行了肯定。著名历史人物慈禧太后有冬季享用菊花火锅的习惯，她所食用的这种菊花名叫“雪球”，是适宜用来煮食的白菊花品种。菊花火锅的做法是先将收集好的菊花花瓣拆散浸泡，彻底清洗干净后沥去其中的水分，随后将处理好的菊花花瓣放入事先配好调料的银火锅之中。这也说明了将菊花作为美食被宫廷之内所接受甚至推崇。明末清初时期诗人冒辟疆在《影梅庵忆语》说：“姬性淡泊，于肥甘一无嗜好，每饭，以芥茶一小壶温淘，佐以水菜、香豉数茎粒，便足一餐。余饮食最少，而嗜香甜及海错风黛之味，又不甚自食，每喜与宾客共赏之。姬知余意，竭其美洁，出佐盘盂，种种不可悉记，随手数则，可睹一斑也。酿饴为露，和以盐梅，凡有色香花蕊，皆于初放时采渍之。经年香味、颜色不变，红鲜如摘，而花汁融液露中，入口喷鼻，奇香异艳，非复恒有。最娇者为秋海棠露。海棠无香，此独露凝香发。又俗名断肠草，以为不食，而味美独冠诸花。次则梅英、野蔷薇、玫瑰、丹桂、甘菊之属。至橙黄、橘红、佛手、香橼，（香橼——一种水果，又名枸橼）去白缕丝，色味更胜。酒后出数十种，五色浮动白瓷中，解醒消渴，金茎仙掌，难与争衡也。取五月桃汁、西瓜汁，一穰一丝漉尽，以文火煎至七八分，始搅糖细炼，桃膏如大红琥珀，瓜膏可比金丝内糖，每酷暑，姬必手取示洁，坐炉边静看火候成膏，不使焦桔，分浓淡为数种，此尤异色异味也。制鼓，取色取气先于取味，豆黄九晒九洗为度，果瓣皆剥去衣膜，种种细料，瓜杏姜桂，以及酿豉之汁，极精洁以和之。豉熟擎出，粒粒可数，而香气酣色殊味，迥与常别。红乳腐烘蒸各五六次，内肉既酥，然后剥其肤，益之以味，数日成者，绝胜建宁①三年之蓄。他如冬春水盐诸菜，能使黄者如蜡，碧者如治。蒲藕笋蕨、鲜花野菜、枸蒿蓉菊之类，无不采入食品，芳旨盈席。火肉久者无油，有松柏之味。风鱼久者如火肉，有麂鹿之味。醉蛤如桃花，醉鲟骨如白玉，油鲳如鲟鱼，虾松如龙须，上兔酥雉如饼饵，可以笼而食之。脯如鸡纵，腐汤如牛乳。细考之食谱，四方郇厨中一种偶异，即加访求，而又以慧巧变化为之，莫不异妙。”文中可见食花文化，尤其“食

---

① 建宁，县名，在福建省西北部，农产品丰富。

菊”一事，非常风雅，但如今却少见将食花文化在商业开发及产业发展上进行合理有效的应用。

从土地中新鲜采摘的一束菊花销售价格还不到 10 元，但高级的商场和超市中出现的菊花一公斤的价格却不止 200 元。江苏句容绿色有机特菜种植基地总经理巫庭春所引进的食用菊花种苗在培育成功之后，每亩食用菊花土地的收益高达 1 万元，在花卉消费市场中受到热烈的欢迎。黄丛林是北京市农林科学院的首席研究员，他所研究的领域包括植物抗旱、抗寒、耐盐分子生物学及其基因工程改良，花卉分子生物学及其生物技术育种等。他们所培育的食用菊花有着钙、黄酮、维生素 C 含量高的优势，商业价值很高。黄丛林研究员认为，以花为食，主要优势在于诸多鲜花花瓣都具备了宝贵的营养物质，对人体保健起着重要的作用。因此，选育以及开发营养、保健功能兼备的花卉是有必要的。东南大学艺术学院的周武忠教授也曾指出中国最具活力的产业之一必将有食用花卉的位置。

其他能入馔的鲜花同样种类繁多。俞小平在《中国花卉保健食谱》① 里提及的畜禽类的花卉食谱就非常丰富，如：“荷花炒猪肉片、荷花黄瓜炒肉片、菊花肉片、杏花马蹄肉片、蔷薇花肉片、槐花熘肉片、芍药五花肉、黄花菜木须肉丝、蒲公英炒肉丝、月季花肉丝、玉兰花爆肉丝、菊花肉丝、菊杞肉丝、槐花炒猪肉丝、桂花油炸肥膘条、兰花焖五花肉、代代花蒸肉、桂花蒸肉、南瓜花回锅肉、木槿花炖猪肉、兰花猪肉火锅、南瓜花瘦肉球、槐花芝麻肉饼、菊花粉丝炒肉丁、花椰菜肉松、玉米花炒肉末、玉兰花炖猪脑、黄花炖猪舌、白茅花煨猪鼻、夜来香炒猪心、月季花炖猪肺、扶桑花煲猪肺、海棠花炒猪肝、月季花炒猪肝、白菊蛋膜猪肝、合欢花蒸猪肝、黄花熘炒猪腰、兰花拌肚丝、芍药芹菜肚丝、海棠花炒猪肚、朝阳花烧猪肚、白兰花熘肥肠、玉米花炖排骨、丁香烧排骨、白茅花冬瓜火腿、桃花熘火腿、金针黄豆煲猪蹄、丁香肘子、海棠花蒸猪爪、杜鹃花煮猪爪、蔷薇花煸牛肉丝、腊梅花炒牛肉丝、黄花

---

① 俞小平：《中国花卉保健食谱》，科学技术文献出版社 2001 年版。

菜炒牛肉丝、兰花拌牛肉丝、西兰花炒牛肉、桃花烩牛肉、海棠花爆牛肚、荷花牛肉菜卷、番红花海参牛肉、黄花木耳蒸牛肉、代代花冻羊肉糕、桃花炒羊肉、荷花羊肉、黄花菜羊肉煲、玫瑰花烤羊心、丁香酱羊肝、芍药花烧兔肉、菊花兔肉丝、佛手炒兔肉、荷花烩兔肉、兰花野兔扒、牡丹花炖鹿肉、益母草花炖鸡、黄花菜炖鸡、佛手南瓜鸡、茉莉叫化鸡、荷花白嫩鸡、栀子花童子鸡、桂花仔鸡、芙蓉烩山鸡、梅花嫩姜鸡、丁香鸡、牡丹花包鸡肉片、芙蓉炒鸡片、玉兰花熘鸡片、荷花熘鸡片、双花炒鸡片、菊茉汆鸡片、茉莉花鸡肉片、玫瑰锅巴鸡肉片、菊花爆鸡丝、夜来香炒鸡丝、兰花炒鸡丝、白兰花炒鸡丝、芍药花拌鸡丝、槐花拌鸡丝、蔷薇滑鸡条、百合花鸡丁、木芙蓉鸡球、腊梅花鸡糕、芍药豆腐鸡、芍药烩鸡脯、芙蓉烧鸡脯、玉米花鱼鸡、芍药花鸡肝、密蒙花鸡肝、丁香鸡翅、槐花炒鸡蛋、黄花炒鸡蛋、野蔷薇花炒鸡蛋、扁豆花煎鸡蛋、百合花煎蛋、鸡冠花炖蛋、槐花油条蒸蛋、辛夷花煲鸡蛋、鸡蛋包佛手花、茉莉花彩蛋、桂花鸡蛋糕、荷花蒸鸭子、兰花蒸野鸭、丁香鸭、百合花鸭、桂花炖鸭、牡丹花爆鸭肉条、代代花鹅脯、荷花炖鹌鹑、丁香脆皮鹌鹑、百合花鹌鹑、番红花焖鹌鹑、梅花鹌鹑、腊梅花鸽肉片、兰花清炖仔鸽、黄花菜炒鸽肉丝、茉莉海参鸽蛋、百合禾花雀、菊花雀球、荷花炒斑鸠片、鲜青葙花牛蛙、西兰花炒牛蛙腿、月季花烩蛇丝。”①

俞小平还提到了酒类的可食用花卉：“菊花酒、菊花枸杞酒、清宫菊花酒、玫瑰花酒、玫瑰丁香酒、玫瑰花封缸酒、白玫瑰酒、桂花酒、桂花三仙延寿酒、月季花酒、月季红花酒、月季花当归酒、丁香酒、丁香胡椒酒、雪莲酒、莲花白酒、金银花酒、红花酒、芍药酒、槐花酒、桃花美容酒。”② 另外，关于蔬菜类食用花卉有：“丁香豆腐、桂花豆腐、荷花豆腐、夜来香花豆腐、桃花豆腐、琵琶茉莉豆腐、玫瑰香椿豆腐、百合花豆腐、月季花豆腐、芍药花豆腐、代代花豆腐、杏花豆腐、野蔷薇花豆腐、黄花菜凉拌木耳、凉拌野蔷薇花、凉拌野菊花、凉拌南瓜花、凉拌蒲公英花、黄花粉丝、糖醋花椰菜、菜花

---

① 俞小平：《中国花卉保健食谱》，科学技术文献出版社 2001 年版。

② 俞小平：《中国花卉保健食谱》，科学技术文献出版社 2001 年版。

炖胡萝卜、红果拌菜花、香菇菜花、海米菜花、酥炸月季花、月季花煨玉米笋、月季花烩丸子、代代花口蘑、代代花腐竹、荷花莲肉脯、荷花炒青椒、炸荷花、山茶莲藕、炸白茶花、红油槐花、鱼香槐花、玫瑰花夹沙球、玫瑰白果、芍药面葫芦、芍药笋泥、香脆玉兰花片、酥炸木槿花、奶汤南瓜花、桃花冬瓜盅、佛手花土豆芝麻球、荠菜花冬笋、海棠花蒸茄子、栀子花烩豌豆、夜来香花笋尖、菊花蒸茄子、桂花芋艿、桂花蜜汁藕片、扶桑素鸽蛋。”他对各种具备保健功能的花卉作了归纳总结：“梅花、牡丹花、菊花、兰花、月季花、杜鹃花、山茶花、荷花、桂花、水仙花、腊梅花、扶桑花、紫藤花、百合花、玉兰花、海棠花、瑞香花、芍药花、石榴花、丁香花、槐花、杏花、无花果、啤酒花、鸡冠花、茉莉花、白兰花、桃花、樱桃花、蔷薇花、玫瑰花、合欢花、紫荆花、代代花、金橘、佛手花、凤仙花、芙蓉花、木槿花、木棉花、迎春花、夜来香、凌霄花、栀子花、金银花、向日葵花、款冬花、芦荟、萱草花、玉簪花、郁金香、红花、扁豆花、南瓜花、花菜。”①

细究我国花卉产业现状时可以发现食用花卉领域在迅猛发展的同时，还存在着一些无法忽视的短板，最大问题主要有三点，第一是食用花卉的规模化生产还存在阻碍，第二是对于食用花卉的营养价值量化分析不足，第三是食用花卉保鲜存在的问题还没有解决。因此，食用花卉在商业上从“食品产业”向“特色文化产业”转型，首先必须解决自身产业短板弊病，并利用花文化领域的知识特长来弥补食品消费行业的商业短板。

食用花卉的规模化生产存在阻碍的原因主要在于其种植规模尚未形成产业气候。首先，由于食用花卉作为高档食品往往价格过高，只能通过高端消费市场进行消化以获得经济效益，而低端消费市场却因食用花卉的高售价而难以打开销路。其次，由于食用花卉的培育需要合适的种苗作为供应，我国的食用花卉品种尚处于奇缺阶段，导致与其有关的产业化开发没有得到足够的保障。最后，在我国的种植领域中食用花卉并不在热门之列，导致种植户仍然对其心有

---

① 俞小平：《中国花卉保健食谱》，科学技术文献出版社 2001 年版。

疑虑，不敢放心大胆操作。

关于对食用花卉的营养价值量化分析不足，以及食用花卉并不热门的问题，主要原因还是人们对于食用花卉的功效、历史、文化内涵，只知其一不知其二，只知所以然不知其所以然，甚至还有人完全不曾了解。相比我国数千年食用花卉的历史，出现这样的无知与遗憾，不得不说十分令人痛心。没能将我们的历史文化重新挖掘并运用于商业行为中，可以说是国人共同的重大损失。

比如从古至今的人们都有过食用某些特定花卉的经验，但是对食用花卉的科学归纳总结却不够全面细致令人放心，这就是科技手段及研究未能跟上。

古来可以食用的常见花卉有黄花菜、菊花、黄蜀葵、牡丹、紫藤、刺槐花、荷花、兰花、百合、玉兰以及蒲公英等，不可食用的花卉有马蹄莲、虞美人、郁金香、夹竹桃、水仙花、一品红、含羞草以及夜来香等。根、茎、叶、花以及果实这些部位哪个才能令人放心食用，各个部位有什么营养物质，对人体的哪些方面有益，这些如果没有得到清晰的科学论证加以支持并宣传，确实难以形成稳定的消费市场。因此，食用花卉的推广需要对花卉文化与花卉知识加大研究和宣传力度。

关于食用花卉的保鲜方面，问题主要在于怎样使品质得到保证。食用花卉的品质一定以新鲜为最佳，其中所含的营养物质才能够得到最大限度的保留。我国食用花卉的原产地多在农村，而食用花卉作为高级食品所针对的高端市场多属于城市，食品加工及冷链运输的所有环节如何在保证安全、高效的同时，还能减少成本，这是目前我国的食用花卉尚未形成成熟产业的又一重大行业原因。

但发挥食用花卉的最大特色，将其作为特色花文化产业的成功案例并不是没有。比如我国目前市场上，享誉国内外的云南鲜花饼，就是这样一个产业化的、深受人们喜爱的“花卉美食”，商业价值极高。据统计，昆明市每日所销售的鲜花饼数量约有20万个，增长速度在3年内达到了300%，光是省外市场的消费量就占据了鲜花饼生产总量的60%。云南作为鲜花大省，整体的花卉产品也正朝着食用方向转变，比如玫瑰茶、玫瑰酒、玫瑰酱、玫瑰饼等在不断被开发的玫瑰加工产品中占据了大部分。因为云南花卉产业的转型通过食用花卉取得了丰富成果，也因此能够说明着重通过发展食用花卉来发展特色花文化产业是有成功经验可以效仿借鉴的。

综上所述，食用花卉所能带来的经济效益为我国花卉产业转型指出了一个非常具体的成功方向，可谓是我国花卉产业中的富矿，开发价值极大。

将花文化应用于产业发展，需要让各行各业的人们都明白，花卉在人类历史与文明中所占据的重要地位，理解其文化内涵和历史价值。这样，才能令人们对于花卉的热情增加，从而增加花卉消费及投资，从终端和源头，改变花卉消费市场。

二、我国花卉产业的发展阶段与现状分析

我国传统花卉产业的发展所经历的阶段主要包括萌芽与缓慢形成阶段、挫折破坏阶段、恢复阶段以及快速发展阶段。萌芽与缓慢形成阶段主要指唐代到清代这一时期。挫折破坏阶段主要指清朝末年到20世纪80年代。恢复阶段主要指1980年到1990年这一时期。快速发展阶段主要指从20世纪90年代时期到现在。①

在萌芽与缓慢形成阶段，花卉产业的特点是形成与发展都算不上快。花卉于唐代以前的时期，尚未完全具备商品的属性，除了部分地区小规模集贸花会之外也没有专属的市场可以消费。花卉的人工培育与栽植并没有形成真正意义的产业，可以说基本上是比较自由散漫地发展着。到了唐代初期，花卉产业的雏形已经出现。无论是民间还是宫廷，都出现了有关花卉的商品，尤其在达官贵人阶层的庭院园林中，已经可以发现花卉文化的身影。到了唐代中晚期，花卉产业的各个环节基本上都得到了相对成熟的发展，尤其在当时的花农匠人手

---

①　李玉敏、高志民：《论中国花卉产业的可持续发展》，载《世界林业研究》2001年第14期。

中，花卉的人工栽植培育技术日趋成熟稳定。在此期间，花卉商品日渐渗入人们的生活之中。宋朝时期，花卉产业得到了进一步的扩大生产，栽植培育花卉的风气从宫廷以及官员的宅院中向着民间普及，即使是规模较小的地区也被传播乃至流传开来。特别是明清时期，花卉栽培产业日益扩大，规模也较过去有较大发展。但这一阶段仍被称为萌芽与缓慢形成阶段，其原因主要是没有科技的推进，导致花卉产业化的发展进程较为低效缓慢。

在挫折破坏阶段，花卉产业的特点就是屡遭破坏，障碍重重。这一阶段里对花卉产业发展影响最大的主要原因为政治因素。这一时期我国战事频发，如抗日战争等，使得整个神州大地元气大伤，人民急需休养生息，各个行业基本上都萎靡不振，花卉产业也因此受到重创而进入了极其迟缓的发展阶段。这种由于民生凋敝造成的花卉行业萎缩退化，直至建立新中国后才有所复苏。但因整个民族遭受巨大打击导致各行业整体恢复显得力不从心，同时也受传统小农经济意识的局限，所以花卉产业的回升趋势并不显著。

在恢复阶段，花卉产业的特点是生机渐复，发展形势趋于良好。这一阶段时期主要是在 1980 年到 1990 年，当时我国花卉产业技术落后、产品短缺、品种陈旧以及市场不稳定。“七五”时期，花卉产业依然是传统的栽培品种与技术占先。但经由改革开放的一系列政策调整和改革，一些经销者通过对花卉产品进行有策略的营销，取得了很高的利润，这在一定程度上，也刺激了某些地区花卉产业的发展；而科技的推进，更使花卉产业的产业化进程有了一系列的改善进步。这一期间的花卉产品逐渐由“旧、少、粗”转变为“新、高、优”。通过生产专业化、工厂化、电脑化管理等诸方面的促进，花卉产业由此阶段一跃进入现代的商业市场之中。

1991 年至今，我国花卉产业开始进入快速发展阶段，在这一时期花卉产业的种植、生产、种类等方面都得到了非常快速的发展，其特点为市场的供应比较充足，品种比较多样。我国的花卉生产在“八五”时期发展最为快速，尤其是观叶植物以及鲜切花在花卉产业中的发展。我国广东、福建等地区，更因为得天独厚的气候因素，引进优秀的新品种观叶植物，进而利用这一优势摇身一变成为全国观叶植物生产和供应中心。“九五”时期，花卉产业更是不再一味追求发展速度，而是开始对产业结构进行了巩固和提高。据统计，我国1991年的鲜切花总量与1995年相比，有着从2.2亿枝飞跃至7亿枝的可喜进步；1990年的花卉生产面积与1995年相比，有着从3.3万 hm^2 飞跃至7.5万 hm^2 的巨大增长；1990年的单产与1995年相比，有着从36000元/hm^2 飞跃至56700元/hm^2 的增量；1990年的花卉生产总值与1995年相比，有着从12亿元飞跃至38亿元的飞速增长；1990年的花店与1995年相比，从1100多家飞跃至6600多家，至1998年时，已有了1.6万多家的突破性进步。花店数量的增加，为花卉的消费提供了便利，又促进了花卉产业的进一步发展；我国1995年的盆花产量与1996年相比，从2.4亿盆上升至5亿盆，到1998年时，增至11亿盆；到了1998年，我国的花卉生产企业已有3700个左右，雇佣员工约有120万人左右。

“中国花卉产业经过近10年的发展，已粗具规模，花卉产业在总量增长的同时，已经开始向生产商品化、布局区域化、产品多样化、服务配套化、生产和经营产业化方向发展。”① “十五”到“十三五”期间，我国花卉产业更是在高速发展的同时，不断发生着非同凡响的质变，取得了许多令人瞩目的傲人成就。

在20世纪80年代初期才刚刚起步的我国花卉产业，较之国外发达国家起步稍晚，但如图1、2所示，有着突飞猛进的发展特点。

① 李玉敏、高志民：《论中国花卉产业的可持续发展》，载《世界林业研究》2001年第14期。

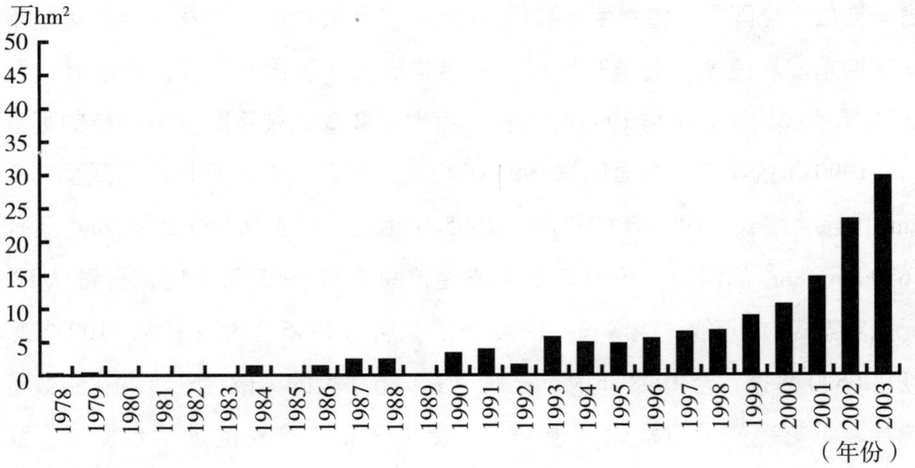

图 1 1978—2003 年中国花卉生产面积

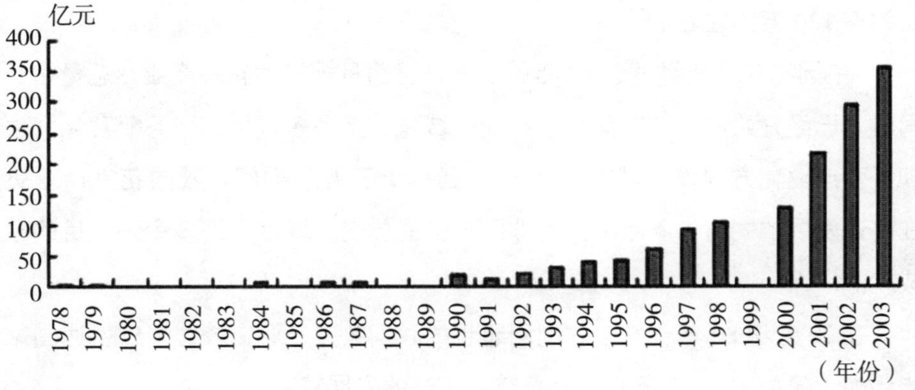

图 2 1978—2003 年中国花卉产值

总体来说，我国花卉产业生产现状有着跨越式进步。花卉种植面积与产量已居全世界首位。花卉产业贸易在产值效益和生产规模方面有着极为快速的增长比例。从“九五”期间到2008年的花卉种植面积，有着从15万hm^2上升至53.6万hm^2的巨大进步；“九五”期末到2008年的花卉年销售额，有着从160亿元上升至666.9亿元的增长；2006年的花卉出口额比2005年上升至约2700万美元。2008年的花卉出口额与2000年相比，足足增长5倍，高达1.4亿美元。从这些数字对比不难看出，在我国花卉产业的快速发展阶段，整体发展速度和发展水平都呈现出值得骄傲的可喜态势。

在“十一五”期间，我国花卉产业已经开始实现从粗放经营到集约型、专业化的转型。影响转型的主要因素有三：一是花卉企业实力呈上升趋势；二是花卉经营实体的数量呈增长趋势；三是投资环境呈优化趋势。

我国花卉企业实力呈上升趋势的主要表现有“十一五”期间大型花卉龙头企业在河北、河南、北京、福建、山东、广东和云南等地纷纷创建，花卉生产经营的规模化生产日趋专业。花卉经营实体的数量呈增长趋势，2000 年我国的花卉企业与 2008 年相比，从 2.2 万个上升至 3.3 万个。花卉产业投资环境呈优化趋势，花卉从业的人员于 2008 年达到 370 万人左右，个人与企业对花卉产业进行投资得到国家政策的扶持。

而 2011 年至今，我国花卉产业实际上应当属于快速发展阶段中的“调整与转型期”。所谓调整与转型，即我国花卉产业近年来已经开始注重对产业结构进行调整，重“量”的同时也更加重“质”，在产业的可持续发展方向上做出了更多的努力。“花卉产业的定义，是将花卉作为商品，进行研究、开发、生产、贮运、营销以及售后服务等一系列的活动。它是一个综合的生物系统工程，从内容上看，包括鲜切花、盆花、盆景、绿化苗木、种子、种球、干花及其制品、花肥、花药、基质，以及与花卉生产相关的园林机具、配套设施等，其发展涉及花卉资源的开发与利用、科研与教研产品的生产与流通以及应用等各个方面。”① 未来高质量的花卉产业应当拥有科学的产业链条，高质、高效的商业生产，以及高价值、高利润的商业流通。目前我国花卉产业结构调整的现状及变化主要表现在生产上既有增加也有减少，整个生产总值处于增长阶段；在管理方面有所进步，尤其是产品质量标准和标准化生产体系这两方面抓得很紧；在花卉方面，处于稳定阶段的是切花的生产，处于增长阶段的是盆花单位面积的产值，草坪草的生产从单一的播种生产转型为播种和草皮生产齐头并进。

---

① 李玉敏、高志民：《论中国花卉产业的可持续发展》，载《世界林业研究》2001 年第 14 期。

从花卉产业的布局现状来看，热带及亚热带花卉产区主要包括广东、广西、云南、江苏、浙江和海南；北方花卉产区主要包括河北、河南、北京和山东。长江三角洲花卉苗木产区主要包括上海、江苏和浙江；东北部花卉产区主要包括辽宁。

截止到 2016 年，全国年末实有花卉种植面积为 1328037 公顷，盆栽植物产量 468908 万盆，观赏苗木产量 1124221 万株。2016 年花卉企业 55250 个，其中大中型企业 8971 个，占比 16. 24%。2016 年花卉从业人员 554. 98 万人，其中专业技术人员 32. 36 万人，占比 5. 83%。(见表 1)

表 1 2016 年全国花卉产业发展情况表

（单位：公顷、万支、万盆、万株、万平方米、个、万户、万人）

指 标	单 位	产 量
1. 年末实有花卉种植面积	公顷	1328037
2. 切花切叶产量	万支	1927547
3. 盆栽植物产量	万盆	468908
4. 观赏苗木产量	万株	1124221
5. 草坪产量	万平方米	49748
6. 花卉市场	个	4092
7. 花卉企业	个	55250
其中：大型企业	个	8971
8. 花农	万户	146. 2
9. 花卉从业人员	万人	554. 98
其中：专业技术人员	万人	32. 36
10. 控温温室面积	万平方米	6072
11. 日光温室面积	万平方米	19571

数据来源：中国统计局，观研天下整理。

近十年以来，在科技浪潮的推动下，整个世界花卉产业都得到了迅猛发展，而中国花卉产业在可持续发展的道路上，更加拥有优越的条件，譬如花卉种质资源丰富、环境优越、科技力量雄厚、劳动力廉价等。

当然，我们同时也存在着许多不可避免的发展问题和阻碍，如：制度不完善、成果转化慢、发展不平衡、生产盲目性大等因素。然而要解决这一系列问题，必须：1. 通过政策的保障性、法律的调控性来保证花卉、人才资源利用的可持续性以及花卉商品相关技术、信息的完善性，真正依靠科技进步来发展花卉产业；2. 大力发展产业结构调整，增强文化产业升级与转型。这样才能为实现中国花卉产业的可持续发展创造良好的条件。

总结来说，从花卉产业的发展经验中我们可以得出三个十分重要的结论。第一，花卉产业的发展与科学技术的发展之间，有着极为重要和密切的关系。可以说，科技是推动花卉产业发展的一大助力，如果能清楚这一点，将科学技术成熟地应用于花卉产业，无疑对改善我国的花卉产业现状有着极其重要的作用。第二，花卉产业要想进一步取得创新发展，需要更加注重对产业结构进行调整和优化，才能继续保持可喜的进步。第三、“通过花卉生产流通的进一步产业化，优化生产结构、规范经营管理、提高花卉产品质量、增强文化创意产业结合、提升社会效益和经济效益、满足人们的物质文化需要，既立足于发展同时又保持花卉产业对资源利用的公平性、产业结构的和谐性以及各部门之间的协同性，以求实现花卉产业的可持续性，这才是现阶段所要解决的最主要问题和传统花卉产业继续向着更高、更快、更好发展的真正方向。”①

三、我国花卉产业的调整方向和趋势

在飞速和稳定的发展中，互联网技术对我国花卉产业良好的发展现状起到了不可忽视的作用。我国各个种类的花卉市场到2008年增长至3584个，2018年，整体维持在4000个以上。各类花卉信息一改过去只在特定圈子内流传的

---

① 李玉敏、高志民：《论中国花卉产业的可持续发展》，载《世界林业研究》2001年第14期。

特点，通过互联网可以随时随地查知调取。超市连锁、鲜花速递基地、零售花店、物流、批发市场以及拍卖市场等通过互联网技术流通的产业链，实现了促进花卉产业发展的良性作用。与此同时，科技水平的提高对我国花卉产业良好的发展现状也起到了非常重要的作用。截至2008年，我国省级以上的花卉科研单位已经增长到百家以上，花卉专业技术人员的数量已增长到约有15万人。有关花卉的科研项目得到重视，为我国花卉产业不断注入活力。

产业链的不断延伸对花卉产业的良好发展现状也有着不可忽视的作用。产业链不断延伸的主要成果有三：一为开始利用花卉植物经营生态旅游产业开发，升级产业结构；二为对花卉的保健、美容等功能进行发掘，发展了食用与药用的特色花卉产业；三为通过新技术对天然干花、押花等特色花卉产品进行了科学研究及开发。

通过对我国花卉产业现状进行分析，可以发现：

第一，国内花卉消费还有很大的空间。据统计，世界各国的人均年消费花卉数量约有30枝，而我国的人均年消费数量约有10枝。我国云南斗南花卉交易市场到2015年时，总交易数量高达57亿枝，日平均交易数量约有1568枝。

第二，我国花卉市场体系的主体是中低档批发市场，街头卖花、集贸市场、花店以及企业租摆等占居附属地位，而我国农业领域中的高效产业是花卉苗木业。

第三，我国花卉产业要想进行成功转型以及升级必须要做到提质增效、创新发展这两点。创新发展可以从科技创新方面入手。2012年，曾任第九届、第十届北京市政协委员，时任北京市政府专家顾问、北京林业大学副校长、中国园艺学会观赏园艺专业委员会主任的张启翔先生带领的团队对梅花基因组的项目研究取得了突破性进展，编制了梅花全基因组精细图谱这一具有重大意义的成果。这一成果的意义在于，人类从此掌控了花卉基因的“多变”规律，对于我国花卉产业的发展无疑有着至关重要的作用。其他有关花卉的科研项目有月季、牡丹以及菊花等基因组的测序研究、温带球根花卉产业化关键技术研究与示范等等。提质增效可以从延伸产业链条、提升产业附加值方面入手。我国投资5亿元的重点项目海南国际花卉产业园于2012年开工动土，该项目的主要意义在于通过将花卉产业与旅游业挂钩，起到延伸产业链条的作用。三亚的玫瑰文化主题产业园玫瑰谷在2011年每日接待的游客数量约有2000人，2014年通过开发相关的玫瑰商品如茶叶、洗浴、美容以及美食等，起到了加大客流量的作用。另外，昆明市的特色花卉商品鲜花饼每日销售数量超过20万个。这都说明了通过延伸产业链条以及提升产业附加值能够对我国花卉产业起到提质增效的作用。

第四，改善我国花卉产业的现状，最需要注意和把握的问题，就是寻找新的市场需求。2013年末，天津滨海国际花卉科技园区股份公司在三个月之内就将400万盆鲜花全部销售完毕，杨铁顺作为该公司的董事长点出了其中要领，即其销售策略的重点是“让每个家庭都有一盆好而不贵的花”，着重针对花卉市场的需求，有的放矢地进行产品投放。目前随着我国花卉文化的进一步普及和花艺教育的提升，花卉的中高级消费市场甚至是奢侈消费市场逐渐成形，面对高端市场需求，我们的花卉产业如何及时自我调整和更新，就显得格外重要。

据分析，随着电子科技的日渐发达，网络销售平台作为新型的花卉销售渠道，也渐渐成为消费市场的主流渠道，仅2013年，淘宝网的销售情况就达到了惊人的效果，由其网站向个人销售的小型特色绿植约有6亿件，交易总额高达60亿元。五年间，这一数字又有了数倍的迅猛增长。

综上所述，未来我国花卉产业需要重视的理念和调整方向，总结起来就是一个字——“变”。我国的经典《周易·系辞》里提到，“穷则变，变则通，通则久”，说明墨守成规、原地踏步、不做改变是行不通的。只有做到不断地创新、不断地求变，才能使我国花卉产业持续良性的发展和进步。

第七章　现代花文化产业的机遇与挑战

一、现代花文化产业发展的机遇与优势

目前世界十大花卉出口国包括荷兰、哥伦比亚、意大利、丹麦、美国、比利时、卢森堡、以色列、哥斯达黎加及德国。这些国家的共同之处在于重视花卉产业的文化开发与技术发展，并以此在国际市场上具备了一定的竞争力。

通过分析世界花卉产业的发展现状和我国花卉产业的现状，有利于寻找并定位我国花文化产业的发展机遇与优势所在。

整个世界花卉产业的发展速度从“二战”时期以来，一直到20世纪的七八十年代，发生了突飞猛进的增速变化。发达国家通过新品种选育、采后生理、技术处理研究等手段使花卉产业得到了良好的发展。专业化、工厂化以及现代化是发达国家花卉产业的特点，并且国际花卉大国和地区都较为重视花卉消费市场调研工作以及花文化的传播和教育工作。

相比较之下，我国花卉产业市场，除了所总结的令人可喜的进步之外，与发达国家的发展现状，还有很大差距。具体不足体现在：（1）产品结构不合理导致花卉产业发展后劲不足；（2）部分花卉品种由于缺乏科学技术的支持，出现退化；（3）我国的花卉种植面积可列为全世界首位，但花卉消费量仅占国际市场的3%；（4）对花文化知识与审美教育的普及程度较差，导致市场常

常盲目跟风，价格起伏大，缺乏成熟稳定性。

由此看来，要想改变我国花卉产业所出现的质量低、效益低以及竞争力低的现状，就需要注意科技更新在花卉产业中的作用，提倡花卉生产的专业化、工厂化以及现代化。最重要的一点，就是升级产业结构和扩充产业链，通过大力发展花文化研究、花文化教育，创造花文化的产业化发展之路。

具体来说，花卉生产的专业化能够获得最小单位成本，提高栽培与管理的效率；花卉生产工厂化可以突破季节限制，节省大量时间，并使花卉的配套技术得到有效利用，同时能够使花卉的生产管理模式得到科学充分的完善；花卉生产的现代化能够使花卉产业的质量控制体系得到有效的保障；以花文化带动花卉产业的创新和升级，使花卉产品走向特色化、优质化、高档化、多样化，就是我们所需要看到的发展方向。目前，荷兰作为世界上花卉产业最为发达的国家，代表了全球花卉产业的发展方向。荷兰成为世界花卉强国主要具备以下两个方面的优势：一是成为全球花卉交易中心。荷兰自20世纪50年代开始发展花卉产业，开创了花卉拍卖交易模式，建立了世界上最为完备的花卉拍卖市场交易体系和规则，成为行业标杆和典范，拥有全球花卉行业话语权和产品定价权。二是成为全球花卉科技研发中心。荷兰重点发展花卉育种及生产配套技术，科技创新实力位居全球第一，牢牢掌握花卉产业链的顶端，拥有全球最多的花卉新品种和最先进的生产技术，同时具备比较完善的法律保障体系和标准体系，能够推动花卉育种、新品种转化、市场拓展等各环节实现良性发展。荷兰以长远发展的眼光，以全球花卉交易中心和花卉科技创新实力作为核心竞争力进行培育，逐步树立了全球花卉行业的领军地位。（2017年《云南省花卉产业发展规划汇报》）三是成为全球花卉教育中心。荷兰作为花卉主产国和出口国，从职业教育到大学都开设有花卉专业，每年对花文化推广和咨询的投入高达1000万美元；其他发达国家诸如日本，传承了我国花卉装饰文化，经过几百年的积累和发展，形成了独具特色的各种花艺流派，至目前已成为东方插花的代表，通过每年的樱花节和枫叶时节开展广泛的花艺展览，带动旅游业的发展。而我国台湾地区也在积极大力发展和振兴插花艺术的研究、教学、展览以及兴办休闲花卉农场，通过展示、观光、休闲、教学、比赛、培训等活动进行花文化的传播。①

由此可知，花卉产品的特色化、优质化、高档化、多样化，正是世界花卉产业的现状与发展方向，转型走向花文化产业方向更是大势所趋。

反观内地，目前，上海市投资建立花卉良种试验场，总共投入1200万元用于培育优秀的花卉品种，每年产出约500万株的优秀香石竹种苗。云南省农科院花卉研究中心（原云南省农科院园艺所花卉中心）借助云南花卉资源的优势，通过对野生及特色花卉研发、花卉新品种选育、花卉标准化栽培技术、采后处理、生理与花卉产品质量检测技术等不同层面技术的完善更新，得到优秀种苗共计约有100个，每年花卉种苗的销售量约有1200万株。由此可见，我国已经在实现花卉产品特色化、优质化、高档化、多样化的道路上，做出了行之有效的努力，并且这一努力对我国花卉产业取得更好的经济效益确实显现出了非常重要的作用。

与此同时，我国通过重视花卉科研的系统化和生产衔接的紧密化，也取得了一些可喜的成果和收获。花卉科研的系统化主要是指从产品、技术的开发到投入生产等等一系列的环节都能够形成一个科学的体系。与花卉生产衔接的紧密化是指对花卉生产的每一重要环节都进行紧密地衔接。

“九五”期间，我国的花卉产业从业人员通过对花卉生产中引进、培育及改进良种，应用和改进现代化温室，化学控制等一系列环节的优化，使花卉生产得到了有效的进步。我国“十五”计划将花卉科研的系统化和生产衔接的紧密化列为重中之重，提出要特别重视花卉优良品种的培育、引进及优化，同时需要重视的还有低温流通的综合保鲜体系。据统计，我国的大型花卉市场共计约有1200个，花店数量约有14000个，花卉的流通体系粗具规模，形势大好。完善花卉流通体系，能够为花卉产品的消费制造便利，为国际花卉市场的开拓进一步提供了良机。

① 陈丽晖、易伟：《以花文化传播促进花卉产业向文化产业转型》，载《中国花卉园艺》2007年第21期。

花卉文化教育是花卉知识和花文化传播的形式之一，目前我国以花卉文化教育为核心进行花文化传播，以礼仪插花、家庭装饰、园艺装饰和花艺设计为主要教学内容的教学市场已经初见雏形①，市场对装饰花卉审美教育的需求极为突出，这也是目前所面临的一大空前机遇。就北京、上海、广州等大城市来说，插花培训教育已经形成商业热潮，各类型的私人会所、茶空间、琴馆、画廊，都争先恐后地开展教学培训，高端消费市场不乏万元课程。以北京某著名花艺培训学校为例，该公司以职业从业人员、业余爱好者等为客户群体，采用线下传统的培训盈利模式，通过提供职业培训来获得业务收入。仅 2017 年，花艺设计项目的收入金额就高达 19345126.86 元。该公司除了本身的教学之外，还采取多元化商业模式进行花艺培训，帮助学员建立个人工作室，开展商业活动，与咖啡馆、“网红”甜点铺、新式茶馆、设计主题店等结合，注重生活方式推广及顾客消费体验的营销模式，打破传统商业模式进行花艺教学的文创开发，获得了巨大的商业成功。

花艺师目前仍是花艺行业的刚需，尤其是在特殊节日及承接花艺项目时尤为重要。故而，相关从业人员的培训及行业标准的制定在现阶段尤为重要。

另一方面，我国本身具备丰富的种质资源及自然资源，一直是我国现有花卉产业及未来大力发展花文化产业的主要优势资源。

仅仅是我国特有的观赏植物种类相当丰富，据不完全统计约有 113 科 523 属。如前文详细介绍的菊花、梅花、腊梅、桂花、牡丹、荷花、中国水仙、芍药、月季等等，还有金花茶、翠菊、银杏属、金钱松属、银杉属、水杉属、水松属、珙桐属、观光木属、百合属、龙胆属、绿绒蒿属、黄牡丹、香水月季、栀子以及南天竹等不计其数的独特花卉资源。也因此，我国素有“花卉宝库”之称。如此形形色色的气候、地形与土壤类型条件，是我国应当大力发展花卉产业与花文化特色产业的天然基础和资源条件。

利用好我国丰富的种质资源、自然资源，并在这一基础上加深研究，对花

---

① 陈丽晖、易伟：《以花文化传播促进花卉产业向文化产业转型》，载《中国花卉园艺》2007 年第 21 期。

卉种质加以科技创新，不但可以使生产成本得以降低，还能够为花文化产业的发展创造更多契机。

我国花卉资源衍生产品的类型多种多样，梅花类有梅花香粉、梅花护手霜、车载梅花香薰、青梅酒、梅精等，牡丹类有牡丹饼、牡丹玉石、牡丹籽油、牡丹瓷、牡丹金属花、牡丹香等，玫瑰类有玫瑰酒、玫瑰醋、玫瑰精油、玫瑰花酱、玫瑰复合保健饮料、玫瑰花超微粉、玫瑰糖、玫瑰花馅、玫瑰花茶、玫瑰花露、玫瑰含片等。近年来所开发的花卉资源衍生产品种类越来越丰富多样，经济效益也十分可观。例如北京的化妆品类花卉衍生产品产值于2011 年达到了600 万元，泾阳的茯茶产值2017 年达到了1.08 亿元，全世界野生植物资源与衍生产品的生产开发总值在2012 年为1200 亿美元。因为我国的花卉资源衍生产品发展前景非常好，所以把握好其发展势头对促进花文化产业的发展十分有利。

第九届中国花卉产业论坛专题三——主题报告中写道："近几年我国花卉新品种培育已有了长足的发展，全国有名字的花卉科研创新育种团队有43 个，其中北京在2006 年建立了20 个育种创新团队，有15 个花卉创新基地，涉及百合类、牡丹类、菊花、月季、兰花类、彩色马蹄莲、红掌类、花灌木、露地草花、观赏草共10 类花卉。在近8 年的时间内，北京投入育种经费2800 万元，获得新品种（品系）97 个，获得国家新品种保护权的品种有51 个，获得良种审定的品种有49 个，取得了一定的成绩。浙江省有科研育种团队18 个，涉及包括栾树、苦槠等有很大发展空间的乡土植物在内的近20 类浙江优势花卉。浙江已投入育种经费4500 万元，获得了一批新品种与新品系。我国的一些花卉企业自己建立的育种团队有15 个，主要分布在广东、云南、北京等省市，每年培育的新品种约有80～100 个。对花卉育种工作来说，10 年的时间只能说刚有一点成效，20 年以后，就会不断地有新品种问世，可以肯定地说，30 年或40 年以后，我们国家的新品种在世界上绝对是排在前列的。"因为科研技术能够起到加速花文化产业发展的作用，所以掌握好科研技术也就等于把握住了花文化产业发展的重要机遇。

我国花文化产业发展的优势之一是深厚的文化底蕴。我国有着悠久的历史，花文化丰富多彩，仅仅吟咏花卉的古诗词数量就不少于3万首，有关花卉的著作典籍更是数不胜数。深厚的文化底蕴能为花文化产业挖掘出更多商机，所以对其进行重视是绝对必要的。

我国花文化产业发展的优势之二是广阔的市场潜力。花卉产业在国内外都有极其巨大的潜力，伴随各国人们生活条件的改善，人们的消费观念从保守趋向于开放。经科学分析，以日本、我国香港地区为主的亚洲市场的花卉消费速度增长最快，次之的是花卉消费速度增长稍慢的欧美市场。可以说，花卉消费市场的前景是广阔而美好的。因为广阔的市场潜力也意味着更多的花卉消费空间，所以花文化产业的发展也需要对此进行合理利用。

我国花文化产业发展的优势之三是相对低廉且丰富的劳动力资源。我国地大物博，人口众多，劳动力资源较发达国家更为丰富，如按国际标准来说，我国云南省的花卉产业劳动力平均月工资少于100美元，而意大利及荷兰等国家的花卉产业劳动力平均月工资约为2000美元。如此低廉、丰富的劳动力资源，对传统产业来说是劣势，但对我国花文化产业未来的发展成本而言，是需要加以重视和利用的优势。

花文化产业的发展方向与我国国家战略的大方向相符合，发展潜力巨大。《十二五农业与农村科技发展规划》里写道："开展种子产业化关键技术研究，推进主要农作物、林木、畜禽、水产种业科技产业化。开展种质资源鉴定关键技术研究，保护我国物种资源。"《推进生态文明建设规划纲要》（2013—2020年）里提到，要"加快培育花卉苗木和竹产业，壮大产业集群"。《全国现代农作物种业发展规划》（2012—2020年）里写道："到2015年，初步形成科研分工合理、产学研结合的育种新机制，科研院所和高等院校基本完成与其所办种子企业'事企脱钩'；以西北、西南、海南为重点，初步建成国家级主要粮食作物种子生产基地，主要农作物良种覆盖率稳定在96%以上；培育一批育繁推一体化的种子企业，前50强企业的市场占有率达到40%以上；种子法律法规更加完善，监管手段和条件显著改善，通过考核的种子检验机构年样品检测能力达到40万份，例行监测的种子企业覆盖率达到30%。"《全国农村经济发展十二五规划》及《国家树业发展十二五规划》里也提到花卉苗木是重要的发展内容之一。这些科学战略的制定，为我国花文化产业的发展指明了方向。

我国国情特殊，这导致花文化产业的优势虽然不少，却未得到充分的发挥，无疑使得我国的花文化产业错失了不少发展机遇。但在信息高度发达的今天，如果能针对花文化产业的具体情况进行具体分析，做出有目的地改善，无疑有助于加快我国花文化产业发展的速度。

二、现代花文化产业面临的形势与挑战

随着产业化、科技化、现代化的发展，可以看到目前我国花文化产业发展所面临的巨大机遇与优势前景。现代花卉产业特别是有特色的花文化产业无疑已进入全新的发展阶段。

在这一新的阶段中，我国花卉的生产、消费模式也有了较大的转变。根据花卉的生产模式来划分，这些转变主要表现在：从粗放经营趋于集约经营、从劳动密集型趋于技术密集型、从资源依赖型趋于创新驱动型以及从数量扩张型趋于质量效益型。根据花卉的消费模式，这些转变又表现在：从社会集团消费趋于个人消费、从过度建设趋于节约建设以及从城乡二元结构趋于城乡一体化建设。因为花卉的生产、消费模式发生转变直接关系着我国花文化产业未来发展的具体动向，所以对其进行充分了解有着相当的必要性。

以合理利用土地及劳动力资源能够间接推动花文化产业的加速发展为例，对于现代花卉产业而言，高产、高效是其重要的竞争力之一，我国2017年的人口已达到13亿9008万人之多，这是丰富的劳动力资源，而我国的领土面积已达到1045万平方公里，也具备了丰富的土地资源。立足于土地及劳动力资源优势发展，能够大幅度提升花卉产业自身的生产效率，因而也能够间接促使

与花卉相关的文化产业的产能、产出效率提高，所以这既是花卉产业的现状问题，同时也是花文化产业现在所要面对的形势之一。

通过对现有花卉产业所面临的形势进行分析，可以发现，我国丰富的花卉种质资源使我国花卉产业在国际竞争中占据了十分有利的位置。对于我国的花卉产业而言，种类繁多的花卉种质资源是其重要的竞争力之一。《种质资源是花卉产业发展的源动力》里写道："随着我国植物新品种权保护环境的不断改善，国内大专院校、科研单位、植物园在花卉种质资源调查的基础上，都陆续建立了一大批种质资源库。如中科院植物研究所的牡丹品种资源圃，收集保存牡丹品种613个。南京梅花山收集梅花品种200多个，无锡梅园收集梅花品种280个。南京农业大学'中国菊花种质资源保存中心'收集菊属及其近缘属资源和栽培品种2000余份。国家花卉工程技术研究中心花卉资源圃收集梅花品种200多个、榆叶梅品种40多个、菊花野生近缘种和品种200多份等，并收集野生蔷薇属植物、中国传统月季及切花月季品种资源3000余份，建立了月季育种种质基因库。武汉东湖风景区管理局中国荷花研究中心、武汉市蔬菜研究所国家水生蔬菜资源圃、上海辰山植物园等单位也不遗余力开展荷花种质资源保护工作。花莲命名的品种目前有800多个，仅中国荷花研究中心就保存了600多个品种。云南省农科院、中国农科院、北京植物园、上海植物园以及各地的月季园和月季公司对传统名花月季进行种质资源保护。目前仅北京植物园就收集了古老月季、野生种、栽培品种近1500个。此外，珍稀濒危花卉种质资源的调查与保护工作也越来越受到重视。如广西南宁市金花茶公园从20世纪80年代开始从事金花茶育种及繁殖研究，建立了金花茶基因库，库内已收集金花茶原种及变种33种，栽培树苗2万余株。"① 因为我国丰富的花卉种质资源可以作为花文化产业发展的良好基础，所以在谈到文化产业发展时，必须对此基础形势有着客观的了解和认识。

其次，我国花卉产业现在所面临的优势形势之一，是我国独特的自然环境

① 周伟伟、王新悦：《种质资源是花卉产业发展的源动力》，载《中国花卉园艺》2016年第23期。

及气候条件。我国的地貌类型多种多样，有海岸地貌、构造地貌、河流地貌及黄土地貌等，加之气候类型多种多样，有热带沙漠气候、地中海气候、高原山地气候、温带海洋性气候及温带大陆性气候等。

再加上目前我国花卉产业有着优秀政策的大力扶持，使其发展形势一片大好，优秀的花卉产业政策和优秀的文化产业政策相结合，能够为我国花卉文化产业提供最为优越的发展良机；文化的注入，为传统花卉行业注入了新鲜血液，带来新的市场活力。我国现有对花卉产业进行扶持的政策是通过扶持重点企业来“以强带弱”、通过振兴特色农产品提供花卉产业的投资良机及通过增加农业补贴引导花卉产业的发展等等，而这正是引导传统花卉行业向文化产业转型的最有力的支持和保障。

譬如《林业产业政策要点》里写道：“合理利用野生花卉、林木种质资源，选育具有市场竞争力的新品种，发展基地生产，提高品质和生产力水平。重点发展鲜切花、高档盆花、食品花卉、化工花卉及观赏植物和高标准绿化种苗。”

《全国花卉产业发展规划（2011—2020 年）》里写道：“高举中国特色社会主义伟大旗帜，以邓小平理论、‘三个代表’重要思想和科学发展观为指导，牢固树立‘强管理，提质量，惠民生’理念，以发展现代花卉业为主题，以加快转变花卉产业发展方式、提升花卉产业质量效益为主线，以实现兴花富民为目标，以市场需求为导向，加强政府宏观引导，坚持依靠科技进步，优化产业结构，做强花卉种植业，发展花卉加工业，培育花卉服务业，着力构建全国花卉产业发展六大体系，为全面建成小康社会，推进生态文明，建设美丽中国作出新贡献。”

《“十二五”农业与农村科技发展规划》写道：“开展种子产业化关键技术研究，推进主要农作物、林木、畜禽、水产种业科技产业化。开展种质资源鉴定关键技术研究，保护我国物种资源。”

《林业产业振兴规划（2010—2012 年）》里写道：“按照《中国人民银行、财政部、中国银行业监督管理委员会、中国保险监督管理委员会、国家林业局关于做好集体林权制度改革与林业发展金融服务工作的意见》（银发〔2009〕170号），结合林业产业结构调整与振兴目标和主要任务，全面增强金融对林业发展的服务能力。银行业金融机构要积极开办林权抵押贷款、林农及中小企业小额信用贷款和林农联保贷款等业务；应合理确定林业贷款的期限，最长可为10年；对于符合贷款条件的林权抵押贷款，其利率一般应低于信用贷款利率；对小额信用贷款、农户联保贷款等小额林农贷款业务，借款人实际承担的利率负担原则上不超过中国人民银行规定的同期限贷款基准利率的1.3倍。各银行业金融机构对重点林区、林业重点县及其重点林业企业所在的分支机构要扩大林业信贷管理权限，优化审贷程序，简化审批手续，推广金融'一站式'服务。"

优秀的政策扶持对花卉文化产业发展的意义是极其重大的，为其未来的发展创造了优良的政策环境和政策保障，给予产业从业人员巨大的信心和希望。正是由于拥有这一系列优秀的政策支持，我国花文化产业处于一片前景光明的有利形势。因此，重视政策、紧紧跟随政策指引，对于整个行业体系的建设来说是重中之重。

此外，在分析我国花文化产业所面临的形势时，不难发现雄厚的科技力量和基础对于良好局面的形成也有着至关重要的作用。其主要表现为在我国现有的花卉产业结构中，花卉相关的科研机构众多，尤其是如育种、栽培及新品种开发等方面的科研水平可跻身于世界上游。雄厚的科技力量和基础，不但有助于培育优秀的花卉品种，还有助于花卉产业的人才培养。《全国花卉产业发展规划（2011—2020年）》写道："据不完全统计，全国现有省级以上花卉科研机构100多个，设置观赏园艺和园林专业的高等院校100多所，花卉专业技术人员达到16万人。成立了'全国花卉标准化技术委员会'，建立了'国家花卉工程技术研究中心'，取得了一批科研成果。'花卉新品种选育及商品化栽培关键技术研究示范''名优花卉矮化分子、生理、细胞学调控机制与微型化生产技术'等项目获得国家科技进步二等奖；获得国家植物新品种权保护的观赏植物新品种有259个，其中由我国自主培育的有'中国红'月季、'风华绝代’菊花等。”

再者，我国花文化产业所面临的良好形势也与城镇化进程创造的市场空间息息相关。绿化、美化环境可以重点提高城镇化质量。我国城镇化的建设非常重视园林绿化的作用，通过改善城镇生态环境来实现我国居民的生活质量的提高，一直是城镇化进程的需要。城镇化对于我国花卉产业的最大意义是扩大内需，我国的城镇化率2012年为52.57%，虽然推进的速度极快，但平均到城镇户籍人口上仅为35.29%。因为通过城镇化进程创造的市场有极大潜力可以发掘，所以城镇化建设中，花卉苗木产业获得良性发展，花文化产业所面临的形势一片大好。

此外，党的十八大报告里提出，要确保到2020年实行全面建成小康社会的宏伟目标。全面建成小康社会的核心在于精神文化生活的建设，而通过花文化的传播推进花卉消费结构改革，无疑也是推进人们的精神文明建设，有助于满足人们的精神需求。小康社会建设营造了消费环境，增长了人们对于文化消费的需求，也是我国花文化产业所面临的可喜形势。

还有一点，我国重大基础设施建设对花卉的大量需求，也是花卉苗木产业本身所处的良好行业态势。《全国造林绿化规划纲要（2011—2020年）》里提到全国造林绿化的奋斗目标之一为：“推进绿色通道、河渠湖库周边绿化、农田林网建设与矿区植被恢复，加快公路、铁路沿线、河渠湖库周边绿化和农田林网建设，充分发挥其美化环境、保持水土和防风固沙等功能。加快矿区及周边生态治理和植被恢复，改善矿区生态。到2020年，规划公路、铁路、河渠湖库周边造林绿化154.6万公顷，农田林网建设150万公顷，矿区植被恢复造林100万公顷。‘十二五’期间，规划公路、铁路、河渠湖库周边绿化77.3万公顷，农田林网建设75万公顷，矿区植被恢复造林50万公顷。”在面对这样的需求时，花文化的指导意义显得尤其重要。何种气候、何种土壤、何种生态环境、何种文化环境，适合种植何种植物，如何能通过一两种基建花卉的开发带动当地文化产业，从而形成特色花文化产业链，是花文化与国家基础建设需要目标一致、方向一致的具体现状，也是大有可为的未来发展方向。

以上是总结了我国目前依靠现有花卉产业的优良现状而推断出的、适合大力发展现代花卉文化产业的有利资源条件及形势。发展形势固然大好，我们自身也具备优良的发展条件，但与此同时，也必须要认清困难和问题，要面对所有的制约和挑战。

我国花卉及花文化产业所要面临的最大挑战就是专业人才的缺乏及国内消费市场培育不足。造成专业人才缺乏的主要原因在于，我国花卉装饰美学研究以及花文化研究教育领域停滞的时间太久，几乎长达一个世纪。在这一个世纪的停滞中，日本的花卉装饰学以及花文化教育得到了领先于我国的发展，其花文化产业的知识及人才都得到了一定的积累和储备。而我国起步太晚，专业人才需要师从于日本，相关的教材资料也开发得比较晚。改革开放以来，我国的插花初级工与中级工主要采用的造型仍以西方式为主，这也跟专业人才的缺乏有着重要关系。

此外，造成国内消费市场培育不足的原因与我国科研技术的落后、文化力的拉动作用被忽视、国际市场的开拓被忽视有关。科研技术水平的提高和文化审美的共同提高，才能够增加和拓展花卉产品的商业价值，而在这一方面，我国的科技水平和普遍文化审美水平还有很大的提高空间。文化是能够拉动我国花文化产业发展的最大力量，而我国长久以来对于这方面的重视仍显不足，导致花卉品种、花卉文化、花卉市场、消费市场引导、从业人员培训等等都没有进入正确的发展方向。国际市场的开拓长期被忽视，也导致我国的花卉产品较之他国有着竞争力薄弱的劣势。

哥伦比亚是花卉产业大国，从 1965 年首次出口花卉起，通过开拓国际市场极大地加速了花卉产业的发展。到 1996 年时，哥伦比亚已通过花卉创汇 5. 1 亿美元，至今该国花卉生产的 95% 都能通过国际市场消化。另一花卉产业大国荷兰，至今花卉生产的 75% 都能被国际市场消化。比起西方各国对于国际市场的重视，我国在开拓国际市场上已然落后一大步，又缺乏核心竞争力，使得我国的花卉产业很容易受到来自于国外花卉产业的商业压制。

当前，我国的花卉文化产业本身也面临其他的挑战：一是产业创新与科研积累不足，二是园林绿化苗木低水平重复、结构性矛盾突出，三是商品花卉的育种效率低与良种匮乏。

造成我国花卉产业创新与科研积累不足的主要原因在于与之相关的科研技术没有取得突破性的进展，尤其是难繁种类的关键生产技术障碍重重，譬如高山花卉栽培应用的关键技术存在短缺。产业创新不足，科研积累同样不足，这就使我国的花卉产业得不到有力的技术支撑，符合标准化、品种化、良种化、现代化条件的花卉生产机构为数寥寥。产业创新与科研积累不足非常明显地影响了我国花文化产业发展的脚步，所以克服它是我国花文化产业所要面临的挑战。

造成园林绿化苗木低水平重复、结构性矛盾突出的主要原因在于我国花卉生产结构比例失衡，比如58%的花卉生产面积都是属于园林绿化苗木的范围。中国园艺学会观赏园艺专业委员会主任张启翔说："花卉总量过剩，结构性矛盾突出；同质化严重，低水平重复；40多种树木占苗木面积的60%以上；缺少地方特色品种；苗木质量多数水平不高。花木产业发展至今，只有4~6种树木成为我国长江流域、黄河流域、华南及西南地区数百个城市的骨干树种，城市逐渐丧失植物景观特色。120余种常用的花境材料中，90%以上是从国外引进的。5种常见的草花占据我国一、二年生草花用花总量的近25%，主要草花种类90%来自国外。"这表明我国花卉产业的结构存在严重失衡。

另外，造成商品花卉的育种效率低与良种匮乏的原因主要在于，我国进行系统育种的时间太晚，难以保证繁育好优良的商品花卉品种。不可否认，我国的花卉资源极其丰富，有"世界园林之母"的美称。仅梅花品种就多达300个左右，荷花品种多达160个左右，杜鹃花品种多达600个左右。但是，商品花卉良种缺乏科技更新，还是导致了生产效率低的局面。

《国内外主要商品花卉品种创新进展与趋势》一文中写道："总体来说，我国的花卉育种存在很多问题，如育种基础研究力量薄弱，育种效率低；缺乏长期育种科研的基地运转和经费的支持；缺乏突破性的商品品种；国外对中国的品种保护力度要求加大，贸易壁垒使得我国花卉产业受到更严重的挑战等。

说实话，我国的花卉产业发展时间较短，而花卉育种没有10年的时间，根本培育不出一个好品种，即使是花了30年培育出来的一个品种，也不一定在市场上受欢迎。现在世界上占有领导地位的花卉育种公司，没有一个公司成立时间少于40年，都是家族式公司，都有长期的育种历史。所以育种是一个长期性的工作。”① 可见，育种效率的低下会拉低整个花卉产业发展的速度。

我国国内商品花卉良种匮乏，使得我国对于国外进口的依赖性加强。尤其是球根花卉品种与切花品种这两项，都是依赖于从国外进口。据统计，我国培育花卉的新品种需要花费10年左右时间，而荷兰培育花卉的新品种仅仅只需要花费1年左右的时间。张启翔在《国内外主要商品花卉品种创新进展与趋势》里对这种情况进行了清楚的阐述：“以家族企业和育种公司为代表的欧洲和美国育种能力、育种资源、育种技术不断提高，每年都能推出大量突破性的新品种占领市场。欧洲的几个国家，特别是切花和盆花育种能力比较强的国家如荷兰，每年推出的新品种在900～1100个之间，德国也有700～800个。而在1999—2014年的15年时间内，我国推出的新品种不到2000个，与国外的差距非常大。”我国60%的商品花卉种苗都依赖于从国外进口，而这期间我国所损失的经济利益无疑是一笔巨大的数字。

在我国花卉生产还没有达到扩大规模化的标准时，花文化产业的发展必然遇到阻碍，所以必须认清花卉产业本身的行业困境，采取真正科学合理的、适宜我国花文化产业发展的策略。这些策略主要包括走标准化发展之路、走特色发展之路、走立体发展之路、走协同创新之路、走创新发展之路以及走绿色发展之路。

其一，走标准化发展之路。走标准化发展之路的好处有：能够通过成熟的体系，对我国花卉产业发展起到催速作用。产品的质量评估、物流的四通八达、花卉销售平台的一条龙服务以及花卉生产管理的系统化等等，都是走标准化发展之路所必须达到的基本要素。

① 张启翔：《国内外主要商品花卉品种创新进展与趋势》，载《中国花卉园艺》2014年第23期。

其二，走特色发展之路。南京林业大学农学博士郑勇平在《我国观赏苗木产业现状和趋势》里说："目前我国花木业面临的主要问题就是'卖难、买难'，好产品太少。不论苗木走进城市、乡村，还是花卉产品走进千家万户，都面临'卖难、买难'的问题。企业拼命地生产，就想卖个好价钱，然而往往遇到卖不出去的尴尬；设计方、施工方却常常陷入买不到好产品的苦恼中。要实现让花卉走进千家万户的目标，需要生产出大量满足人们审美需求的产品，但以我们的十大民族花卉为例，真正高品质、漂亮的产品太少。产业目前首要解决的问题就是加快新品种培育。好产品太少主要有以下几个原因：一是发展过快，规模过大，单位面积效益低；二是品种过多，专项较少，产品定位不明确；三是产量上了，株数多了，但产品质量参差不齐；四是设备添了，设施好了，生产技术却不配套；五是企业多了，人员增加了，复合人才反而太缺少；六是市场需求多了，要求也高了，各类商业产品的艺术审美性却没有提高。"① 从中不难发现，只有推出具有特色的花卉产品，建立品牌效应，满足花卉消费者对于有特色、高质量的好产品的需求，才是传统花卉产业发展的未来方向。

其三，走立体发展之路。走立体发展之路的核心在于拓宽产业链，重视行业的宏观引导，引导与发展"多位一体"的产业模式。大力发展"田园一体化"、生态旅游与花卉产业相结合、花文化教育培训与花卉产业相结合等扩充整体产业链条的路径。

其四，走协同创新之路。走协同创新之路的核心在于，通过协调不同方面的资源，整合产业各个环节。以文化带动消费市场、引导消费市场，创造和开拓全新的消费市场，才是提升和解决的办法，才能有助于开拓我国花文化产业的市场空间及弥补其短板。

传统花卉产业走创新之路的核心在于重视具有自主知识产权花卉的培养以及育种。至今为止，我国具有自主知识产权的花卉品种在欧盟、美国、日本得

① 郑勇平：《我国观赏苗木产业现状和趋势》，载《中国花卉园艺》2014年第23期。

到承认的只有5个。走创新之路，可以建立花卉育种创新团队及其他重点研究机构，可以从繁殖技术、花期调控、容器苗生产、花卉设施生产、花卉种质资源研究、采后技术、育种技术以及栽培技术等技术层面着手进行研究。

花文化产业的创新之路，有着非常广阔的市场空间。中国花卉协会花文化专业委员会会长周武忠写道："推动花卉产业与其他产业相融合，依托资源优势，延长产业链条，助推产业转型。特别是与旅游产业、文化创意产业相融合，以花木基地为载体，打造花卉艺术主题公园或主题景区，开发花卉观赏、游憩休闲、文化体验产业，并形成花卉文化创意和花卉旅游商品设计、加工、销售等花文化产业链。"① 因此围绕花文化进行创新，是增加我国花文化产业的竞争力，应对未来国际商业竞争挑战的必选之路。

其五，走绿色发展之路。走绿色发展之路的核心在于以新型、低碳、环保的理念为方向，对花卉产业加以改进。《国内外主要商品花卉品种创新进展与趋势》里写道："注重并着力研发功能性花卉，培育新品种。要选择和开发抗空气污染的树木和花卉。2012年，亚洲开发银行在《迈向环境可持续的未来——中华人民共和国国家环境分析》报告中指出，中国最大的500个城市中，只有不到1%达到了世界卫生组织推荐的空气质量标准，世界上污染最严重的10个城市中，中国有7个。也有报道称，世界上20个最污染城市中，中国有16个。现在北京70%以上的银杏都处于亚健康状态，北京的很多行道树也都处于亚健康状态。"② 这说明我国的花卉产业，只有转型走向可持续的绿色发展方向才是正确的道路。花卉产业逐渐走向文化产业之路，就是一条绿色发展之路，这条尚未完善的绿色发展之路，同时也是一条充满了困难和挑战的道路。

通过对我国花文化产业的综合分析，可以发现所面临的形势与挑战都与我

① 周武忠：《花卉文化喜相逢，滋润寻常百姓家——中国花文化及其产业发展》，载《中国花卉园艺》2014年第23期。

② 张启翔：《国内外主要商品花卉品种创新进展与趋势》，载《中国花卉园艺》2013年第19期。

国独特的国情有关。花卉文化产业已经不再是单独发展的产业，而是要面向国内与国际市场的活力产业。要加快我国花文化产业的发展，就必须从符合国情的实际出发做出有效的举措，在保持过去优势的同时做到求新；要增加其在国内与国际市场上的竞争力，就必须保持良好的形势，不惧挑战、勇于突破，这样才能使我国的花文化产业真正得到可持续的发展。

三、花文化对花产业的促进与推动

随着时代的进步，人们的生活水平、经济条件、文明素质、精神需求有了明显的提高，花文化在人们生活中所扮演的角色，也越来越重要。

形形色色的花卉具有不同的涵义，如梅花有高雅坚强之意，牡丹有圆满富贵之意，兰花有淡泊清高之意，莲花有高洁不染之意，因此在日常生活中，花文化也不断地深入并渗透到了人们衣食住行的方方面面。通过对花文化的解读、传播、教育，不仅能够增加个人文化的修养、有助人力资本的培育，还能够引导消费的需求，进一步促进花卉产业的发展。花文化，可谓是积极推动我国花卉产业发展的重要动力。

我国花卉消费于20世纪80年代兴起，20世纪90年代中期进入发展阶段，2012年至2013年进入黄金时期，2015年至2017年进入调整转型阶段。这说明国内的花卉产业至今为止仍然潜力无穷。而国内乃至国外花卉消费市场的销售额以每年20%~25%的速度递增，20世纪末期时其销售总额已经高达2000亿美元。从中可以看出，不仅是国内的花卉产业处于增长趋势，国外的花卉产业也具备良好前景。通过花文化的发展，真正促进和推动传统花卉产业的发展，是必须，也是必然的。

花文化涉及的内容丰富多彩，不限于宗教、花艺、文学、社交礼仪及民俗等等。花文化传播的表现形式多种多样，花卉装饰与审美教育就是其中非常重要的一项。花卉装饰与审美教育主要是指以园林规划设计、花卉装饰、风景园林、环境艺术以及园林绿化、插花艺术等为方向，对花文化实施传播，其教学范围包括中外花语、用花习俗、礼仪插花、插花的基本知识、切花的应用形式、花材的加工固定、花卉装饰的基本知识、装饰材料的养护、家居环境的装饰设计、室内装饰的形式、园艺装饰、花材的保鲜等等。

花卉文化教育的优势在于既能应用于工作，也能应用于个人的生活，这是它在花文化传播方式中占有重要地位的主要原因。接受了花卉文化教育的从业者无疑为花卉产业注入活力，能够成为花卉产业的新生动力与生力军；在个人生活中，接受了花卉文化教育的爱好者们既能够得到美育与精神享受，还能间接弘扬花卉文化与引导花卉产品消费，成为花卉产业终端的消费力量。可以说，接受花卉教育的学习者，可以根据不同的需要，扮演从业者和消费者两种角色。

花文化促进和推动花卉消费的另一个典型方向是“文旅产业”的项目开发。基于对花卉文化的挖掘，塑造旅游品牌形象。以我国广东省佛山市顺德区陈村镇为例，该镇就因其丰富的花卉资源得到利用，而吸引了无数游客资源。有“千年花乡”之称的陈村镇共有300多家花卉商家汇集于此，花卉品种约有5 000种，花卉种植面积约有万亩，被誉为“中国花卉第一镇”。2017年，陈村镇通过将花市拓展为花卉旅游文化节，使文化与花卉、旅游得到了更好的结合。可以说，陈村镇“率先”成为我国国内规模最大的花卉交易“村镇”，是与花卉、文化、旅游三方面结合息息相关的。

由于花文化的影响，鲜切花的消费结构也产生了一定的变化。随着时代的进步，人们对精神文化的需求日益强烈。过去的鲜切花多以节庆时令消费为主，人们通常在春节、元宵节、清明节、教师节、母亲节、国庆节、圣诞节以及情人节等节假日消费花卉。花文化的传播逐渐改变了这一点，设计元素的大量加入，包装、装饰、商业营销模式的不断创新和升级，使鲜切花变成以日常消费为主的礼品，尤其是观叶植物和高端进口花材为主的花束，非常受市场欢迎，越来越被人们所青睐。

能够推动花产业发展的花文化传播形式具有多种层次。这些层次主要包括花语和花艺进行配合、提高消费者与生产者素质、花卉装饰产品的艺术布局和设计、花卉文化的输出、丰富与优化花卉品种、加大花文化的特色创意，以及大力发展先进种植技术。

对花语和花艺进行配合，能够增添花卉消费的活力，促进消费量增加，通过花语的流行创造消费者新的需求；采用提高消费者与生产者素质的方式，促进我国花卉消费市场的成熟，进一步增加花卉的商业价值，同时有助于打开国际市场；通过输出花文化，能够进一步开拓花卉市场；通过大力开发有创意的特色花文化产业，一定是未来打开花卉市场新局面、拓宽花卉产业链、提高花卉产品文化附加值的最重要手段。

善加利用花文化，有助于传统花卉产业的转型。在花卉产业向文化产业转型的过程中，需要注意以下几点：转型过程中所需要奠定的基础、转型过程中可能遇到的障碍、转型过程中针对障碍所施行的对策以及转型过程中对产业需求的分析。

首先，对于花卉产业而言，转型过程中所需要奠定的基础与花卉的文化内涵是息息相关的。每种花卉都具备不同的涵义，通过对独特种类的花文化进行弘扬，能够为花卉产品增加附加值；同时，花卉自身传统优势需保留，不能不顾自身基础和实际情况，刻意和盲目地求新求变。

其次，转型过程中可能遇到的障碍是我国的花文化传播不足，未得到应有的重视和利用，以至于花卉的附加值无法得到良好的开发，国内与国际的花卉市场未能良好地进行借鉴和连接。

再次，对于花卉产业而言，转型过程中针对障碍所施行的对策是需要多元化调整。比如，针对花文化的传播受限，就需要为其找到突破口；针对花卉品种的良种匮乏，就需要以科学技术为其改良优化。

最后，最需要注意的是，在转型过程中，对花卉产业市场需求、消费需求和精神文化需求的分析能够起到决定性的影响，精神文化需求又是其中最为至关重要的一环。花文化能够影响到消费者以及潜在消费者的思想观念，甚至能够改变消费行为。举例来说，20 世纪 50 年代初世界花卉贸易总额较之 1992

年，有着从30亿美元增加到1 000亿美元的巨大变化，之所以花卉的消费水平产生了突飞猛进的巨大变化，主要原因在于人们的消费需求随着时代变化而变化，由少到多、由低层次到高层次演变。人们的文化需求也由浅变深。

另一个需要注意的方面是，存在于花产业自身的问题与短板。这些短板包括国内花卉消费市场现状的不成熟、专业人才资源的不足、国际竞争实力的不足等。

造成国内花卉消费市场不成熟的原因很多，最主要的原因是我国的花卉产品与国民消费水平没有达到合适的匹配度；国内的花卉消费市场实力不足，因此被欧、美、日等国抢占了花卉产业的领导地位。面对这个行业难题，加大花文化对花卉消费市场的引导和注入，才是解决这一瓶颈短板的真正对策。

其次，我国的花卉产业经历过长达一个世纪的寒冬。同时期，日本等国的花卉产业却趁势而起，相关的人才也得到重视及任用，以至于我国现在的人才培养也需从日本借力。目前我国的花卉产品中，从花卉造型艺术为主的情况较多，因此对专业从业人员的要求也较高。但至今为止，我们的专业从业人员数量以及专业能力还远远跟不上市场的脚步。这一点恰恰也需要从花卉文化教育的角度进行促进和提升。

此外，我国的花卉产业如果一直保持以国际花卉交易市场为主流的现状，就会逐步流失我国对花卉产业的掌控力。其中，我国花卉产业对国际市场占有份额低、竞争力弱也是重大弱点。纵观当今各个花卉产业大国，可以发现国际市场在花卉产业中占据了主导地位。光是以荷兰与哥伦比亚为例，它们的出口花卉就在总体花卉消费量中分别占比75%与95%。要想改变这些对我国花卉产业不利的现状以及我国花卉产业在国际市场中以价格竞争为主的不利现状，就必须开发出具有中国特色的花卉产品，必须发展具有中国特色的花文化产业。其中最重要的落脚点，就是以文化引导市场，以文化带动产业。

四、我国主要花卉产地

（一）云 南

云南作为我国最主要的鲜花产地，花卉生产总面积目前为 1.12 万公顷，其中食用花卉种植面积达到了 0.13 万余公顷，可以说，广阔的土地资源是云南花卉产业保持良好发展的基础。

云南的地理条件对花卉生产十分有利。云南具有多种气候类型，包括亚热带、热带、寒带、温带等。这种立体气候的优势使云南花卉的种类结构丰富，使云南既是“天然花园”，又是“药物宝库”及“香料之乡”。云南当地能够保持长时间的光照及强烈的紫外线，又有“一山分四季，十里不同天”的说法，温差较大，这些优势对于花卉的栽培管理极为有利。

云南花卉产业基地的格局以鲜切花为主，以观赏苗木、加工类花卉等为次，多元化发展经营。云南鲜切花的产销额在国内整体花卉市场中名列前茅。1994 年，云南的鲜切花生产量占据了国内鲜切花市场份额的二分之一，达到了 13 亿枝的巨大数字。我国乃至世界的鲜切花几乎都能在以昆明、玉溪作为核心的滇中一带得到稳定供应。云南的次要花卉如绿化观赏苗木、加工类花卉、地方特色花卉等发展势头也不可小觑，这三种次要花卉的栽培面积分别达到了 0.58 万公顷、2.67 万公顷、0.31 万公顷，特别是地方特色花卉如永生花、山茶花、跳舞草、高山杜鹃等的生产总值更是高达 93.7 亿元，经济效益非常可观。

云南的重要花卉生产企业有云南英茂花卉有限公司、云南隆格兰园艺股份有限公司、昆明杨月季园艺有限责任公司、云南锦苑花卉产业股份有限公司等等。这些公司在继承云南传统花卉产业的优势的同时，也在向现代化花卉生产的道路上前进，这些公司在花卉生产的科学技术专研、设备改良等方面做出了重要的贡献。

在全国的花卉主产区中，云南的两大花卉市场昆明斗南花卉市场与昆明国际花卉拍卖交易中心的地位是不可忽视的。这两大市场的相同之处在于均以多类型的鲜花销售为主，不同之处在于所采用的交易方式一个为传统型，另一个为国际型。昆明斗南花卉市场建设有多个类型的花卉销售专区，采用面对面的花卉买卖模式，属于传统型。与昆明斗南花卉市场的花卉买卖模式不同的是，昆明国际花卉拍卖交易中心讲究智能高效的交易，追求一对多的现代化销售方式，属于国际型。

（二）广　州

广州，是我国排名第二的鲜花生产基地。广州的花卉产品主要以盆景盆栽类花卉为主，其中玫瑰、菊花、剑兰、百合、红掌、兰花、非洲菊及切叶系列等都是深受市场欢迎的精品花卉。广州的大部分盆栽花卉植物都集中在广州岭南花卉市场之内，该市场临近白云机场、广湛铁路、广州花卉研究中心等重要之地，具有交通发达的优势。广州岭南花卉市场的另一优势在于花卉品种丰富、服务功能全面，尤其以优质的综合型服务见长。

（三）上　海

上海，作为我国的重要花卉产业基地，产有非洲菊、康乃馨等优质花卉，主要产品以切花、盆花、组培苗为主。上海的气候具有光照量充分、降雨量多的优势，比较适宜花卉的栽培养护。上海的花卉种植面积高达 3.2 万多亩，其中仅鲜切花的年均销售量就达到了 5 亿枝，每年的花卉出口产值高达 2 000 多万美元，市场潜力不可限量。上海坐拥不少于 500 家的花卉企业，其中花卉种植面积达到 50 亩的就有 300 家之多。

上海精盛花卉市场作为上海的重点花卉市场，在地理、交通上具有独特优势。其经营面积为1.8万平方米，占地广阔；其经营范围包括鲜切花、盆花、观叶植物、绢花、仿真花、水族、工艺品、婚庆服务、花束、批发、零售、资材等，布局多元化，其影响力不局限于国内，是上海最大、前景最被看好的花卉交易市场。

（四）浙　江

浙江的花卉栽培面积位于全国前列，达到了14.52万公顷的可观数字。浙江有“丝绸之府”“鱼米之乡”之称，光照较多及雨量丰沛的优势令浙江始终保有全国重要花卉产地的稳定位置。浙江的花卉种类较为繁多，有“东南植物宝库”之称。

浙江的重点花卉企业包括浙江森禾种业股份有限公司、宁波滕头园林股份有限公司、浙江虹越花卉股份有限公司、浙江新蓝天园林公司、绍兴东方百合组培研发有限公司、杭州市园林工程有限公司、浙江传化生物技术有限公司、嘉善碧云花园公司、杭州天香园林有限公司等。在产业布局上，这些龙头企业为浙江的花卉产销起到了示范带头的领先作用。

《浙江省花卉产业“十三五”发展规划》里写道：“‘十二五’以来，全省花卉产业持续快速发展，到2015年底，全省花卉生产面积233.93万亩，比2011年增长21.5%，占全国总面积的11.5%，位居全国首位；花卉产业总产值达522.54亿元，是2011年的1.84倍，年均增长率达16.4%；花卉企业30 540家、花农17.81万户、人员85.13万人，分别比2011年增长41%、20.9%、29.4%，占全国总量的35.8%、9.5%、16.2%，花卉企业和人数居全国领先。”这是浙江成为我国不可忽视的花卉产地的一个重要依据。

《浙江省花卉产业“十三五”发展规划》又写道：“经过多年来的快速发展，我省逐步形成杭州、宁波、绍兴、湖州、金华、嘉兴等六大花卉主产区，主产区生产面积达210.65万亩、产值448.27亿元，分别占全省总量的90%和

85.8%。各花卉主产区坚持花卉生产和产品交易集聚发展，区域特色鲜明，如萧山的龙柏、黄杨、红叶石楠等灌木，金华的茶花、桂花和地被容器苗，长兴的香樟、银杏、红梅，宁波的红枫、樱花、海棠，北仑的杜鹃、五针松，嵊州的玉兰、红枫、樱花，嘉兴的杭白菊、鲜切花等，规模化、集约化经营水平不断提高，浙江品牌、浙江标准逐渐形成，特色花卉的区域品牌享誉全国。”

（五）江　苏

江苏省以观赏苗木栽培面积广阔而在我国重要花卉产业地的队伍中也占有重要地位。江苏省的花卉栽培面积数目颇为可观，达到了14.16万公顷，其中仅鲜切花的种植面积就不少于2 779.20万亩，而观赏苗木的种植面积更是高达11.70万公顷，与之相应的花卉产值也比较可观。目前，我国对江苏省的花卉生产以实现高效生产，重视精品盆栽花卉、鲜切花的标准化为主要要求。

江苏的花卉产品各有特色，例如如皋盆景是江苏如皋汉族珍贵的民间传统艺术及文化遗产。1986年，随着如皋盆景在国外的展出，世界认识到了它的价值所在。

江苏省的重点花卉企业包括江苏阿里巴巴农业科技有限公司、宿迁市永利园艺工程有限公司、苏州盈年农业发展有限公司、常州家绿林果园艺有限公司、江苏润州超群花卉有限公司、苏州恩威高科农业有限公司等。2012年，22家花卉企业所创造的产值就达到了上亿元，为江苏的花卉生产起到了至关重要的推进作用。

（六）河　南

河南省地域辽阔，林业用地达到7 053.03万亩，花卉栽培面积达到11.80万公顷。2016年，河南省的花卉年产值为170亿元左右，占据全国花卉生产份额的8%，是我国发展势头极快的重要花卉产业地。

近年来，河南省认识到建设生态文明的重要性，逐步推行以花卉生产促进农业产业结构的改革，在这一方面取得了一定的成效。以南阳月季为例，通过对月季品种的不断优化，加大了月季的花卉经济价值，得到不少于60种的月季优良品种，使花卉从业人员高达10万人，月季的销售额每年达到20亿元。

郑州陈砦花卉交易市场是河南省花卉生产的重点地区。郑州陈砦花卉交易市场能够利用交通便利实现南花北运、东花西走的重要工程，在产生经济效益的同时也有助于产生其他多方面的效益，因此有了“长江以北最大的室内花卉交易市场”的称号。

（七）辽　宁

辽宁省的气候具有雨热同季、冬长夏暖、光照不足的特点，因此需要拥有足够的温室面积为花卉提供合理的生长环境。辽宁省的温室面积在8 925.60公顷左右，在全国排名第一。在这种优势下，辽宁省的一些重要花卉企业，如丹东天赐花卉公司、鞍山君子兰专业合作社等，非常重视花卉生产、供应、销售的一条龙服务，实现花卉产销效率的持续增长，成为辽宁省花卉产业稳定的一大助力。

其他值得重视的，还有武汉花卉市场、北京莱太花卉市场、天津曹庄花卉市场、河北省的石家庄西三教花卉市场、陕西省的西安秦美花卉市场等等。每个花卉市场只有在花卉生产的某一方面具备优势，才能够保证为我国花卉产业不断输出活力。比如武汉花卉市场的生产规模是全球首位，北京莱太花卉市场能够做到有效保障花卉品质，在2002年就得到ISO9001国际质量体系的认证，天津曹庄花卉市场是华北一带南花北运流通中转的重要之地，石家庄西三教花卉市场是华北一带“南花北销”最重要的中转站等等。

第八章　对现代花文化产业的反思及发展方向

一、传统花卉产业受到的制约及反思

随着我国科学技术的迅猛发展，花卉行业也随之不断扩展，现今我国花卉市场已面临着前所未有的商机与挑战。

现代花卉产业是一个高投入、高产出、高风险、高回报的新兴产业。而传统花卉行业，一缺品种，二缺技术，三缺人才，诸多“瓶颈”严重制约了我国现代花卉产业的发展，也就等于制约了我国花文化产业的重要发展基础。因此我国传统花卉行业必将随之进行战略性的调整和改革。

我国现有传统花卉产业发展存在的问题分析

虽然现今我国花卉市场的发展十分迅猛，但由于我国花卉行业起步晚、新型花卉品种匮乏、国际贸易往来相对较弱，与发达国家相比仍然存在着很大的差距，其具体表现如下：

1. 拥有自主知识产权的花卉品种不足

我国现今的花卉品种出现单一、落后的情况，大多数本土所生产的品种，种源也源自于国外，尤其是切花和盆花等品种，基本都被国外的种类所垄断。

其主要原因在于：

（1）对我国本土原生自产花卉品种和野生特色品种重视程度不够。我国的生态环境呈多样化，所孕育的野生花卉以及栽培花卉种类繁多，无论是特有的花卉品种还是林业资源都是非常值得开发和挖掘的。我国常见的野生观赏植物有矮牵牛、旱金莲、报春花、凤仙花、玉簪、天竺葵、君子兰、百合、三色堇、美女樱等等，数量已不少于7 930种，其中可直接开发的不下于千种。这些丰富的种质资源能够为花卉品种的创新提供重要的植物基因材料宝库，然而我们原生自产的情况却并不乐观。

（2）缺乏新品种的积累，缺乏知识产权保护意识。譬如，2008年北京奥运颁奖用花为自育品种月季“雅苏娜”（商品名“中国红”，China Red），该花具有花色桃红、高芯、杯状、剑瓣的特征。该品种在德国被称为“黑魔术”，由一名德国人培育所得，根据1991年制定的《UPOV公约》规定，“中国红”属于“实质性派生品种”，品种权应属德国。近年来，我国植物新品种的审批机关共受理植物新品种申请专利权达8918项，花卉在其中占比不足10%，仅为883项。张启翔在《国内外主要商品花卉品种创新进展与趋势》一文指出：“国家林业局授权的新品种主要是木本花卉和园艺绿化树种，如蔷薇属、芍药属、杜鹃花属、木兰属、含笑属、丁香属、山茶属、梅花、桃花、连翘、槭树、女贞、卫矛属、石楠属、刚竹属、枫香属、木犀属、拟单性木兰等。农业部授权的新品种都是草本花卉，集中在菊属、花烛属、非洲菊、百合属、石竹属、兰属等。其中授权的151个新品种并不全是中国的，约有60%的新品种来自国外。以世界第一大切花和庭院花卉月季为例，2013年有两批获得授权，第一批有32个品种获得授权，其中国外20个，国内12个，分别占63%和37%；第二批有26个品种获得授权，其中国外17个，国内9个，分别占65%和35%。这些国外的月季品种主要来自法国玫兰公司、德国罗森坦图月季育种公司、荷兰彼德·西吕厄斯公司、意大利LUX公司等。国外公司品种保护意识越来越浓，目前正在不断增加市场上一些主要切花品种的申请。”① 这里表明，我国的花卉新品种急需受到保护。

（3）育种技术处于落后阶段。我国普遍通过传统杂交技术育种与“芽变”来进行花卉的育种工作，得到新的花卉品种。这些花卉品种虽然存在着差异，但不具备突出的特色，导致品种多样的进口花卉对本国的花卉品种形成了压制。我国的绿化苗木所用的花卉品种在一定程度上有所雷同，也缺乏本土特色。

（4）我国花卉行业的品种在种类和创新方法上差距极大。在国外，很多花卉育种企业多是以家族式企业经营的，例如，全世界规模最大的月季育种公司——KRODES-ROSEN，1887 年成立于德国；欧洲最大的高山杜鹃育种公司——HEINJE 也是德国所建，于 1798 年成立，以上两家企业均有上百年甚至几百年的历史。相比较之下，我国花卉行业仍处于初级起步阶段，花卉育种和生产企业还不够成熟，很多著名的花卉也只能靠进口引进，导致价格也高涨。加上园林苗木生产技术不够领先，未达到专业化及规模化的标准，使得很多优良花卉无法应用到生态文明建设之中，反而出现过度挖掘野生资源的严重情况，没有保护国土资源的意识。近些年来，西南的马缨花、杜鹃树被砍伐接近灭绝，而湖北山区的紫薇古树绝大多数也被挖空。这说明我们现在文化与科技的创新不足，原产技术不足，而破坏和过度开发却非常严重。

（5）在我国现今的花卉市场，仍需要靠进口贸易来获得更多的资源。张启翔指出：“以月季、菊花、百合、非洲菊、康乃馨、大丽花、常绿杜鹃、映山红 8 种切花与盆花为例，2013 年 8 月 UPOV 数据显示，这 8 种花卉授权新品种共计 35 725 个，其中月季 20 311 个，菊花 6 481 个，百合 3 708 个，非洲菊 1 945 个，康乃馨 1 622 个，大丽花 707 个，常绿杜鹃 729 个，映山红 222 个。而我国 10 年时间中切花和盆花只有 500 多个新品种。花卉育种业发达的英国、法国、荷兰、德国、丹麦、美国有 23 531 个现代月季品种申请保护，其中英

① 张启翔：《国内外主要商品花卉品种创新进展与趋势》，载《中国花卉园艺》2014 年第 23 期。

国5 387个，法国5 078，荷兰4 771，德国442，丹麦3 997，美国3 856。这些品种中，能满足市场需求的突破性品种有很多。虽然我国已获得授权的月季新品种有五六十个，但真正有突破性、能满足市场需求的品种极少。在新品种培育方面，我国与国外的差距之大可见一斑。"① 能够看出，国外公司不仅重视对花卉的知识产权保护，还对主要商品花卉品种培育的重要性有着较高的认知。国内植物新品种的知识产权保护不足，自主研发力度不够，这些都对花卉产业形成制约，进而对我国的花文化产业造成阻碍。

（6）花卉"良种"的品牌未能有效形成，竞争力不高。我国具有地域特色的花卉品牌数量不少，有鄢陵的腊梅、南阳的月季、潢川的桂花、开封的菊花、漳州的水仙、洛阳的牡丹等等。令人不乐观的是，一到节日，人们所普遍采用的花卉仍然是同质化非常严重的三色堇、百日草等花卉。由于市场干扰、认知失误、文化缺失及品牌盗用等因素的存在，导致地方的特色花卉品牌未能发挥出其有效价值。

表2　2002—2011年期间我国主要鲜切花植物新品种权申请与授权情况

	月季	其中国外	比例/%	百合	其中国外	比例/%	菊花	其中国外	比例/%	石竹	其中国外	比例/%	非洲菊	其中国外	比例/%	唐菖蒲	其中国外	比例1%
申请	254	145	57. 09	69	39	56. 52	171	75	43. 86	65	25	38. 46	101	14	13. 86	3	1	33. 33
授权	109	60	55. 05	6	4	66. 67	38	20	52. 63	12	3	25	11	8	72. 73	0	0	0

注：本数据为农业部植物新品种保护办公室官网（http：//www. cnpvp. cn/）和国家林业局植物新品种保护办公室官网（http：//www. cnpvp. net/）数据统计。

根据上述统计的数据可以发现，我国花卉自主品牌的发展，极其匮乏，而且对于品牌的维权认定知之甚少，因此导致各方面发展受阻滞。另外，加上缺乏自主知识产权的品种认知，使得我国花卉产业依然处于世界产业链的下游，我们仅仅充当着支配资源的花工，没有在全球的花卉产业链中分配到合理的利

① 张启翔：《国内外主要商品花卉品种创新进展与趋势》，载《中国花卉园艺》2014年第23期。

益，反被无情地压榨着。

基于花卉产业本身所面临的问题，文化产业要想在其基础上进行稳定的发展，必须要考虑如何用发展“文化”优势来突破其老问题、老“瓶颈”，同时也要考虑，如何避免这些固有问题对整个产业链带来的发展制约。尤其在知识产权的问题上，如果不能从法律层面、专业知识学习层面、自主创新层面彻底解决花卉产业的现有问题，文化产业链在其中便难以建立稳定的根基。同样以上文“中国红”月季为例，经过奥运会的宣传和普及，“中国红”在文化意义上已经获得了巨大的商业成功并且备受瞩目，但结果因为没有自主种权的问题，导致名为“中国红”的月季，种权却属于他国。

由此可见，我国传统花卉行业的发展还存在很多限制因素。在现今科技迅速发展的境况下，我国作为自然资源大国，在花卉品种的开发上占有一定优势，但在不断更新技术的同时，更需要以创新的方式来发展新型的花卉行业，让自身资源得到充分的利用，力使花卉行业成为我国主要经济收入来源。

2. 专业化程度低

就现今的花卉产业发展，仍无法满足现代花卉产业发展的基本需求。现代花卉产业的基本要求是要做到专业化、标准化、规范化，然而我们的现状是：

（1）花卉生产器材设施落后，只能依靠进口来进行加工，导致我国花卉产业专业化程度不高，使得很多时候种植花卉只能依靠日光温室，或者利用大、中、小棚为主体进行培育花苗，而现代的技术光照比例却不到10%，很多时候很难保障花卉的品质和生产，这样的技术与国外的工业生产技术相差甚远。

（2）缺乏专业技术人才，集约化经营程度低。人才对于一个企业的生产力来讲是重中之重的决定因素，无论是生产或者是管理，对于花卉行业来说，都起着至关重要的作用。从目前来看，我国花卉专业从业人员数量非常缺乏，即使将营销与管理人员包括在内，所占份额也少于4.2%，供不应求；从花卉的生产经营实体情况来看，大中型企业的专业技术人才比例少于20%，多数仍是花农，对于现代化技术的认知仍处于懵懂的状态，生产经营方式原始粗放，小而散，产量低，难以产生规模化效益，勉强能进行低端竞争。

从上述内容来看，我国对于从业人员专业素质的培养教育，有很大的需要，因此从整个健全的花文化产业链的角度来说，为培养专业从业人员而进行的“花卉文化教育”及专业教育成为未来的一种重要方向。

(3) 花卉的消费市场仍未成熟，体系紊乱。就目前的花卉市场，针对体制方面，其主要表现有：花卉市场的经营秩序杂乱无章需维护管理，花卉产品的价格起落幅度大，信息难以有效流通，品牌的知名度没有得到正确地开发利用，经销商没有自己的主见盲目跟风等。我国的人口数量是一个非常庞大的数字，而每年切花的平均销售量为 20 亿枝，分摊到每人身上就是不到 2 枝的销售量。发达国家每年花卉的平均销售量与之相比有着惊人的差距，如美国的年均销售量分摊到每人身上是 40 枝，法国是 100 枝，以色列及日本甚至达到 300 枝的高水平。由此可见，被称为世界最大花卉生产基地的我国所蕴藏的商机还有巨大的开发空间，消费市场也仍有巨大空间可以开拓。如能加大花文化的认知度，则有助于刺激消费需求，开发花文化产业及花卉产业的潜在市场。

另外，花损也是制约我国花卉产业稳定发展，导致花文化产业难以攀升的重要因素。花损是指花卉产品在采收、运输、保鲜等一系列物流环节中造成的损耗。在不成熟的流通过程中，花卉产品的品质、价值非常容易降低，这就加重了花卉产品的销售成本。

3. 花卉生产技术不先进，没有自主可控的现代化生产关键技术体系

迄今为止，我国花卉的生产技术绝大多数依赖于从国外进口，虽有所消化及创新但仍以模仿为主，几乎不具备自主可控性。现代化生产关键技术体系中的多个部分如容器苗生产以及盆花设施栽培等原创性不足，形成对花卉产业及花文化产业的制约。

4. 科技支撑不够

面对激烈的市场竞争，科技是推动花卉产业大力发展的首要生产力。就我国而言，首先缺少品种的创新，随之便是技术陈旧，再者便是人才匮乏，这是严重制约我国现代花卉产业发展的因素，总而言之，科技支撑不够、资金短缺、技术匮乏，是我国传统花卉行业面临的最大困境。具体体现在：

（1）科技开发经费投入不足。“十五”后期，我国注重农业的发展使我国花卉行业的研发随之发展进步。“十二五”期间，科技的投入力度加大，花卉被正式纳入生物种业科技规划的范围之内，我国在花卉领域进行科研开发的经费随之增加，也有更多的专业人士去研究其技术培育等方法，但是经费依旧有限。一些外企公司，如：先锋、先正达等在育种研发方面投入的经费几乎每年都高达数亿美元，在农业科技方面研发投入的强度可与中国比肩，对中国的种业市场造成了冲击。

（2）标志性成果明显不足。造成我国花卉行业标志性成果不足的原因在于科研力量不够集中，难以有效转化成果，关于植物资源系统的研究较为落后，没有取得有代表性的优良商品品种。

（3）科技体制过于追求短、频、快。我国的花卉行业要想实现可持续发展，就必须具备优良的花卉品种，做好品种创新工作。科技力量是品种创新的最大保障，然而研究开发阶段所需的时间长短不一，导致我国的科技体制一开始将力量集中在难以保证长久发展的短效项目中，使花卉行业的后续力量总是不足。

（4）技术创新较为缺乏，基础性科研工作较为薄弱。张启翔在《国内外主要商品花卉品种创新进展与趋势》里写道：“经过多年努力，我们完成了世界上第一个梅花全基因组测序及精细图谱构建，已清楚地知道为什么梅花有花香，而其他李属花卉没有；为什么梅花很早就能开花，而其他花卉不行，其原因都是由一些重要的基因在控制。这些工作为后面的育种打下了基础，能将育种效率至少提高三分之一，甚至二分之一。所以分子育种是将来育种的一个重要的途径。”这表明构建梅花全基因组精细图谱的重要意义，但是其他重要花卉的研究依旧是一片空白。

反思上述我国现有传统花卉产业所遇到的障碍、问题和瓶颈，最有效的解决方案，无非是从政策、科技、文化几个大方向上寻找对策，深度地进行改革与创新。譬如从创新角度来说，重视新花卉作物的开发，就非常重要。通过对新花卉作物的开发，能够取得极高的经济效益，如南非的帝王花被开发后单株售价高达300元。在这个问题上，如何引入花文化的作用就显得至关重要。如何以文化引导市场，以文化培养市场，从文化中寻求创意、创新，寻求传承和挖掘，都是未来解决花卉产业问题的重要方向。

以“新花卉作物”这一概念为例，新花卉的特点为原产于中国，观赏价值极大但还未被转化应用于商品生产和园林绿化建设。张启翔教授说：“像报春花，我国品种资源丰富，有300多个品种，但很少用于城市绿化，这些品种需要进行改良。”① 我国的新花卉虽然有部分已经在高端文化的引导下，在茶道、花道等文化领域中受到高端消费市场热捧，但仍未被成功转化到商品生产和园林绿化建设中。未来面对这样的问题，不仅需要从源头进行研究、开发，展开相关专业教育、培训，还要将我国的花卉资源优势充分发挥出来转变成商业优势，这才是产业化的最大效益，也就是现代花文化产业能够对传统花卉产业注入新鲜血液与活力的意义所在。

因此见到效益的事例非常广泛，譬如云南省的花卉企业之一非常重视并加大马缨花杜鹃产业化的开发力度，取得的经济效益是显著的，两年生的每株马缨花杜鹃苗木售价高达50元。张启翔教授还在文中提及，科技部在“十二五”规划中再次加大对花卉产业的投入力度，在原有的9大类植物种类中国特色花卉育种研究的基础上增添了我国重要生态景观植物新品种培育的项目，所投入的经费高达5 000万元。这对我国花卉产业的发展无疑是非常有利的。

张启翔教授说：“近几年北京引种了50多种常绿阔叶树，但实践证明，还无一种能安全越冬。这是因为北京的地带性特征要求所用的植物群落应该是落叶阔叶和针叶混交林，引种一定要符合这种特征。”② 这一事例充分说明了，在花卉行业，重视科技文化的创新，表现在科学技术上，是研究手段、育种手段等技术的创新，表现在文化上就应当是从挖掘“花文化”中创新，只有在尊重自然和传统文化的基础上进行创新才是真正未来创新的发展之路。

而“像松、柏等绿化树象征着坚忍不拔的精神，但被曲解为墓地用品种，

---

① 张启翔：《花木产业发展需注重科技文化创新》，载《中国花卉报》。
② 张启翔：《花木产业发展需注重科技文化创新》，载《中国花卉报》。

如今很多设计师在进行住宅区、庭院等绿化设计时，基本上不敢再应用这些植物。菊花是传统名花中‘四君子’之一，被多个城市评为‘市花’，但应用却受到限制，主要是因为国外普遍将其作为丧葬用花”。这一现象说明我国的花卉文化正受到国外花文化的冲击，要想令其不对我国的花文化产业形成制约，就需要加大国人对于中国传统花文化的正确认知度，令中国特色的花文化观念深入人心。

二、我国花卉产业所面临的形势分析

1. 产业处于迅猛发展阶段，却缺乏足够的原创性

目前，全球的花卉产业发展势头极快，平均每年增长 25%。我国的花卉产业发展势头虽然也不慢，但较世界相比却远远落后。我国拥有相当于全球 1/3 的花卉种植面积，但所得的花卉经济价值却远远无法与发达国家相比。我国的花卉产业虽然处于迅猛发展阶段却处处被动。

中国花卉协会会长江泽慧在《创新花卉品种，建设美丽中国》报告中指出：“我国的花卉品种创新还处于起步阶段，与发展现代花卉业、建设美丽中国的需求还存在较大差距。一是品种创新不足，自主知识产权的花卉新品种少；二是技术研发能力不强，国际贸易主导产品的核心技术创新较少；三是品种和技术推广相对滞后。目前，我国花卉 80% 以上的产品，都来源于花农经验型生产，技术服务还处于空白状态。”①

《发展我国创新型花卉种业的思考》里写道：“进口花卉产品的诱惑力和竞争优势的根本在于花卉品种的先进性，而花卉出口发展缓慢的症结也正是由于缺乏自主知识产权的优良品种。主要靠品种引进和技术模仿发展起来的中国现代花卉产业，品种引进在花卉产业发展的初级阶段起到重要的推动作用，然

① 江泽慧：《创新花卉品种，建设美丽中国》，载《中国花卉园艺》2013 年第 19 期。

而，引种带来的负面效应也逐步显现出来。一是引不来最先进的品种和技术。尽管我国引种力度很大，但目前国内花卉市场上的切花植物仅有40多种，而荷兰花卉市场上的切花植物有300多种，并且上市品种总是比国内的新颖或优越。在F1代草花种子、草坪草种子、花卉种球种苗等方面，既没有引来知识产权，也没有引来关键技术；国外育种机构对关键性花卉均有超前性的新品种与技术储备，根本不可能引到，甚至不可能了解到。从国外引种不仅得不到最流行的品种，还要受到诸多限制，如在百合的引种中，我国目前的种球供应国荷兰从2004年开始，已禁止将6~9cm的东方百合籽球和3~6cm的亚洲百合及麝香百合籽球输入中国用于种球生产，并且不允许中国获得几个目前国际市场流行的百合品种使用权及繁育专利。二是引种导致‘水土不服’。同时，从国外引进的品种较适合于花卉发达国家的高档设施条件下的无土栽培，不能完全适应我国的气候、土壤等生态条件和相对简易的设施条件，在生产中往往表现为易感病、冬季产量低、退化严重等现象。三是引种带来病虫害蔓延。不合理的花卉引种往往会带来病虫害的蔓延。例如，我国进口种球普遍带毒，从荷兰引进的唐菖蒲种球种植后发病率高达70%以上。四是引种产生的高额专利费。目前，我国花卉产业依然处于世界产业链的低端。”①

由此可见，过于依赖国外技术，导致我国的花卉产业存在种种弊病并受制于人，处于世界花卉产业的下游。要想突破制约，就必须先克服自身在科技、文化、教育方面的困难和障碍，且重点击破原创能力差这一短板。

2. 研发工作有所进展却无显著成果

《全国花卉产业发展规划（2011—2020年）》里写道：“据不完全统计，全国现有省级以上花卉科研机构100多个，设置观赏园艺和园林专业的高等院校100多所，花卉专业技术人员达到16万人。成立了‘全国花卉标准化技术委员会’，建立了‘国家花卉工程技术研究中心’，取得了一批科研成果。‘花

---

① 程堂仁、王佳、张启翔：《发展我国创新型花卉种业的思考》，载《北方园艺》2013年第10期。

卉新品种选育及商品化栽培关键技术研究示范'‘名优花卉矮化分子、生理、细胞学调控机制与微型化生产技术'等项目获得国家科技进步二等奖；获得国家植物新品种权保护的观赏植物新品种有259个，其中由我国自主培育的有‘中国红'月季、‘风华绝代'菊花等。”这里对我国花卉的研发工作取得的进展作了一个简要的总结，说明该研发工作有着阶段性的成效。

但与此同时，《全国花卉产业发展规划（2011—2020年）》也指出：“我国主要商品花卉品种、栽培技术和资材等基本依赖进口，花卉种质资源保护不力，开发利用不足，科研、教学与生产脱节现象仍然存在，科技创新能力不强，科技成果转化率较低，具有自主知识产权的花卉新品种和新技术较少。”这里表明，我国花卉研发工作的显著成果相对较少，要想改变这一情况，就需要：“建立以产业需求为导向、产学研相结合为基础的花卉技术研发体系；充分利用现有农林技术推广机构，逐步建立起以各级农林研发推广机构为主导，农村花卉合作经济组织为基础，花卉科研、教学等单位和花卉企业广泛参与、分工协作、服务到位、充满活力的多元化花卉技术推广体系。”只有如此，才能从根源上扭转我国花卉产业向现代花产业转型升级过程中所表现出的短板态势。

3. 布局粗具规模但结构失衡

我国的花卉产业布局的雏形已经初步形成，但是在这一过程中，许多方面存在结构性问题。

如张启翔教授在《国内外主要商品花卉品种创新进展与趋势》指出：“总体来说，我国的花卉育种存在很多问题，如育种基础研究力量薄弱，育种效率低；缺乏长期育种科研的基地运转和经费的支持；缺乏突破性的商品品种；国外对中国的品种保护力度要求加大，贸易壁垒使得我国花卉产业受到更严重的挑战等。”① 而郑勇平教授在《我国观赏苗木产业现状和趋势》写道：“目前，

① 张启翔：《国内外主要商品花卉品种创新进展与趋势》，载《中国花卉园艺》2014年第23期。

我国花木业平均单位面积效益为每亩6 000元，是农业产业领域中效益最高的产业。然而，这个数字仅限于生产质量一般甚至较差的花卉苗木产品，生产质量高的产品效益远远不止这些。就花木产业而言，我们的单位面积效益较低。在绿化水平上，我国大部分地区尤其是中西部地区与日本、美国、欧洲国家差距较大，所以目前产业面临的主要问题不是面积大，而是质量差。在品种上，虽然数量比以前增加了许多，但与国外仍然相距甚远。在美国、欧洲的主流市场，每天可以买到的品种、产品约2.5万个，而在国内，经过生产领域的品种不超过4 000个，不到国外的五分之一。此外，产品定位不明确的问题比较突出，比如农户盲目种植小苗，是种成球形、圆柱形还是自然形，没有生产计划。再如目前樱花苗木都是1米定干，但这样的产品非常不适合做行道树。类似这样的问题有很多。产品质量差、产品定位不明确将直接影响销售和产业的良性循环。有的省份苗木面积已发展到几百万亩，但有三分之二的苗木没有销售掉，这是非常劳民伤财的事情。”可以发现，在我国的花卉产业链布局里，从科研到育种，再到选种，都是需要改进的结构性问题。①

《我国观赏苗木产业现状和趋势》还写道：“我们要尽快满足建设美丽中国的要求，有几个发展思路。一方面，不反对拿来主义。国外有许多成熟的优秀品种，如果适应我国的环境，大可以发展应用，先把我们的城市和乡村打扮漂亮。另一方面，任何一个国家和地区都要有自身的特色，加快原有品种的育种速度是重中之重。在我国，经过几百年甚至上千年的发展，已经适应当地环境的原始树种有很多。我们可以将这些原有资源先利用，再提高。最终，不论是引进的品种还是自主培育的品种，都要扩大产能，为园林绿化服务。比如森禾选育出的红叶枫香，就是从原始枫香树种中按颜色、分枝、粗细等方面选育出来的，如果生产出100万株，城市绿化将增添一道亮丽的风景。在品种创新上，产学研要有所分工，齐头并进，这样才能促进花卉苗木行业的快速发展。”在整个行业的产业布局上，要全方位地进行思考，要巧妙利用现有资

① 郑勇平：《我国观赏苗木产业现状和趋势》，载《中国花卉园艺》2014年第23期。

源，善于发挥自身优势，更要学习、研发、生产，有所分工，有所侧重，共同进步，共同发展，才能从整体的产业链的角度，完善结构，找到平衡。

4. 比较优势显著，产业化程度却相对低下

我国的花卉产业有着人力成本低、自然环境独特、文化底蕴深厚、资源丰富的优势，与世界花卉产业相比具备显著的比较优势。然而在这种形势下，相对低下的产业化程度却成了制约花卉产业发展的重要障碍。

《发展我国创新型花卉种业的思考》写道：“国内缺少种子生产企业，国外种业公司乘虚而入，一方面我国缺乏专门专业的花卉育种、制种企业；另一方面花卉发达国家的育种商乘机进军中国，利用当地良好的气候资源及劳动力资源优势，大力发展种业基地，日本、美国、意大利、丹麦、荷兰等国的种子商相继在我国的云南、青海、内蒙古、北京、甘肃、四川等 10 多个省、市、自治区建立种子生产基地，进行万寿菊、三色堇、矮牵牛、福禄考等草花种子的生产和制种工作，生产的部分产品又高额返销我国，对我国的花卉种业市场和企业形成更大的冲击。在对外制种中，我国仅承担着劳动力密集的生产任务，不能从根本上把握杂种一代种子生产的关键性技术和种质资源。”① 育种方面的产业化程度低仅仅只是一个例子，在整个传统花卉行业的产业链条中，这样的劣势不胜枚举。可见要捍卫花产业的阵地，就必须打破花卉产业受制于人的局面，化被动为主动，掌握自主可控的重要力量。

5. 格局呈多元化经营，诸多环节存在问题

我国的花卉产业格局呈多元化经营，囊括了与花卉有关的旅游、冷链、园林规划等多个方面。

《全国花卉产业发展规划（2011—2020 年）》曾对我国花卉产业多元化经营存在的问题加以说明：“花卉行业管理体制和机制不健全，国家和地方政府部门大多没有专门的花卉行业管理机构；花卉行业组织不健全，无专职人员、

---

① 程堂仁、王佳、张启翔：《发展我国创新型花卉种业的思考》，载《北方园艺》2013 年第 10 期。

无经费保障、无办公场所现象突出，难以发挥应有作用；专业合作组织发展滞后，凝聚力与影响力不够。”“花卉统计渠道不畅，统计系统不健全，统计数据不准确，发布不及时；质量监督和检验检疫检测机构缺乏；花卉标准体系不完善、宣传贯彻执行不到位；花卉认证工作尚未起步；全国性花卉信息服务网络体系缺乏，生产供应与市场需求信息不对称。”这里对专业人才及信息不到位造成的问题进行了特别强调“花卉市场布局不合理、管理不规范和服务不到位等问题依然突出；花卉物流装备技术落后，标准化、信息化程度低，花卉物流企业发展滞后，税费负担过重。”这些都是对我国花卉产业目前所面临的各环节问题进行了一针见血的归纳和总结。

6. 苗木缺乏创新

郑勇平教授在《我国观赏苗木产业现状和趋势》写道：“目前，我国花木业平均单位面积效益为每亩 6 000 元，是农业产业领域中效益最高的产业。然而，这个数字仅限于生产质量一般甚至较差的花卉苗木产品，生产质量高的产品效益远远不止这些。就花木产业而言，我们的单位面积效益较低。在绿化水平上，我国大部分地区尤其是中西部地区与日本、美国、欧洲国家差距较大，所以目前产业面临的主要问题不是面积不够大，而是质量差。”① 这说明我国的观赏苗木生产质量较低，单位面积效益较低，绿化水平与国际水平相比也较低。对这一问题，郑勇平教授分析道：“从长远发展来看，不论是生态文明建设、美丽中国建设、新型城镇化建设还是公民生活质量需求、城乡环境改善、国土绿化保护等都需要大量花卉苗木产品。目前我们要控制苗木规格，反对从森林、自然景观中把大树移植出来，干径 12 厘米、15 厘米的苗木就完全可以应用到工程中，这样可以降低绿化成本。”改善苗木产业需要运用创新思维开发创新产品，不能一味遵循已有的格局，而是更应该尊重保护不可再生资源，走绿化、环保、可持续发展的道路。

“此外，随着消费水平的提升，市场对花木产品质量的要求也在不断增

---

① 郑勇平：《我国观赏苗木产业现状和趋势》，载《中国花卉园艺》2014 年第 23 期。

加，不论观赏苗木、盆栽花卉还是鲜切花行业，都需要明确分工，不能跟风种植。比如月季有2万多个品种，你生产白色的，我生产红色的，可以做的品种有很多。行业需要正确的引导。在一些苗木主产区，往往80%的产品都集中在某几个品种，如香樟、桂花等，仅一个品种就占15%的份额。虽然是好树种，但不能大家都来种。”郑勇平教授对景观同质化问题作出具体说明，指出跟风种植、品种重复是其根源所在，采用创新品种以及明确分工、产业细分，是非常必要的。

张启翔教授在《转型期中国花卉业形势及面临的挑战》里说：“随着我国社会经济的发展进入新常态，花卉生产和消费模式发生了重大的转变，主要有以下几个明显特点：花卉产业由粗放经营向集约经营转变，由‘多、散、小’向‘规模化、专业化、集团化’转变，由劳动密集型向技术密集型转变，由资源依赖型向创新驱动型转变，由数量扩张型向质量效益型转变。在花卉消费方式上则表现为由社会集团消费向个人消费转变；个性化消费发展快速，大众消费能力提高；豪华建设、过度设计已经成为过去时，节约型园林建设成为主流；城乡二元结构向城乡一体化建设转变，环境生态受到极大重视，迫切需求大量的乡土植物、区域性植物、强适应性和抗旱节水植物。同时，花卉种类呈现多样性、高品质、特色化，标准化、基质化、现代化，生产技术水平需要进一步提高。良种化的品种、品种化的良种应用成为转型期发展的主要方向。在园林绿化苗木培育方面，容器大苗、全冠型大苗、标准化大苗、基质栽培大苗的需求量持续增长。在线拍卖、网店等基于互联网、物联网技术的新型销售经营模式正在兴起。”① 随着现代社会的进步，传统的花卉经营模式已经不再适用，建立创新型的花卉产业体系势在必行。《全国花卉产业发展规划（2011—2020年）》指出：“根据经济社会发展需求，按照前五年（2011—2015）、后五年（2016—2020）两步走的战略目标，着力构建花卉品种创新体系，健全花卉技术研发推广体系，提升花卉生产经营体系，完善花卉市场和流通体系，

① 张启翔：《转型期中国花卉业形势及面临的挑战》，载《中国园林》2015年第10期。

创新花卉社会化服务体系，繁荣花文化体系。”由此可见，健全花文化体系，打造创新型格局是大势所趋。

综上所述，要健全并完善整个花卉产业体系需要面对非常多的现实问题，譬如花卉产品的专利往往不能得到有效的保障，专业人员的素质落后，花卉生产体系混乱等问题。因此，对于加强花卉产业的发展需要加强政策性的应对，具体如下：

1. 实现对花卉资源的有效保护

我国的花卉资源极其丰富，然而花卉资源的保护却没有得到重视。以兰科植物为例，我国拥有170余属1 200余种，然而在20世纪90年代初期这一阶段，江浙地区的野生兰花资源被大量损耗，令人惋惜。究其原因，主要在于没有相应的法律法规实现对花卉资源的有效保护，导致本是我国的原产花卉品种被流入国外，大量利益被掠夺。《中国花卉产业分析》指出：“相比之下，我国对于资源的合理利用就逊色了许多。开发量少不仅影响了城市景观，更或多或少地挫败了科研工作者培育新品种的信心。许多珍贵的花卉种质资源很容易就被外人通过各种方式‘盗走’，成为他人的育种材料，育出的新品种再返销回来。玫瑰花就是一个很好的例子。玫瑰花由欧洲植物学家在18世纪育种成功。而培育这些品种所用的15个原种中，有10个原产于中国。由于现代月季对环境的适应性更好，如今我国产销所需的玫瑰切花、种苗等均须进口，使‘玫瑰之乡’的美名拱手让人，令人遗憾。”① 花卉资源若得不到有效保护，对我国造成的损失是巨大的。文中还给出了解决这些现状的具体办法，譬如指出：“制定相关法律法规，遏制滥采乱挖现象，加强植物种质资源的调查、保护，落实中国特有名贵花卉的品种改良工作。对濒危物种实行就地保护、适地保存、人工繁殖的保护措施，利用引种驯化、组织培养杂交，培育出繁殖率高、抗逆性较强的新优花卉品种。”面对这些形势现状，从政策角度进行有效应对，才是真正的解决办法，制定对花卉资源的保护政策是当务之急。

---

① 毛敏江：《中国花卉产业分析》，载《中国中小企业》2009年第3期。

2. 摆脱花卉产业的发展盲目化

目前，我国的花卉产业存在盲目发展的问题，尤其是销售花卉产品的商家容易盲目跟风，导致消费者需求下降，对花卉的消费积极性不高。其原因主要在于，花卉的信息流通不畅，使从业者不能有正确认知。因此，传播花文化知识，普及花文化教育是非常重要的工作，不仅能够使花卉产业稳定发展，更能实现花文化产业的可持续发展。

3. 摆脱花卉产业的科研低转化率

《中国花卉产业分析》一文中还写道："现阶段我国花卉研究转化率低。新品种、新技术是花卉产业发展的基础，新的科研成果能否迅速转化为生产力直接影响着花卉产业的发展。一些新产品、新技术的开发和研究多集中于高等院校和科研院所，与实际生产应用还有一定的距离。缺乏对新产品开发的投入，长此以往中国花卉产业就会没有自己的产品，没有自己的特色，成为无根产业，更谈不上今后的繁荣发展，也不符合国家提倡的可持续发展战略。"① 可见，就花卉产业的发展来看，如何实现科研成果的高转化率是非常值得重视的。

4. 摆脱花卉产业的发展失衡化

《中国花卉产业分析》一书中还指出："各地找到自己在花卉产业中的产品定位固然重要，但再次审视这些产销情况排名前列的省市，我们发现南方城市明显多于北方，东部发展明显好于西部，特色花卉产区数目屈指可数并且长年没有增加。国内花卉产业发展主要受气候资源、地理位置以及能源与劳动力成本的影响，在激烈竞争中，有的地区花卉业已经成为支柱产业，但有的地区发展较慢，出现了地域之间发展极不平衡的现象。但每个地区都有适宜本地区生长的乡土植物，将其开发为不同规格不同花色的系列商品，做到人无我有、人有我精，提高本土花卉的市场竞争力，扩大生产规模销往其他地区，不仅可

① 毛敏江：《中国花卉产业分析》，载《中国中小企业》2009 年第 3 期。

以降低管理和维护成本，还可以让更多的人通过植物认识一个企业、甚至一个城市，建立又一张‘城市名片’。”① 可见，花卉产业的发展存在不平衡的问题。要想对这一情况加以改善，利用我国独特的花文化培育开发特色花卉是一个可行的方向。

随着我国经济的不断发展，花卉产业也随之不断成长壮大，面对现今的社会形势，传统花卉产业自身也存在着各种各样的问题，如对于我国构建生态社会形势下的时代要求、现代花卉产业市场定位等。传统花卉产业必然要随之改变，要看清向着现代花产业进行转型的道路上有何问题要面对、有何策略可应对。

1. 加强顶层设计，科学谋划布局

根据我国现今花卉市场的形势，对不同区域的特点、产业基础以及文化背景等进行分析，按照我国国情和地方农业规划、产业规划、科技规划策略对我国花卉产业的发展做出调整，形成构建适应社会经济发展的产业战略布局。大体上，我国花卉产业必须坚持以下几点原则：一是践行绿色发展。所谓绿色发展便是指尊重自然、顺应自然、保护自然的生态文明理念，根据实际情况，种植不同的花卉，并根据地势进行区域性的开发，使其园林绿化上尽可能开发利用养护简单、成本低廉的适合种植花卉的土壤，并选择节水产品，配置模式上近自然化、生态化；遵循资源节约、节能减排的发展原则，尽量避免“形象工程”等建筑设施，完善回收循环再利用系统，充分利用农林废弃物生产的环保型基质，尽量减少并避免使用不可再生的泥炭基质，在节能节本的同时，提升发展绿色经济、低碳经济，走生态现代化发展之路。二是坚持特色发展。所谓有特色便是指独特的方式，以充分利用我国的资源优势为基准，完善打造富有地域特色的城市景观，以实现“我国名花世界化”。三是坚持可持续发展。坚持可持续发展便是指保护资源、合理开发、持续利用相结合的原则，一不牺牲资源，二不破坏环境。四是坚持立体发展。立体发展的关键是完善产业

---

① 毛敏江：《中国花卉产业分析》，载《中国中小企业》2009 年第 3 期。

链，既要坚持花卉产业，又要发展旅游产业、生态建设和花卉相关的产品，实行一站式服务的形式。五是坚持创新发展。要努力发展当地的产业创新项目，自然需要增加投入，建立长效机制，使得各项环节协同发展，同时还需要更好的配合和灵活的头脑。六是坚持民生发展。取之于民用之于民，在发展花卉产业的同时，繁荣农村经济，使农村更加富足，让所有人受益。

2. 实施创新工程，促进产业发展

按照全产业链角度来讲，在加强各个环节创新的同时，还需要引导生产方式由劳动密集型向技术密集型转变，推动整个行业技术的发展和升级，在提升产业整体竞争力的同时，延伸产业链，不仅如此，按照生产为主的中间环节向产业链前端技术延伸，对于其含量高的研发和种苗产业可以更好地拓展，并向末端的营销（运输中保险、电子商务营销等等）和应用植物科学配置、功能性衍生产品等产品开发进行延伸，调整我国花卉产业在国际分工中的地位，提升其持续发展的能力。

（1）品种创新，良种准入。

品种的创新，便是在增加品种的同时，充分利用和发掘我国丰富的花卉基因资源，实施全新的花卉种业工程。因此，在开展我国重要名花的基因组学等技术研究时，还可以挖掘其最为重要的功能基因，为分子育种和聚合育种奠定基础，从而提升定向育种效率。不仅如此，在建立重要花卉基地时，需要选育一批自主知识产权的品种，实施新花卉开发计划，以便在面向国际花卉市场时，我国提供的新花卉品种和种类可以立于不败之地。我们在建立健全花卉认证制度的同时，还应该加大新品种保护力度，加强市场监督和执法力度，提升全行业产品品质，提升我国花卉产业的国际竞争力。

（2）技术创新，现代生产。

就现今花卉市场的整体形势来看，所需要的已不再是以往简单的花卉生产培育技术，而是更需要创新的工程。在结合我国整体自然条件的同时，根据区域的不同，研究与品种相结合的花卉种苗技术进行生产、培育以及管理，将环境调控得更加精准，对花期以及花苗发挥更好的生产和杀菌等作用，实现现代化生产模式。

(3) 人才创新，集约经营。

实施花卉人才创新工程，有计划地培育几位有国际影响的大师级人才，一批对国内行业有重要影响的高级研发人才，一大批高级技术、企业管理人才和专业化技术骨干，提高行业从业人员的整体素质，实现生产方式由手工操作和作坊生产向机械化和工厂化方向转变，生产主体以农户为主向大型企业为主转变，经营方式由粗放经营向集约化经营转变。

(4) 组织创新，协同发展。

实行花卉产业和创新并行的计划，以我国国家花卉工程技术研究中心和国家花卉产业技术创新战略联盟为基准，坚持“共创、共赢、共享”的发展理念，以实现构建政府为主导，企业为主体，研发为支撑的联合体，集成优势，联合攻关，形成“校、企、地”共建、“产、学、研”合作、“农、工、贸”一体、“产、运、销”互动的产业网络，提升产业的整体竞争力。因此，实施龙头企业培育工程，推动产业集聚，打造具有民族品牌的世界著名花卉企业。

(5) 制度创新，规范管理。

制度创新发展是以标准化建设为基准的，是围绕产业链等各项环节，建立健全标准化质量体系认证，对全过程实行质量监管。建立健全制度的同时，还需要不断完善知识产权等保护政策，对于规划资质做出良性的判断、认知，更好地规范我国生态评估机制，从而制定企业研发的规则，以新型的产业土地结构、税收等模式。鼓励发展花卉市场，营造公平、公正、公开的发展环境，杜绝违规等情况事件的发生。

(6) 服务创新，强化配套。

在完善花卉信息网络建设的同时，搭建花卉产业电子商务平台，推广花卉交易指数，从而为花卉生产和销售提供准确、及时的市场供求数据，以实现订单大量派送。与此同时，也需要建立更加专业化的营销团队，不断创新销售模式，完善营销服务，鼓励电商交易，实行连锁经营，建立花卉市场中心，不断培育以文化培育为主导的营销市场，鼓励发展，并不断完善研发、生产、流通、销售等各环节需求的配套产业和现代服务业。

(7) 实现政策调整，完善法律保障。

建立完善政策立法和管理机制，完善花卉产业机制，实现产业结构调整，规范花卉市场形式，以实现国家统一标准和统一管理为基准，使花卉产业的发展有法可依，使花卉产业沿着科学化的轨道实现和发展下去。

3. 实现资源利用的可持续性

其一，就花卉品种来看，对其品质资源的利用实行可持续性发展是十分重要的。花卉种质资源是花卉产业发展的重要基础，也是花卉商品开发的重要基础。花卉种质资源是以综合开发、利用和保护来实现资源的可持续发展。其二，是对花卉市场人才资源的把握。就我国现代花卉产业的整体形势来看，目前我国现代花卉产业还属于劳动密集型的工作，从生产一线的工作人员再到各级经营管理人员，都必须具备相应的专业性知识。对于技术人员应采取专业技能培训、学习进修等手段，以便培养出更多拥有专业技能的花卉生产、管理和营销人员。其三，便是加强国际交流，互相借鉴学习，引进人才，为我国花卉产业的发展增加更专业的技术人才，可持续发展第三产业，加强技术知识的孕育，以电商营销的方式保障花卉产业的营销策略等。由此可见，我们需要在占有信息、技术资源的同时，不断地丰富和完善，为我国花卉产品的可持续性发展奠定基础。

具体可以落实到：

(1) 科学定位，稳步发展。

我国花卉产业的发展基本是由原来的萌芽、缓慢发展到恢复、调整和快速发展时期的，其主要依靠社会主义市场经济的发展。其中，从业人员的积极性也是十分重要的，花农也需要自我知识的积累。要在目前较低水平的基础上真正的形成花卉产业可持续发展战略，除了国家的宏观调控外，还要提高对花卉产业的认识，既要看到它是一种高效产业、高风险产业，还要根据市场的变化和需求，不断适应其产业的发展需要，要观察产业发展所需要的技术水平和能力。就目前花卉市场迅速发展的情况下，我国花卉产业的发展总体呈现出良好的发展趋势，我们更需要有科学定位，而不是盲目发展。

（2）优化产业结构，平衡发展。

就现今花卉产业的发展形势来看，我们需要充分利用和开发我国特有的花卉种质资源，形成特色产品，在提高我国高科技设备的基础上，形成规范化的商品模式。例如，山东菏泽的牡丹、漳州的水仙等在国际市场上都颇具盛名，但牡丹仅限于种苗的生产，可以加强盆花、切花的开发等等。再者，便是发挥其地理优势，充分利用当地的环境气候条件，发展适合当地的花卉生产项目。例如，河北坝上气候凉爽，适合种植球根花卉。在重视花卉生产的同时，要对产品、技术的开发和市场建设给予高度重视，促进花卉产业的科研、生产、市场三要素协同发展，尽量避免出现结构失调等问题的产生。

（3）依靠科技进步，发展花卉产业。

我国花卉产业不断发展，新产品层出不穷，新技术不断涌现，完善花卉产业结构势在必行。我们需要大力发展科技，让科研成果迅速转化为生产力，这是我国花卉产业不断发展的源泉。花卉产业是高科技、高投入、高产出和高效益的新兴产业，没有科技进步，就谈不上花卉产业的发展，更谈不上花卉产业的可持续发展。今天成千上万的花卉园艺品种，完全得益于植物遗传改良技术的进步。花卉王国荷兰之所以经久不衰，几乎占领整个世界花卉市场，主要是因为有科技做支撑。因此，我国要重视花卉科研工作，利用我国传统珍贵名花和野生花卉资源，选育出一批具有国际竞争力的新品种，同时加强工厂化育苗、设施、栽培技术以及保存贮运等配套技术的研究，及时将科研成果转向生产，使得我国花卉产业的发展不断持续向前，真正从传统花产业向着现代花产业成功转型。

三、我国花卉产业存在的主要问题及对策

我国花卉市场起步较晚，但是我国花卉市场却一步步通过从引进、消化以及吸收国外的品种、设施等技术手段，不断发展，形成了现今较为强大的市场

体系。然而，其发展中存在的问题也逐渐涌现出来，具体如下：

（一）我国花卉业存在的主要问题

1. 研究开发工作落后

尽管我国的鲜切花产业发展迅猛，种类、品种也随之增长，鲜花产品质量也有大幅度提高，但是与国际同行业相比，我们仍存在种类少、品种单一、质量差等诸多问题。从品种角度来看，我们的品种申请的专利权并没有与时俱进，种苗的生产繁殖方式也过于陈旧，没有与国际接轨，大多数国外商家也没有真正做好与我国的贸易往来，没有将最新的种苗品种销售到我国。就目前来看，国内基本上没有具有自主知识产权的花卉品种，生产用的较为优质的种子、种苗、种球大多依赖进口，我国已引进的商品性花卉有 500 多类 4 000 多个品种，约占荷兰与日本花卉目录中刊载品种的 80%。据统计，我国 1998 年进口花卉种子 160 多万美元，进口草种 3 600 多吨；1999 年进口草种达 6 000 多吨，合 1600 多万美元，2000 年进口达 10 000 多吨。此外，我国年进口种球 3 亿多头，合3 000多万美元，根据荷兰种球公司的资料，2000 年荷兰销售到我国大陆的郁金香种球 1 500 万头，百合种球 1500 万头，2001 年第一季度，我国大陆从荷兰进口的球根类增加 17%，我国香港进口量增加 26%。预计今后还会增加。

现代花卉生产包括一系列相关技术的应用，如先进的繁育技术、栽培技术、花期控制技术、病虫害防治技术、采收技术、包装保鲜技术和贮藏运输技术等。而目前我国花卉生产沿用的仍然是传统技术，现代生产技术远没有普及，相关技术也不配套，这是目前我国花卉产量低、质量差、有些引进的优新品种和现代生产设施没有很好利用的主要原因之一。

2. 技术推广普及滞后

目前，我国花卉产业科技含量较低，有投入不足的原因，也有科研与生产脱节的问题。大多数科研单位重研究、轻开发，只顾成果，不问转化。用科学方法（如杂交育种）进行花卉育种，在我国花卉园艺中已具有一定的基础，且目的性较为明确，应用手段也较为先进（如杂种胚的离体培养及各种诱变等），但严重缺乏后劲，致使大多数杂交育种（如百合等花卉）成果并没有如期实行，也没有预想的那么好。

3. 贮运、营销及售后服务落后

目前，我国花卉批发市场主要分布在花卉集中产区和主要消费区，如昆明斗南花市、成都三圣乡花市、广州岭南花卉市场等，这些花市基本是以生产基地为依托。很多市场档次低、设施简易，基本上是农村集贸市场水平。这些花市存在的主要问题：一是花农、花卉企业市场信息不灵，盲目生产，缺乏市场意识，重生产、轻产品开发，市场开发营销及售后就更加缺乏；二是市场建设一哄而起，缺乏合理规划和布局，缺乏有效的管理和服务；三是设施不够完善，交易方式陈旧落后，市场经营单一；四是市场商品交易行为规范化程度很低；五是缺乏有效的科技和基地作依托，无论是贮藏、运输普遍都无良好的硬件基础。

4. 信息服务落后

花卉业较先进的国家都非常注重信息工作，都会利用先进的手段，建起一套迅速有效的信息交换系统，完备可靠的信息成为制定政策、科研立项、确定和调整生产经营计划的重要依据。我国花卉信息相当闭塞，可以用“四不”来形容，不系统、不全面、不及时、不准确。由于信息不灵，政府实行宏观调控缺乏科学依据，企业制订生产经营计划时心中无“数”。尽快建立花卉信息网络，收集、整理、提供各种产业信息，对指导和推动花卉业的健康发展十分有利，也非常必要。

（二）对策与建议

1. 加强科研技术力量

在我国，人们对于花卉的认知程度不高，并没有真正的利用好我国丰富植物的种质资源，并发挥其特点。就花卉的花季来看，有一些冬花、多季或四季开花、耐热夏花、香花，抗旱、抗病等抗逆性特强花卉（野生花卉）以及尚少栽培或迄今未栽培的奇花异草都应该被发现，并发挥科研力量将它们投入消费市场。对于培育花苗的原始材料来看，更加系统地掌握种质资源至关重要。现今环境的不断变化，植物资源也随之受到威胁，种质资源的保护迫在眉睫，种质资源保护功在当代、利在千秋。因此，我国设立《生物多样性公约》《中国生物多样性保护行动计划》以及《中华人民共和国森林法》《中华人民共和国陆生野生植物保护实施条例》《中华人民共和国种子法》等法律法规来对我国种质资源进行了保护和管理，并通过法律规定的形式约束人们，合理开发利用其植物的特点特征，促进种质资源的保护。

我国花卉行业起步较晚，导致我国花卉种业基础弱，技术水平不高，缺乏专业性人才，至今无法摆脱对国外新品种的依赖，所以发展花卉种业还需要走学习借鉴的道路。我们需要利用国外品种与技术尽快提高花卉产品质量确保国内市场，积极开发特色花卉与优势花卉品种，并将产品推向国际市场，从长远利益出发，必须坚定不移地发展民族花卉种业，利用具有自主知识产权的先进品种和技术，生产出具有国际竞争力的产品，占领和开拓国内外市场。我国花卉行业在划分上来看，可从“委托制种”“合作生产”等环节入手，在发展花卉制种业的同时，采取国际接轨的形式。同时根据我国民间品种及野生花卉结合的形式走向世界。在具体操作上，可通过：合理布局、产学研联合，集中精力重点发展主导花卉和具有相对优势的花卉种类，在北京、上海、武汉、广州、昆明、成都、西安、青岛、甘肃及辽宁凌源等地建立集种质资源保护、引种驯化及品种改良、良种扩繁和示范为一体的花卉品种创新基地，深入、持久地开展常规育种和辐射育种，努力探讨航天育种和分子育种。

2. 实现科技成果快速转换

就我国花卉行业的发展形式来看，由于经费投入的限制，从某种意义上对于花卉行业的发展受到极大制约，在这种状态下，如若要求企业拿更多的钱去购买新型的设备也是难上加难的。我国花卉业的科技发展，应从机制上入手，采用科研与生产相结合的方式，比如一是由生产企业根据市场需要提出开发的项目和需要解决的问题并提供经费，科研单位竞标，双方认可后进行研究，所得成果由项目提出企业首先应用。这种方法适合于具有一定规模的专业化生产企业，但实施起来需要有相应的法律支持，以保证科研成果的转化和出资企业的利益。二是生产企业根据生产实际聘请专家顾问，定期解决生产中遇到的难题。这种方法比较适合于一般技术力量较弱的中小型企业。三是针对一些重点和热点项目，由政府出资，科研单位承担项目，并与企业合作，边研究边实际操作。这样研究成果比较容易转化，直接为生产服务。这种方法要求参与合作的企业提供试验场地、工作人员及相应的设施。四是各级花卉协会应在科研与生产之间发挥桥梁作用，根据各地生产中存在的重点和热点问题，有意识地组织联合攻关。根据以上这种方法既可以解决经费问题，还可以将成果进行推广，解决生产单位有难题但求助无门的问题。

3. 建设市场体系

建立完善的市场运作机制是实现花卉商品价值的根本保证。世界上花卉交易方式主要有议价交易、拍卖交易、投标、竞价，但根据其实质可分为对手交易和拍卖交易。发达国家的批发市场一般采取拍卖交易的方式。荷兰在世界上首创以拍卖方式进行花卉贸易，经过上百年发展，已经形成了完善的花卉流动体系，花卉流转速度实现了 24 小时销售的模式。就目前来看，我国花卉市场最基本是农贸市场，采取的方式为面对面的议价交易（对手交易)，交易规模小，效率低；我国鲜切花生产发展很快，标志性的、成熟的鲜切花拍卖市场尚在建设中，一旦开始花卉拍卖，自然市场的建立将困难起来。按照国际规则和惯例进行发展，将更有利于我国鲜切花走向市场的发展，对鲜切花经销商来说，还可以节省时间，更好地降低成本，赢得更高的收益，同时，还能吸引更多外来经销商到我国进行贸易往来。

4. 信息咨询系统

现今是信息快速发展的阶段，信息已经与物质、能源并列成为人类生存和发展的三大基本资源之一。信息、信息产业、信息经济已经成为经济发展的强大动力，花卉产品是特殊商品，具有鲜活性、价格波动性及生产分散性等特点，要想减少盲目生产、保持市场竞争力，必须随时捕获国内外花卉生产和市场信息。我国花卉业经过 20 多年的自由发展和激烈竞争，花卉产、供、销格局已基本形成。由于过去我国花卉产业统计制度尚未建立，政府部门对我国花卉的生产能力、消费潜力和进口数量把握不够，从而影响政府对花卉产业的宏观调控。1998—1999 年两年期间，我国农业年鉴中一直没有花卉产业的统计资料，随后的一年虽然建立了相关制度，但由于不够完善，并不能很好地填补我国农业花卉资料的空白。对此，我国将进一步改善和提高我国花卉产业统计方法和策略，以信息化模式进行记载，为我国花卉市场生产、销售、贸易及科研等技术做出详细的统计和分析。就技术开发和推广方面来看，通过先进的信息传输网络，可以快速、高效地向生产者普及先进的生产技术，促进花卉生产水平、产品质量的提高，同时加强科研教学单位与生产、销售企业的联系，有利于科研人员及时发现问题，积极与生产企业合作，走科研教学与生产相结合的道路。

综上所述，虽然我国花卉产业起步较晚，但是随着不断的研发，花卉产业发展迅速，在新时代到来之际已呈现出较强的发展实力。今后，我国花卉产业可以逐渐成为发展我国农村经济的新增长点，使其成为我国经济发展的重要支柱。目前看来，虽然我国花卉产业的生产和消费水平与发达国家相比仍存在较大的差距，但是我国独特的地理优势和发展条件对于花卉产业的发展具有较强的基础性作用，花卉产业的发展前景一片光明。从上述内容的论述来看，只要找出制约发展的因素，采用正确的发展措施，积极响应我国经济政策和市场形势，完成花卉行业的进出口贸易，就能促进我国花卉行业的发展。

四、我国花文化产业未来发展的方向及建议

伴随着人们生活水平的提高，人们精神需求的标准也在不断提高。对于我

国花卉文化及花卉产业的战略思考已经不能再局限于过去的经验，而是要以现代社会的主流需求为准，对其未来方向进行调整和规划。前文对现有的传统花卉产业进行了分析并对向现代花卉产业转型过程会遇到的问题进行了疏理。接下来我们讨论花卉及花卉文化产业未来融合、升级、转型、调整的方向和建议。

通过对我国传统花卉产业进行分析，可以发现其未来的发展方向与多个层面有关：对质量与数量的追求，对资源的科学配置，对特色竞争力的追求，对科研技术的精益求精，对生产管理的高标准以及对花文化资源的挖掘、研究、创新，花卉专业从业人员的教育与培训等等。"科技兴花"将是未来重要的发展方向之一，发展"科技兴花"需要重视以下一些方面：

（1）花卉科研技术要以低能耗、高效以及优质为标准，实现有针对性的研究，做到有的放矢、重点突破。"科技兴花"不仅仅指优化花卉的技术，同时也指能够在对产业链进行优化的生产管理技术和文化创意创新等方面，日趋科学化、规范化、技术化。通过这三个方面的重点研究，加大我国花卉产业前进的脚步，实现提高效率、增加竞争力的目标。其中，文化创意创新最能够带动消费，引导市场，从根源上促进花卉消费，从这一角度来说，朝向文化产业方向转型正是传统花卉产业未来转型的重要方向。

（2）"科技兴花"应以服务现代人的实际需求，改善其生活品质与人居环境为主要研究方向。要加大花卉文化及花卉产业的教育投入。无论是针对专业从业人员的职业培训，还是针对普通消费者、爱好者的消费习惯培养，科学规范的教育体系和教育机构，有现代科技含量的教育方式，都是未来需要建设的产业链环节。

（3）"科技兴花"中"花"的重点研究方向为我国花卉种质资源的保护及培育。《国家花卉种质资源库管理办法》里写道："国家花卉种质资源库主要有以下保存对象：1. 传统名贵花卉，包括保存具有我国传统花卉特色、栽培历史悠久、文化内涵深厚和价值重大的传统种类和品种；2. 珍稀濒危花卉，包括保存具有重要价值的珍稀物种（变种）、濒危物种（变种）、中国特有种及其相关栽培品种；3. 特色花卉和新优品种，包括能突出地方特色的、地方特有的并容易流失的花卉种（变种），以及重要的新优品种；4. 潜在利用价值花卉，包括具有观赏价值、育种及应用潜力的，可能具备未来市场竞争力的花卉种、变种及其相关栽培品种；5. 引进的优良花卉，包括从境外引进的花卉种、变种以及重要的优良品种。”这就为我国花卉种质资源指出了具体的保护范围。《国家花卉种质资源库管理办法》里还写道：“（一）收集保存的花卉种质资源具有多样性和代表性，具有重要的保护和利用价值，知识产权明确。（二）土地权属清楚，土地使用权不低于30年，具有较长的稳定保护基础。（三）无检疫对象和危险性病虫害。（四）管理机构和体系健全，具备稳定的管理技术力量和技术条件。管理规范，制度健全，档案资料齐全且保存完整。（五）与科研、教学单位长期合作，有技术力量较强的科技支撑单位和专家。（六）保存目标花卉群体具有一定的种质资源分布量、分布范围和生产规模，及明显的文化、品牌、科研和政策优势。（七）有能够保障开展花卉种质资源收集与保存所需的必备经费。（八）法律、法规规定的其他条件。”这为我国重要的花卉种质资源划分出了具体的标准。除了源头上对种质资源的开发、利用和保护之外，通过对末端商品花卉的研究与开发也有助于实现我国花卉产业的可持续发展，而这一方向，无疑正是推进和实现花文化产业的必由之路。

（一）未来发展花卉产业的战略建议

花文化产业始终是建立在现有传统实体产业基础之上，升级、拓展、扩充的成果。花卉产业既是花文化产业的基础，也是花文化产业链中的重要一环，如果花卉产业本身的行业问题得不到很好的解决，也将限制和影响整体花文化产业的形成、发展和提升，所以首先要从花卉产业的问题说起，未来发展花卉产业的战略建议具体有如下几点：

（1）通过整合我国的优秀花卉育种资源，扶持我国的花卉育种能力。花卉的育种与我国花卉产业的基础有着十分重要的联系。对优秀的花卉育种资源应首先加以重视、保护，可以先从100种花卉开始，优中选优，重中选重。尤其是对整合花卉育种资源的重要部分如收集、保存、分类、评价等加大力度，力求优化。中国花卉协会观赏苗木分会会长郑勇平在《我国观赏苗木产业现状和趋势》写道："我们要尽快满足建设美丽中国的要求，有几个发展思路：一方面，不反对拿来主义。国外有许多成熟的优秀品种，如果适应我国的环境，大可以发展应用，先把我们的城市和乡村打扮漂亮；另一方面，任何一个国家和地区都要有自身的特色，加快原有品种的育种速度是重中之重。在我国，经过几百年甚至上千年的发展，已经适应当地环境的原始花木种类有很多，我们可以将这些原有资源先利用，再提高。最终，不论是引进的品种还是自主培育的品种，都要扩大产能，为园林绿化服务。在品种创新上，产学研要有所分工，齐头并进，这样才能促进花卉苗木行业的快速发展。"① 这就为花卉育种工作提供了很好的思路。

（2）通过做好花卉基因的研究工作，扶持我国的花卉种业。做好花卉基因的研究工作，能够有助于扩大花卉育种资源，增加优秀的花卉品种，增加我国花卉产业的竞争力。进行花卉基因的研究工作，可以先从10种花卉开始，各个击破。这10种花卉的研究对象可首先定位于我国的传统十大名花。中国园艺学会观赏园艺专业委员会主任张启翔在《国内外主要商品花卉品种创新进展与趋势》里写道："为了减少今后梅花育种的盲目性，我们还必须清楚控制梅花重要性状的基因有哪些。经过多年努力，我们完成了世界上第一个梅花全基因组测序及精细图谱构建，已清楚地知道为什么梅花有花香，而其他李属花卉没有；为什么梅花很早就能开花，而其他花卉不行，其原因都是由一些重要的基因在控制。这些工作为后面的育种打下了基础，能将育种效率至少提高三分之一，甚至二分之一。所以分子育种是将来育种的一个重要的途径。"② 花卉的基因工程极其复杂，但做好花卉基因的研究工作能够使花卉育种高效

① 郑勇平：《我国观赏苗木产业现状和趋势》，载《中国花卉园艺》2014年第23期。

② 张启翔：《国内外主要商品花卉品种创新进展与趋势》，载《中国花卉园艺》2014年第23期。

化。当然，对花卉基因的研究是极其精细的高科技，所需资金也是巨大的数字，因此可以主次分明地进行花卉基因的研究工作。

（3）通过优先开发重要的花卉新品种来扶持我国的花卉产业。优先开发重要的花卉新品种，一开始不必面面俱到、巨细无遗，可从 1 000 种重要的花卉开始。这项工作一要做到对花卉品种的求新，二要做到对花卉品种的求精，三要做到在开发花卉品种的同时不能肆意破坏毁损已有的花卉资源，而是要有效、合理地利用。

（4）通过对花卉龙头企业的培育来扶持我国的花卉产业。花卉龙头企业可择优从 100 个优秀的花卉企业里开始。这项工作意义重大，能够加强我国花卉产业在国际市场上的竞争力，还能够建立我国花卉的专业品牌。

（5）通过对花卉栽培技术的求新来扶持我国的花卉产业。花卉栽培技术的求新所涉内容繁复，可从 10 种重要栽培技术里面开始，这 10 项中从花卉的营养诊断到标准化容器苗栽培技术，都要符合花卉产业可持续发展战略。

（6）通过建立有效联盟来扶持我国的花卉产业。花卉产业中的各个机构、各个企业、各个单位等组成力量巨大的联合体，可以互相扶助，互相创新，加速产业的高速发展。建立花卉产业的有效联盟能够使得彼此的优势互相传递、彼此的资源互相分享、彼此的利益互相分享及彼此的风险互相分担等，为我国花卉产业的可持续发展增添重要的力量。

《林业发展“十二五”规划》里写道：“培育十大主导产业依托森林资源优势，以市场需求为导向，通过制定产业政策和相关标准引导扶持和规范产业发展，促进林业产业转型升级，重点培育十大主导产业，在全国建立起一大批布局科学合理、主导优势明显、产业特色突出、市场竞争力强的用材林基地县、油茶县、核桃县、红枣县、板栗县、花卉县、竹子县等林业产业集群，逐步形成能够在农民增收致富和县域经济发展中发挥主导性、支柱性作用的产业。”该文件中又写道：“结合区域优势和发展现状，重点发展花卉苗木的种子（种子、种苗、种球）生产基地建设，引导切花切叶、盆花、盆栽观叶植物、盆景、花坛植物、绿化苗木中心产区基地建设。”其中重点提到“产业转型升级”“产业特色突出”“重点发展花卉苗木生产基地建设”以及“引导切花、切叶、盆花、盆栽观叶植物、盆景等中心产区基地建设”等。这些关键词和要点，紧紧把握住了花卉产业发展方向的脉搏，对花卉产业化的要求是具体、明确并且十分鲜明的。

中央党校经济学部教授曹立说：“推进生态文明，建设美丽中国，需要把花卉产业放在突出地位加以发展；建设森林城市、园林城市和宜居城市，需要把花卉产业作为城市建设的基础产业加以发展；促进绿色增长，需要充分发挥花卉业的重要作用；培育战略性新兴产业，需要发挥花卉产业带动能力强的优势；扩大国内需求，需要充分发挥花卉业的拉动作用；促进社会就业和农民增收，需要发挥花卉产业比较效益高的优势；推动文化繁荣发展，需要发挥花文化源远流长和底蕴深厚的优势。”党的十八大报告里也提到了有关花卉产业的内容：“建设生态文明，是关系人民福祉、关乎民族未来的长远大计。面对资源约束趋紧、环境污染严重、生态系统退化的严峻形势，必须树立尊重自然、顺应自然、保护自然的生态文明理念，把生态文明建设放在突出地位，融入经济建设、政治建设、文化建设、社会建设各方面和全过程，努力建设美丽中国，实现中华民族永续发展。”这表明，与花卉产业息息相关的花卉文化建设，是政策性指导之下的未来发展必然趋势。

我国的花文化悠久、灿烂而精彩，通过弘扬及传播花文化，有助于引导花卉消费。通过发展花文化体系，也可带动和扶持当地花卉产业的发展。比如恢复和挖掘花文化的社会性特征，将民俗活动、花事活动，与现代生活和消费市场相结合。花事活动作为我国花文化体系中的重要存在，能够带动地方经济发展以及提高人民生活质量，将花事活动作为一种娱乐渗入现代人的生活当中，能够非常有效地带动地方花卉产业的发展。我们将以江西省花卉产业的战略思考及未来发展方向为例作一个简要的分析：

譬如井冈山市以杜鹃花闻名，其中包括有云锦杜鹃、江西杜鹃、鹿角杜鹃、猴头杜鹃、红毛杜鹃等多个品种，共计 32 种左右。以杜鹃花为主题的“井冈山国际杜鹃花节”曾多次举办。每一届的“井冈山国际杜鹃花节”都达到了旅游、花卉产业得以加速发展的目的，同时树立了良好的文化品牌，拉动了江西省的经济发展。其他相关的花事还有于萍乡莲花县的“莲文化旅游节”，新余市凯光亚热带植物园举办的“郁金香文化节”，万载县举办的“百合旅游文化节”等。挖掘花文化的社会性，是传播花文化，吸引花卉消费，带动花文化产业发展的有效途径。

与旅游相结合的主题花卉景观是我国现代花文化体系中的一环。与旅游结合的主题花卉景观可以在吸引游客的同时引导花卉消费，将花卉作为特色促进旅游业的发展。如庐山风景名胜区的油菜花海就是可以与旅游结合的主题花卉景观；井冈山风景名胜区位于江西省内，其中的十里杜鹃长廊也是可与旅游结合的主题花卉景观。

通过召开花文化学术研讨会有助于挖掘花文化的内涵。有关花文化的学术研讨会既能够传递国内外花文化产业领域专家、学者、同行们的最新研究成果，也能传播当地特色花卉的名气、树立专业化的花卉品牌、利于行业资讯交流、成果展示以及提升企业竞争力等等。如婺源通过主办以“绿茶金三角，高山生态茶”为主题的“2008 上海豫园首届国际茶文化艺术节高峰论坛”，既积极向社会各界宣传了婺源高山生态绿茶品牌和旅游资源特色，又开拓了旅游产业发展思路。

此外，大力发展传统与新型的药用花卉产品、食用花卉产品、美容花卉产品、保健花卉产品及花卉审美与工艺品的开发，也是江西发展花文化产业的重要举措。

在江西，食用花卉和药用花卉都有着悠久的历史和深厚的中医药学背景。将花卉文化与美容护肤、养生保健、民俗工艺、美食等商业产品有机结合并开发利用，江西省有着卓见成效的实践经验。江西省的花卉资源丰富，常见花卉如芙蓉花、菊花、木槿、玫瑰、百合、南瓜花、月季、荷花、梨花、桃花、槐花、海棠花、茉莉、桂花、金银花、梅花、茶花等都可以食用。根据花卉药用价值的不同，能起到不同的效果，如梅花有收敛止痢之效，菊花有清肝之效，牡丹花有泻伏火之效，芙蓉花有止痛之效，金银花有清热解毒之效，桃花有活血之效，桂花有化痰之效，槐花有清肝降火之效。

在对食花文化与民俗、花卉资源开发等深入调研的基础上，江西大力保护本地食用与药用花卉资源，并开发出了如南昌的仙人掌与鸡冠花饮、广昌白莲饮料等；花肴类有广昌的白莲子、藕粉，万载的百合、百合粉，南昌的山栀子、糖玫瑰，赣南的白兰、木槿，井冈山的笋干，庐山的杜鹃花，石城的莲花粉，吉安的玉兰片、新干枳壳、赣花山茶油，九江的桂香茶饼和桂花酥糖等。

除此之外，江西省在对未来花文化产业的方向拓展上，还做出了以下规划：

（1）从传统出发，恢复并发展花文化与工艺品的结合，完善花文化产业体系的建设。江西省各地的工艺品都可以列入其范围之中，如余江出产的木雕、景德镇出产的瓷器、高安出产的建筑瓷砖、赣南出产的根雕等。

（2）大力发展竹文化产业链。江西省有八大竹海，分别为井冈山竹林、明月山万顷竹海、宜丰双峰竹海、崇义阳岭十万亩竹海、庐山将军村竹林、南昌竹海明珠、大余丫山万亩竹海、景德镇汪胡竹林，八大竹海可以将其旅游价值有机融入竹文化产业链中。从江西省销往全国各地的竹制商品竹凉席、竹编、竹包装、竹地板、竹胶板、竹纤维、竹家具、竹窗帘、竹碳、竹餐垫、竹地毯、竹乐器等等，都可以加入文化创意元素进行文化产业开发。

（3）通过对花文化知识的传播和教育，完善花文化产业综合体系的建设。江西省各花卉组织可以经常开展传播花文化知识的活动；地方媒体可以经常宣传、报道与花有关的内容；可以通过评选“市花”或“县花”的活动吸引人民群众，拉动文化产业发展，催化经济效益。可以在重要的媒体平台和全国性的报纸、杂志、央视农业频道等，对当地的特色花卉以及花卉产品进行大力宣传。通过打出名气扩大市场，打造专业花卉品牌，通过文化宣传、传播、营销等方式进一步发展基础花卉产业。

（二）以云南花文化产业发展为例

1. 云南省花卉产业的战略思考

作为花卉大省，云南省在花卉产业建设上一直有着战略性思考。2017 年《云南省花卉产业发展规划汇报》中指出："坚定不移以提质增效、转型升级作为产业发展的主线，全面推进花卉供给侧结构性改革，以产业发展服务全省脱贫攻坚、乡村振兴战略，努力实现产业全面升级、农村全面进步、农民全面发展的目标。到 2022 年，全省花卉生产总面积稳定在 160 万亩左右，实现综合产值 1 000 亿元，鲜切花产量达到 150 亿枝，盆花产量 4 亿盆，亩均产值 6 万元以上，花农收入 200 亿元以上，花农人均年收入达到 3.5 万元以上。产业整体发展水平和市场竞争力大幅提升，云南成为亚洲最大的花卉生产、交易和科研中心，逐步实现李克强总理提出的将云南花卉产业建设成为世界第一的宏伟目标。"① 由此可见，对云南省花卉产业来说，未来有着巨大的发展潜力与良好的政策扶持。

首先，重视及追求花卉生产质量有助于花卉产业自身的发展。重视及追求花卉的质量可以从花卉产业的生产、加工、处理、运输等一系列环节着手，从根源上解决质量问题，提高消费者的购物体验，提高花卉的生产技术，从而树立"云花"的品牌，以及竞争力提升的目的。据统计，2016 年"云花"的整体产值已达到 463.7 亿元，这无疑是"云花"对质量把控获得的明显收益，以及现有竞争力得到提升的最有效的证明。

此外，跟随政策所指引的方向前进，享受行业红利，能够大力推动花卉文化产业发展。《泸西县现代花卉产业园区招商引资实施意见》里写道："税费政策方面，一是到泸西县现代花卉产业园区投资花卉生产及相关产业的企业，由泸西县财政按标准给予资金项目扶持，不同的投资规模享有从 30% ~70%

---

① 云南省农业厅花卉产业处《云南省花卉产业发展规划汇报》（2017 年）。

不等的增值税奖补，其中世界500强、国内500强等大企业、大集团到泸西县现代花卉产业园区设立总部、地区总部、职能运营中心、研发中心、采购中心、营销中心、结算中心，或将上述机构注册在该县的总部性企业，从在该县纳税当年起，5年内按缴纳增值税总额县级留成部分的70%奖励企业。在园区投资3 000万元以上从事文化旅游、信息、物流等相关产业的企业，增值税奖励标准50% ~70%不等，地方留成的所得税前5年100%奖补回企业，后5年按50%奖补。二是县级平均每年整合不低于3 000万元的资金，用于园区发展。到泸西县现代花卉产业园区投资新建花卉生产基地、冷链物流中心、加工中心、科研中心、交易中心的企业，县财政按2 000元/亩的标准，通过先建后补的方式对企业一次性补助。以企业名义向上争取的扶持资金，全额用于企业发展。三是涉及入园企业的行政事业性收费项目，除应上缴国家、省、州的部分外，县级部分对企业实行全额先缴后补。服务保障方面，一是属国家核准（备案）的项目由县发展和改革局、县工业商务和信息化局牵头按照程序报批，属省级核准（备案）的项目由县属有关部门按照职责报批，办理时限不超过60个工作日；属州级核准（备案）的项目办理时限不超过20个工作日；属县级备案的项目办理时限不超过3个工作日。二是县属有关部门按职能职责分别负责至园区的‘五通一平’工作，即通水、通电、通路、通讯、通气和场地平整（在天然气供暖未接通园区前，帮助企业协调解决供热问题，并给予企业适当补助），园区道路按照农村道路标准建设。三是组建由县委副书记为组长，相关副县长为副组长，县农业和科学技术局、县发展和改革局、县住房和城乡建设局、县国土资源局、县工业商务和信息化局、县环保局、县水务局、县财政局、县市场监督管理局等部门主要负责人为成员的园区项目推进领导小组，协调全程做好企业、项目入园服务工作，并针对企业情况实行‘一企一策’跟踪服务。其他方面，地方有关部门还将积极帮助、配合为符合条件的企业争取国家、省级各部门的支持和优惠条件。”可见云南省的县级政府对花卉产业的落地和发展从根本上持高度支持的态度，并以实际的政策支持来积极帮助其发展成长。

这就是典型的通过对政策的调整，促进了产业的发展。对政策的调整，所涉及的层面主要有水利建设、土地税务等等。主要目的是，通过政策的调整，使云南省花卉产业的人才不至于流失、断层；使资金和企业愿意入驻，使花卉产业的运输环节得以优化，达到高效的标准；使花卉产业的用地不至于面临窘迫，能够得到充裕的空间；使花卉产业得到现代技术的支持，发展不至于停滞不前；使花卉产业得到政策保障，增加抗风险的能力。为保障各类重点花卉园区建设工作的顺利实施，云南省拟于每年拨款 2 亿元。

重视“云花”创新有助于文化产业的发展。对“云花”进行创新，可从优化科研技术、升级花卉品种以及花卉、互联网结合着手。

陆继亮在《2015 年云南花卉产业亮点突出 优势明显》一文中，引用《2015 年云南省花卉产业发展报告》写道：“以品种创新、技术创新、工具创新、组织创新为主的花卉科技创新能力进一步增强，其中新品种选育数量位居全国前列，技术创新与应用成效显著。截至目前，全省引进、驯化花卉新品种 600 余个，自主培育花卉新品种 476 个，占全国选育新品种数的半数以上，其中 4 个新品种在国外获得授权，填补了云南自主研发新品种进入国外保护名录的空白。自主研发的新品种已涵盖鲜切花、地方特色花卉、绿化观赏苗木、食用花卉和盆花，研发主体日益多元化，形成科研院所、企业为主，花农合作组织和个人爱好者为辅的良好氛围。生产技术研究方面，已制定各类国家、行业和地方标准 60 项，部分关键环节技术水平国内领先，有的甚至超越荷兰，与世界并肩。在生产实践中，玫瑰切花全套自动化控制技术、防损伤玫瑰剔刺机、盘式采后处理流水线等众多方便适用的技术创新和生产工具发明创造层出不穷。”① 时任云南省农业厅花卉产业处处长王磊写道：“以前家用鲜花订单总量小，对于鲜花插瓶没有太多要求，因此采收、保鲜等环节一直都被忽视。而现在随着电商订单的增多，一方面有了专门的人来负责指导采收、保鲜环节以保证鲜花质量；另一方面花农通过电商对接市场，避免了盲目种植，也更好地

---

① 陆继亮：《2015 年云南花卉产业亮点突出 优势明显》，载《中国花卉园艺》2016 年第 9 期。

保障了自身收入。”可见“云花”的创新带来的好处是切切实实的。

打造“云花”专业化品牌有助于产业的发展。打造“云花”专业化品牌可以从以下三个方面着手：第一，借助品牌宣传片不断深化“云花”品牌形象，借助“云花”专有媒体平台的搭建，向群众弘扬“云花”文化及提升“云花”名气；第二，划分具体的“云花”标准；第三，积极支持“云花”向安全优质公共品牌方向提升，提高消费者的信任度。为保障云南花卉产业的市场推广与品牌建设，政府拟于每年拨款2000万元。

借由“两会一展”，主动争取良机，有助于“云花”品牌竞争力的提升。“两会一展”具体是指在昆明举办的每年一届的中国昆明国际花卉展，以及中国国际家庭花卉园艺展览会和中国花卉零售业交流会，在此期间“云花”可以通过这一时机宣扬自身名气，打造品牌光环，扩大消费市场。

借由旅游与花卉产业的结合，发展经济。为保障云南省十大重点花卉旅游特色县的建设，拟于每年政府拨款1 000万元。毛海鹏是云南斗南花卉产业集团的总裁助理，对斗南未来向“文旅小镇”方向发展，提出这样的建议，他说，“依托亚洲第一花市的产业优势和云南旅游大省的优势，精心雕琢集住宿、休闲、娱乐、文化、餐饮、花卉衍生品、商务、酒店等于一体，昼可品花都市井风情，夜可览万花交易盛况的鲜花特色旅游小镇。”这的确是“斗南村”未来应有的发展方向，也是各地打造文化创意“文旅”结合的花文化项目时，值得借鉴的模式。

通过对花卉相关产业各个层面的综合融汇，有助于产业的发展。《2015年云南花卉产业发展报告》写道：“至今，云花不再是鲜切花自身独秀，而是鲜切花、种用花卉、加工用花卉、绿化观赏苗木和地方特色多种产品齐头并进发展，与云旅、云药、云茶等产业融合共赢，与花艺文化、养生保健等行业一同发展。以玫瑰、洋桔梗、康乃馨和百合为主的鲜切花，以国兰、山茶花和高山杜鹃为主的地方特色花卉，以万寿菊、食用玫瑰、石斛为主的加工用花卉，以大花蕙兰、盆栽玫瑰为主的盆花产业，其规模产量、品质和品种数量在全国位居第一，是云南花卉拳头优势产品，在全国具有较高话语权。”文中又提及：

“2015 年，云南鲜切花总面积 18.6 万亩、产量 86.9 亿枝、产值 52.3 亿元，同比增长 7.8%、1.8% 和 17.3%。鲜切花产量连续 22 年保持全国第一，占全国 70% 以上市场份额。盆花面积 8.5 万亩、产量 2.3 亿盆、产值 76.4 亿元，产量和产值同比增长 8.0% 和 14.7%，其中大花蕙兰上市总量 460 万盆，占全国总产量的 83.6%，成为世界大花蕙兰产销中心。同时，盆栽玫瑰、石斛、彩马、长寿花等小盆花产业兴起，不断得到国内外企业的关注和投资。加工花卉种植面积 59.6 万亩、产量 62.9 万吨、产值 91.2 亿元，同比基本保持平稳。其中，食用玫瑰、铁皮石斛等生产规模全国第一，加工花卉产业链不断延伸，产品使用功能不断拓展，市场领域不断拓宽，初步实现一、二产的有机融合。”这些明显的成果、收益和进步，更进一步证明了融合是加速推进花卉产业发展的有效方式。产业融合共赢，多产品、多行业齐头并进，是云南花卉产业取得优异成绩的一个核心创举，值得同类产业广泛借鉴。

加速推动花卉产业发展，特别注意应对重点工程。2017 年，云南省启动多项有关花卉的重点工程，其中以云南省（红河）现代花卉产业园区为中心，预计投资总额为 150 亿元。其他次要园区如玉溪鲜花产业链体系示范园预计投资总额为 4.6 亿元，完工日期预计为 2019 年。

云南丽江也预计兴建现代花卉产业园区。《云南省丽江现代花卉产业园区发展规划（2017—2025 年）》里写道：“本规划涉及范围包括丽江辖区内的古城区、玉龙纳西族自治县、永胜县、华坪县和宁蒗彝族自治县 5 个县（区）13 个乡镇。园区规划总面积 10 万亩。其中古城区 3.2 万亩（开南办事处 2 万亩、七河镇 1.2 万亩）、玉龙纳西族自治县 2.1 万亩（拉市镇 0.6 万亩、白沙镇 0.8 万亩、龙蟠乡 0.3 万亩、大具乡 0.2 万亩、巨甸镇 0.2 万亩）、永胜县 3.2 万亩（永北镇 0.2 万亩、程海镇 1.0 万亩、三川镇 1.5 万亩、顺州镇 0.5 万亩）、华坪县 0.5 万亩（兴泉镇新文村 0.5 万亩）、宁蒗彝族自治县 1.0 万亩（永宁乡 1.0 万亩）。”该规划对预计投资总额 100 亿元的云南省（丽江）现代花卉产业园区的范围进行了确定。

通过对冷链物流保障体系的完善，达到整体产业链效益得到提升的目的。

《云南省花卉产业现状》里写道："花卉产业发达国家可以做到边采收边消毒，然后将采收的鲜花运到采后中心处理，'保鲜'时间长。而我省由于无法做到田间边采收边消毒，大多只作初级采用处理，未形成标准化、现代化、全程化、产业化采后处理运作模式，大大降低了我省鲜切花的保鲜度、瓶插时间、正品率及鲜花品质，也影响了出口花卉的国际竞争力。因此，打造国际花卉市场接轨的云南出口花卉采后处理与流通体系也势在必行。"这说明了冷链物流保障体系对"云花"建设的重要性和迫切性。

顺丰速运中西大区总裁王锋在第十九届中国昆明国际花卉展、2018 中国国际家庭花卉园艺展览会和第十八届中国花卉零售业交流会期间提到"为了传递新鲜，也为留住时间，我们将从源头开始，持续加大资源投入，加快物流服务升级，并为鲜花量身定制采后第一时间预处理、全程冷链温控、鲜花特殊包装、商业等综合解决方案。我们将依托强大的空中网络、冷链运输网和温控管理系统，专业包装方案和科学保鲜措施，持续优化资源，提升综合服务能力，为鲜花保质保鲜地送达全国乃至全球而保驾护航。"可见，物流体系对于整个鲜花行业的意义是重大的，而花卉产业对其他相关产业的影响和带动同样是巨大的。借由顺丰生鲜冷链物流体系对"云花"实行加速发展，能够在 2022 年将"云花"的损耗率从 20% 下降到 3%。政府计划，为保证花卉冷链物流体系的顺利进行，每年拟拨款 5 000 万元。

通过对花卉知识产权的保护，有助于产业的发展。《云南花卉产业的现状与发展对策》还写道："世界花卉消费市场目前的总体趋势是消费正由传统花卉日渐转向新优花卉。由于我国花卉产业起步较晚，育种能力不强，导致新优品种严重匮乏。我国花卉出口的类别主要有鲜切花、盆栽植物、观赏苗木、干花以及蝴蝶兰、康乃馨半成品和原产于我国的花卉种子，大都属于低端产品，科技含量较低，品种老化，无法占领国外高端产品市场。虽然价格上占有一定的优势，但其利润率却很低。以出口日本为例，我国康乃馨的出口量占日本康乃馨市场的第二位，但价格却一直徘徊在哥伦比亚产品的 1/3 价位，主要原因就是品种落后。云南花卉资源十分丰富，而花卉资源的可持续开发利用没有得到足够的重视。目前大规模商品化种植的花卉品种几乎全部靠进口。加入WTO后，外商处于对知识产权的保护和国际市场的控制，不愿把优质品种输入到专利品种很难得到保护的云南以确保其技术优势，这是制约我省花卉产业发展的主要因素。从长远看，要做大做强花卉产业，不可能再靠引进花卉品种来维持我省花卉产业的规模化发展。"① 这里提到了对花卉知识产权保护的重要性，以及建设花卉知识产权创新示范区的必要性。建设花卉知识产权创新示范区应注意维权、追溯、吸引人才、应用等各个方面。为保障花卉知识产权创新示范区的顺利实施，政府拟每年拨款3 000万元。

此外，通过对工商财税体系中存在的不足加以改进，有助于花卉产业的发展。工商财税体系中存在的不足，一是发票问题没有得到妥善的解决，二是多数花卉贩卖者并未到有关部门进行有效登记，造成信息滞后甚至不全面。

《云南花卉产业的现状与发展对策》里还写道："一是加大财政投入力度。要切实用好用活省级财政专项资金和花卉发展基金，重点用于扩大优质鲜切花规模、地方特色花卉发展和解决制约产业加快发展的优良品种研发、物流条件改善、国际市场开拓等方面，并要根据今后财力增长情况逐步增加对花卉产业发展的投入。各州（市）、县（市、区）要根据花卉产业发展的重点，积极调整支出结构，安排专项资金扶持花卉产业发展。二是拓宽融资渠道。要通过各种方式推动银政、银企有效合作，把扶持花卉产业发展作为信贷投放的重点之一，创新金融服务，简化贷款手续，扩大信贷规模，加大对花卉龙头企业和中小企业的信贷支持力度。三是加大招商引资力度。四是加速建设适应市场经济体制的区域性地方融资环境，为花卉产业的发展创造便利、稳定和多渠道的融资条件。"② 这些都是云南省为大力发展现代花卉产业所制定的切实有效的政策方针，从财政投入等方面具体指导和帮助花卉行业的产业化进程。

最重要的一点就是通过重点发展具有云南特色的花卉文化产业，能够拉动经济效益。

---

① 杨明艳：《云南花卉产业的现状与发展对策》，载《云南林业》2013年第1期。
② 杨明艳：《云南花卉产业的现状与发展对策》，载《云南林业》2013年第1期。

《关于推动特色文化产业发展的指导意见》里写道："发展特色文化产业对深入挖掘和阐发中华优秀传统文化的时代价值、培育和弘扬社会主义核心价值观、优化文化产业布局、推动区域经济社会发展、促进社会和谐、加快经济转型升级和新型城镇化建设，发挥文化育民、乐民、富民作用，具有重要意义。回顾文化产业发展取得的成就，其中特色文化产业表现出色、贡献巨大，已经成为推动我国文化产业发展的重要力量。"① 可见发展特色文化产业的意义重大，尤其是发展云南地方特色文化与地方花产业的融合特别重要。

特色文化产业或是具备独特工匠精神，或是具备独特的乡土味，或是具备独特的地域性，或是具备独特的民族性。它所涉及的层面极其丰富，包括而不限于琴、棋、书、画、花、酒、诗、古董、工艺品、节庆等。在发展特色文化产业的过程中，应该注意到四个方面的内容，一是注重地域性，二是注重创新，三是注重和谐发展、不作无谓的破坏，四是注重政策扶持。

"经过30余年的发展，云南花卉产业已形成了以鲜切花、盆花为主，绿化观赏苗木、加工用花卉等多产品齐头并进，一、二、三次产业融合发展的良好态势。2017年，全省花卉种植面积156.2万亩，全行业实现综合产值503.2亿元、鲜切花产量110.3亿枝、花农收入121.1亿元，主要指标年均增幅达到8%以上。"② 可见云南的花卉产业已经具备了独特的优势，能够产生巨大的商业价值。

云南省的特色文化产业也存在着不足。一是具备高竞争力的花卉品牌数量不足；二是产业结构不够扎实；三是没有挖掘出足够的产品附加值；四是复合型人才欠缺；五是现代化程度过低。要对云南省特色文化产业的不足加以改进，就需要在六个层面特别注意。一是加大力度培育人才；二是加大资金投入力度；三是建立有效信息记录平台；四是加大政策落实力度；五是加大开拓国际市场力度；六是加大信息体系完善力度。

---

① 文产发〔2014〕28号/文化部、财政部印发《关于推动特色文化产业发展的指导意见》，载《党政干部参考》2014年第18期。

② 《2017云南省花卉产业发展规划汇报》，云南省农业厅花卉产业处。

《云南省花卉产业现状》指出："积极开展人才教育培训工程，充分利用滇中地区科研院所、大专院校比较集中、技术力量雄厚、信息网络发达的有利条件，根据花卉产业发展的要求，培养专业人才，重点是高层经营管理人才，专业市场营销人才，特别是国际市场专业营销人才、科技开发人才、应用技术推广人才、信息服务专业人才以及具有开拓进取精神的配套服务体系建设人才的培养和引进，争取通过 5～8 年的时间，培养造就一支结构合理、门类齐全的专业化人才队伍。建立云南花卉人才资料信息档案库，收录国内外、省内外有关花卉人才资料，为花卉产业发展提供服务；聘请国内外、省内外有经验的技术专家、经济专家组成具有把握国际、国内花卉发展潮流的花卉产业专家顾问组，定期对花卉产业提供咨询建议。比如我省引进的花卉育种高端人才包满珠博士就'云南主要切花资源收集及品种培育'为主要研究内容，这有助于提升我省花卉领域的研发能力，所以须加快人才培养和引进步伐。"① 这里为云南花卉产业人才的培育提供了有效的具体思路。

综上所述，我国的花卉产业要实行可持续的、有效的发展，就要做到加大政策扶持力度、因时因地制宜，注重对优秀花卉品种的培育以及特色花卉资源的挖掘，以及通过花文化传播加大花卉消费力度和市场培养的力度，并以此大力推进花文化产业结构调整及传统花卉产业升级、转型。

通过对云南省花卉产业进行分析，可以对我国整体花卉产业的战略思考和未来发展方向有所参考和启示。

2. 云南斗南花卉交易市场业态简析

所谓"全国鲜花看云南，云南鲜花看斗南"，作为全国最大的鲜切花交易市场，斗南花卉市场已经连续十多年销售量、交易量、人流量、现金流全国第一，它早已成为全国乃至全亚洲花卉市场的"风向标"和"晴雨表"。斗南花卉交易市场的骄人成绩与其所采用的先进模式有着相辅相成的关系。光是鲜切花一项，就为云南乃至全国的经济发展起到了明显的助推作用。1998 年，斗

---

① 杨明艳：《云南花卉产业的现状与发展对策》，载《云南林业》2013 年第 1 期。

南花卉市场的鲜切花交易额突破3.11亿元。2011年，交易额突破36.7亿元。2016年时，交易额已经突破47.2亿元，鲜切花的产值在花卉产业的整体市场份额中占据了相当大的比重，尤其是以花文化特色为重点开发的一系列花文化产业发展迅猛，前景不可限量。

在斗南花卉交易市场的产业环节中，对手交易是指面对面的鲜花买卖模式，这种模式有利于刺激消费需求。举例来说，避过消费高峰时间的潜在顾客能够在斗南花卉交易市场的其他时间段进行面对面地淘花、选花，这个时间段里所推出的花卉产品不仅品种丰富，而且物美价廉，能够诱导顾客进行消费。这个时间段所进行的对手交易虽然有客流量不足的特点，但其自由消费的氛围也是一种特色。固定的摊位以及流动的花贩是顾客大部分选择的交易对象。这种面对面的鲜花买卖模式属于传统型。虽然在整个现代花卉产业链中属于低端方式，但作为一种特色消费方式也有其积极意义。

现代化的对手交易模式也有独到之处。相对传统型而言，现代化的对手交易模式有着公平公正与提效的优势，能够令顾客得到更佳的消费体验。在专用的花卉拍卖大厅里，消费者可以第一时间得到智能显示的花卉数据，实现井然有序的交易。采用现代化的管理模式进行花卉买卖，能够使花卉交易的买卖、议价等环节所耗费的时间大大缩短，无论是企业还是个人都能高效查阅花卉的品级、种类、单价等详细信息。昆明市呈贡区斗南国际花卉产业园区的昆明国际花卉拍卖交易中心就是一个这样现代化的交易模式。

除了升级花卉买卖的环节，对货币结算的环节进行升级也是很有必要的。传统的货币结算方式有着账目不清、货款遭拖欠、误收假币等缺点，容易使等价交换原则遭到破坏。基于这一劣势，斗南花卉交易市场推出了具有创新意义的现代化智能结算方式——电子统一结算。采用电子统一结算这种先进的技术，能够使货币结算的损耗率大大降低，每笔交易都做到有证可依，每项花卉商品都有确实的数据可审核。随着现代社会人们生活质量的提高，传统的货币结算方式已经不能再满足人们的需求，智能高效的货币结算方式将是大众更乐于接受的对象。在这一点上，斗南花卉交易市场，走在了时代的前沿。

在花卉交易和结算方式都进行升级的同时，有保障的质检及仓储程序也是斗南花卉交易市场的一大亮点。斗南花卉交易市场对花卉商品的质量极为看重，不仅有着标准化的质检线，同时实施现代花卉物流模式，在分装、配送、仓储等环节把关严格，花卉的品质得到有效保障，以其实力博得消费者的信赖。

斗南花卉交易市场的成功不仅源于对各个环节的科学把控，最主要还有四点。一是讲求花卉经营的“从无到有”；二是讲求花卉产业的“深耕”；三是讲求花卉产业的“辐射化”；四是讲求花卉产品的“品牌化”。

花卉经营的“从无到有”主要可以理解为在花卉的生产、交易过程中，实现无中生有、以小博大的可持续推进。云南斗南花卉产业集团总裁助理的毛海鹏对此有着清晰的认知：“我们的整个项目叫斗南国际花卉产业园，农业部确定为唯一的一个国家级花卉市场，斗南整个园区加上盆栽农机器材的话，银行可查的数据，一年现金有 140 亿至 150 亿。所以整个形成了产业的集聚区，我们自己总结了 8 个关键词，它是从花田到花街，后来有了花市，现在是真正意义上的国际花都。”

据斗南的一位当地人士回忆，1987 年的鲜花贸易尚未形成产业链，自家尝试在田地里种植的鲜花只能以沿街叫卖的方式进行销售，从无中生出利润，再以数目尚少的利润谋求大的发展。在当时，一枝鲜花的价格为 3 角，而一斤蔬菜的价格也不过 1 角。斗南当地的居民在初步尝试鲜花买卖后，意识到了重要的商机所在，于是从无做起，逐步发展。到 1992 年的时候，斗南当地的花卉买卖规模越做越大，从路边的摊子、流动兜售的花贩演变成固定的一条街道。这条花街作为斗南花卉交易的起初固定场所，具有标杆性的重要意义。随着花卉交易的扩大化，斗南花卉的交易场所越来越多，1999 年时斗南花卉有限公司正式宣告成立，斗南花卉交易市场也被政府确立为全国定点花卉市场。

随着“斗南花卉”的驰名，斗南花卉交易市场在飞速发展的同时，对扩大生产有着迫切的需求。2011 年时，国家农业部将斗南国际花卉产业园区列入“十二五”的重要项目之中，2012 年时斗南国际花卉产业园整体投入资金达到50亿元，并正式开始兴建。国家对这一重点项目进行大力扶持，通过在政策、项目、博览会等方方面面提供指导与便利，使“斗南花卉”的品牌效应不断加深，发展趋势不断向上攀升。当地的花文化产业在持续增长的同时，进一步反哺了我国的整体花卉产业。

在讲求花卉经营“从无到有”的同时，对花卉产业进行“深耕”也能够深入地延伸花卉的相关行业。习近平总书记指出：“实施乡村振兴战略……要坚持农业农村优先发展……加快推进农业农村现代化……要坚定走‘生产发展、生活富裕、生态良好的文明发展道路，建设美丽中国，为人民创造良好的生产生活环境。”这就为花卉产业的“深耕”指明具体思路。

对花卉产业进行“深耕”，可以从与花卉有关的其他行业重点突破，实现融合式的创新。例如，“3小时花卉经济圈”是指围绕红河、曲靖、玉溪等重要的花卉产地，展开对整体经济圈的培养。在这方面，斗南花卉产业园区是以发展与花卉有关的物流配送、人流服务等产业在其中占据一席之地。斗南对花卉产业进行“深耕”所取得的成果也是显著的，目前，斗南当地与花卉相关的产业交易额为年均180亿元。而花文化产业，作为我国的特色产业，如能把握住核心竞争力所在，实行花卉产业“深耕”，未来为我国带来的经济效益将是无可限量的。

对花卉产业进行“深耕”，能够发展出更多的相关产业。而对花卉产业的有效开发，就需要讲求“辐射化”。“辐射化”可以包括旅游、住宿、交通等方方面面，但花文化为其中不可或缺的重要部分。花文化能够决定花卉产业的发展方向，重视花文化产业的发展就是对花卉产业向上攀升提供了有力的支撑。例如，昆明的花都海洋世界涵盖了海洋、花卉、教育等元素，具有相当高的商业价值。这其中，花文化无可否认地起到了联系诸多元素、提高经济功能的作用。

2017年，具有指导意义的《昆明斗南花卉小镇发展总体规划》被正式确立通过，建立花卉特色小镇的方向得到承认。花文化产业的发展趋势是大势所在，其独到的特色能够为拉动经济发展做出卓有成效的贡献。

在注意花卉产业的“辐射化”时，可以发现，树立特色花卉品牌能够加强辐射的力度，同时做到加强花卉产品的核心竞争力。讲求花卉产品的“品牌化”不能一味埋头苦干，而是要深入传统文化，结合现代意识，利用科技创新。目前，斗南花卉交易市场的花卉商品存在的问题主要还存在有数量与质量未能做到完全相应的匹配，这对我国花卉产业打入国际市场无疑是不利的。无论是政府扶持、企业研究还是个体经营，都需要对花卉的品质做出有效保障，树立专业化的花卉品牌。

而“斗南花卉”作为我国重要的花卉品牌，要想加大其品牌效应，在国内及国际市场都立于不败之地，还需要从多方面努力提高，以“斗南花卉”品牌为旗帜，结合旅游、美食、历史等相关层面，通过花文化赋予花卉产品强壮的生命力，建立起独具优势的本土花文化产业链条，为我国的经济发展增添臂助，使之面对外来的竞争，也能占据主场。中国花卉协会花文化专业委员会会长周武忠教授对此有着更加深刻的感悟：“不断加大科技投入，完善科技基础设施，探索培育花卉新品种，壮大中端花卉产业板块，努力打造高端花卉中心链条，将花卉产业做大、做强、做精、做专。推动花卉产业与其他产业相融合，依托资源优势，延长产业链条，助推产业转型。特别是与旅游产业、文化创意产业相融合，以花木基地为载体，打造花卉艺术主题公园或主题景区，开发花卉观赏、游憩休闲、文化体验产业，并形成花卉文化创意和花卉旅游商品设计、加工、销售等花文化产业链。”这就是花卉产业将来最理想，也最切实的发展方向。

附　　录

附录一　世界各国的重要花卉节日

一、加拿大枫糖节

享有“枫叶之国”美称的加拿大，盛产枫树，用枫树熬制的枫叶糖果甜度适中，清香可口，深受人们的喜爱。每年 3 月，全国各地都要欢度传统的枫糖节。节日期间，各地生产枫糖的农场都要接待来自国内外的游客，有些农场还制作各式各样的枫糖制品供人们免费品尝。加拿大人还为游客们表演精彩的民间歌舞，带领来宾们去欣赏美丽繁茂的枫林、枫叶。

二、奥地利水仙花节

每年 3 月下旬，在奥地利的巴特奥塞都要举行一届水仙花节，花节期间选出当年的“水仙皇后”和“水仙公主”，气氛十分热烈。巴特奥塞的水仙花节是奥地利规模最大的花节，每年都吸引大批游客专程到该地观赏奇妙的水仙花。

三、美国樱花节

在美国，每年 4 月中旬的第一个周末是美国的樱花节。在这一天，首都华盛顿举行盛大游行。浩浩荡荡的游行队伍中，英武的女骑手，穿着和服跳扇子舞的美国女郎，驾着微型汽车来助兴的老人及各种丑角，分外引人注目。用樱花装饰的彩车，则更集中显现出了节日独特的风采。全国各个州都要选派“樱花公主”赴华盛顿参加活动，并从中挑选出“樱花皇后”，还要举行加冕典礼，热闹非凡。美国的樱花节是 1912 年由日本传入的。

四、荷兰郁金香节

郁金香是荷兰的国花。每年暮春时节，郁金香盛开，整个大地像是铺了绚丽的地毯。最接近 5 月 15 日的那个星期三就是荷兰郁金香节。节日里，人们用五颜六色的鲜花扎成形态各异的花车，车上坐着“郁金香女王”，欢乐的人们头戴花环，挥舞花束，簇拥着花车，浩浩荡荡，穿街过市，形成鲜花的长河。

五、保加利亚玫瑰节

保加利亚以“玫瑰之邦”闻名于世，保加利亚人民把玫瑰敬为“国花”。每年 6 月的第一个星期日是保加利亚的玫瑰节。庆祝活动的中心在盛产玫瑰的卡赞利克和卡文洛优山谷。节日这天，人们盛装打扮云集于此，“玫瑰姑娘”们满怀喜悦地采摘着鲜丽的玫瑰花，然后扎成花环献给来宾，把花瓣扔向人群。玫瑰花农在乐曲的伴奏下跳起欢乐的舞蹈，举行庆祝玫瑰丰收的仪式。

六、斐济红花节

红花的学名叫朱槿，是一种常年开花的热带灌木。红花是斐济的国花，每年8月，斐济都要在首都苏瓦市举行为期7天的红花节庆祝活动。人们把苏瓦市装扮得分外妖娆，街道上搭起了牌楼，彩旗迎风招展，花草和彩灯争相辉映。节日的最后一个晚上，宣布评选“红花皇后”的结果，并为当选的前3名“红花皇后”戴上红花编织的“皇冠”。

七、墨西哥仙人掌节

素有“仙人掌之国”之称的墨西哥，在每年8月中旬都要在米尔帕阿尔塔地区举行盛大又隆重的仙人掌节。节日期间，当地政府所在地张灯结彩，四周搭起餐馆，专做仙人掌食品出售。同时，还展出各种仙人掌食品，如蜜饯、果酱、糕点及以仙人掌为原料制成的洗涤剂等生活用品。

八、日本菊花节

每年农历九月初九是日本的传统节日——菊花节，人们或在摆满菊花的阳台上，或去菊花园中，举行菊花酒会。大家一边品着菊花酒，一边欣赏五彩纷呈的菊花。节日期间，日本许多地方举办菊花展览，其中福岛的“菊人形花展”大享盛名。

（《企业与市场》2004年第12期）

附录二　我国各地花卉节日大全

1 月份：16～18 日福建漳州“中国水仙花节”，春节前后云南昆明、丽江等地“茶花节”。

2 月份：中旬江西“梅花节”，17 日云南大理“兰花博览会”，22 日南京“国际梅花节”。

3 月份：云南、贵州“油菜花节”，浙江金华“国际茶花节”，绍兴“兰花节”，成都“郁金香节”，南京“夫子庙花会”，上海、无锡、成都、湖南桃源“桃花节”，昆明“杜鹃花节”，四川绵竹“梨花节”。

4 月份：19 日起至 5 月 8 日为无锡“杜鹃花节”，8 日至 25 日为贵州省黔西金坡百花坪“杜鹃花节”，中下旬为山东菏泽、安徽巢湖“牡丹花节”，河北顺平、山东肥城、北京“桃花节”，20 日山东莱阳“梨花节”。

5 月份：1～8 日青海“郁金香节”，5～8 日江苏扬州“琼花节”，25 日山东莱州“月季花节”，5～6 月份天津“月季花节”，山东平阴“玫瑰文化节”。

6 月份：郑州、常州“月季花节”，山东枣庄“石榴花节”，武汉、杭州、合肥、深圳、澳门“荷花节”，6～8 月份四川新都“桂湖荷花展节”。

7 月份：山东济南大明湖、河北白洋淀“荷花节”。

9 月份：下旬为上海“桂花节”（10 天），杭州“西湖桂花节”，广西桂林“桂花节”，南京灵谷“桂花节”。

10 月份：北京、开封、广州、浙江余杭“菊花节”。

11 月份：北京“红叶节”，浙江桐乡、河南内乡“菊花节”。

12 月份：成都、广州从化流溪“梅花节”。

（百度文库林学）

附录三 中国各省份省花和部分城市市花

一、直辖市市花

北京：月季、菊花

上海：玉兰

天津：月季

重庆：山茶花

二、特别行政区区花

香港：洋紫荆

澳门：荷花

三、省花及省会城市市花

台湾：蝴蝶兰——台北市：杜鹃

广东：木棉——广州市：木棉

福建：水仙——福州市：茉莉

浙江：玉兰——杭州市：桂花

江苏：茉莉——南京市：梅花

山东：牡丹——济南市：荷花

湖北：梅花——武汉市：梅花

河南：腊梅——郑州市：月季

陕西：百合——西安市：石榴

山西：榆叶梅——太原市：菊花

甘肃：郁金香——兰州市：玫瑰

青海：郁金香——西宁市：丁香

贵州：杜鹃——贵阳市：兰花

辽宁：天女花——沈阳市：玫瑰

湖南：荷花——长沙市：杜鹃

河北：太平花——石家庄市：月季

四川：木芙蓉——成都市：木芙蓉

吉林：君子兰——长春市：君子兰

江西：杜鹃——南昌市：金边瑞香、月季

黑龙江：丁香、玫瑰——哈尔滨市：丁香

云南：云南山茶、常绿杜鹃——昆明市：云南山茶

安徽：紫薇、黄山杜鹃——合肥市：桂花、石榴

海南：三角梅——海口市：三角梅

四、自治区及首府所在城市市花

西藏自治区：龙胆、报春——拉萨市：格桑花

广西壮族自治区：桂花——南宁市：朱槿

宁夏回族自治区：马兰花——银川市：玫瑰

新疆维吾尔自治区：雪莲——乌鲁木齐市：玫瑰

内蒙古自治区：马兰花、金老梅——呼和浩特市：丁香

（《花与中国文化》）

附录四 《二十四番花信风》

二十四番花信风简称“花信风”，是应花期而来的风。我国古代以五日为一候，三候为一个节气。每年冬去春来，从小寒到谷雨这8个节气里共有24候，每候都有某种花蕾绽放，便有了“24番花信风”之说。一年花信风梅花最先，楝花最后。经过24番花信风之后，以立夏为起点的夏季便来临。

小寒 一候梅花，二候山茶，三候水仙；

大寒 一候瑞香，二候兰花，三候山矾；

立春 一候迎春，二候樱花，三候望春；

雨水 一候菜花，二候杏花，三候李花；

惊蛰 一候桃花，二候棠梨，三候蔷薇；

春分 一候海棠，二候梨花，三候木兰；

清明 一候桐花，二候麦花，三候柳花；

谷雨 一候牡丹、二候荼蘼、三候楝花。

梁元帝《纂要》另有一年的二十四番花信风：“一月二番花信风，阴阳寒暖，冬随其时，但先期一日，有风雨微寒者即是。其花则：鹅儿、木兰、李花、杨花、桤花、桐花、金樱、鹅黄、楝花、荷花、槟榔、蔓罗、菱花、木槿、桂花、芦花、兰花、蓼花、桃花、枇杷、梅花、水仙、山茶、瑞香，其名俱存。”

（《花与中国文化》）

附录五　花中“十友”和“十二客”

一、花中“十友”

花中“十友”是人们把十种性格各异的花，比作人的十种朋友，可谓是“人本天地中一物，天地万物皆为友”。流传最广的是宋代诗人曾端伯的花中“十友”之说，后有人更将这十种花卉各配诗一首。

1. 兰花——芳友

春晖开禁苑，淑景媚兰场。
映庭含浅色，凝露泫浮光。
日丽参差影，风传轻重香。
会须君子折，佩里作芬芳。

（唐·李世民）

2. 梅花——清友

吾家洗砚池头树，朵朵花开淡墨痕。
不要人夸好颜色，只留清气满乾坤。

（元·王冕）

3. 腊梅——奇友

天向梅梢独出奇，国香未许世人知。
殷勤滴蜡缄封印，偷被霜风折一枝。

（宋·杨万里）

4. 瑞香——殊友

幽香结浅紫，来自孤云岑。

骨香不自知，色浅意殊深。

（宋·苏轼）

5. 莲花——净友

莲花生淤泥，净色比天女。
临池见千叶，谪堕问何故。
空明世无匹，银瓶送佛听。
清泉养芳洁，为我三日住。
蔫然落宝床，应返梵天去。

（宋·苏辙）

6. 栀子——禅友

禅友何时到，远从毗舍园。
妙香通鼻观，应悟佛根源。

（宋·王十朋）

7. 菊花——佳友

南阳菊水多耆旧，
此是延年一种花。
八十老人勤采啜，
定教霜鬓变成鸦。

（清·郑板桥）

8. 桂花——仙友

滴露研朱染素秋，
轻黄淡白总含羞。
量空金粟知难买，
击碎珊瑚惜未收。
仙友自传丹灶术，
状无须作锦衣游。

（明·瞿佑）

9. 海棠——名友

诗里称名友，花中占上游。
风来香细细，何独是嘉州。

（宋・王十朋）

10. 荼蘼——韵友

名园雨盖漫童童，不似青蛇出瓮中。
好事主人仍好施，定移韵友乞山翁。

（宋・王十朋）

关于花中“十友”，还有其他的说法，如明代《锦绣万花谷》后集卷三十七：

“芳友者，兰也。清友者，梅也。奇友者，蜡梅也。殊友者，瑞香也。净友者，莲也。禅友者，薝葡[1]也。佳友者，菊也。仙友者，桂也。名（明）友者，海棠也。韵友者，荼蘼也。”

二、花中“十二客”

宋代张景修以十二种名花比作“十二客”，它们分别是：牡丹——贵客；莲花——静客；梅花——清客；茶花——雅客；菊花——寿客；桂花一仙客；瑞香——佳客；蔷薇——野客；丁香——素客；茉莉——远客；兰花——幽客；芍药——近客。

（《花与中国文化》）

---

① 薝葡即栀子花，栀子由西域进入中国。

附录六　花卉菜肴

加入菜肴中，给厚味去腻增鲜，使淡味提香提色，是花卉入肴的独特之处。由于我国古时即开始以花入菜，因此，花卉入肴菜谱虽然只在古籍中有零星记载，迄今却很丰富。选介如下：

1. 红烧玉兰片

此菜本是江南民间菜，又名虾子玉兰片，乾隆年间自江南传入宫廷，为清宫时蔬菜之一。

[原料] 玉兰片200克，海米（色红而个儿小的）30克，猪油50克，葱、鲜姜各少许，酱油25克，酒15克，白糖10克，油230克。

[制法] 将干玉兰片用开水泡40分钟，泡软后用刀片成宽2.4厘米、长3厘米、厚3毫米的薄片。

大锅内倒入油（230克），烧热后放入玉兰片，约3秒钟后取出。海米用开水泡10分钟，洗净后控去水。葱、鲜姜分别切成末。

猪油倒入锅内并用火化开，烧热时投入葱、姜末，炸出香味时加入酱油、酒、白糖和水（50克），汤开后放入玉兰片，撒入海米，用小火煨20分钟。待汁将尽时即可出锅供膳。

2. 玉兰花熘肉片

[原料] 猪瘦肉250克，玉兰花2朵，猪油、精盐、味精、料酒、鸡汤、姜末、葱末、湿淀粉、鸡蛋、白胡椒面各适量。

[制法] 将玉兰花摘瓣洗净，把猪瘦肉切成片放碗内，加少许精盐、料酒、鸡蛋清、湿淀粉放碗内兑成芡汁。

洗净炒勺上火烧热，下入猪油，烧四成热时下入肉片，用筷子拨散滑透，捞出控油。勺内留底油，投入葱、姜末煸炒熟后，倒进肉片、玉兰花瓣及兑好的芡汁，翻炒几下盛入盘内即可供膳。

3. 梅花玻璃鱿鱼羹

［原料］鲜梅花10朵，干鱿鱼150克，清汤750毫升，精盐、味精、白胡椒面、料酒、食用碱、醋、鸡油各适量。

［制法］将鱿鱼放入温水泡1小时，淘洗干净，去头尾，切成长3厘米、宽1.5厘米的长方块，再平片成均匀又极薄的片，放入盆内，用五成热的水淘洗后，用食用碱面拌匀，注入开水，盖上盖，焖泡到水温不烫手时，将水滗出一半，再倒入开水盖上盖焖泡。如此重复3~4次，使鱿鱼颜色发白、透明、质软，然后用清水漂洗净，再用凉水泡入盆内待用。另将梅花摘去花蕊，取下花瓣洗净控干。

炒锅置火上，注入清汤烧沸，倒入鱿鱼浸3~4分钟后滗去汤，再重复操作一次。将锅洗净注入清汤烧沸，加入白胡椒面、料酒、味精、精盐，打去浮沫，倒入梅花瓣，淋入鸡油，盛入大汤碗内即可。

［特点］梅花因花质细嫩，多入羹肴，以存其色香味之特色。本品清汤如水，鱿鱼片色白透明，如同玻璃，味鲜美，烂而脆嫩，为应时菜之一。

4. 杏花烩三鲜

［原料］鲜杏花5朵，鲜青虾100克，鲜豌豆100克，鸡蛋1个，鸡汤500毫升，精盐、味精、白胡椒面、料酒、湿淀粉、猪油各适量。

［制法］将鲜杏花取花瓣洗净控水；鲜豌豆去皮洗净，均放盘内。把鲜青虾剥去皮头洗净，用白纱布轻轻挤干水，放碗内加少许精盐、味精、鸡蛋清、湿淀粉拌匀上浆。

炒勺置火上烧热，放入猪油，烧四成热时，倒入虾仁，用筷子轻轻拨散滑透，捞出控油。锅内留底油，烧热，倒入鲜豌豆炒熟，注入鸡汤，加少许精盐、味精、料酒、白胡椒面，倒入虾仁，烧沸后撇去浮沫，撒上鲜杏花，淋入鸡油，盛入大汤盘内即可。

［特点］色泽美观，鲜嫩适口，杏花清香，营养丰富，为应时宴会菜之一。

5. 桃花溜黄菜

[原料] 鲜桃花5朵，大海米10克，熟火腿10克，鸡蛋4个，精盐、味精、料酒、白胡椒面，鸡汤、猪油、湿淀粉、鲜姜各适量。

[制法] 将鲜桃花摘去花蕊，取下花瓣洗净控水切成丝。把海米淘洗净加入料酒，上笼蒸透，切成碎末。将火腿、鲜姜分别切成末。把鸡蛋在碗内打散，加入鸡汤、味精、料酒、白胡椒面、精盐、湿淀粉搅拌均匀。

净炒勺置火上，烧热放入猪油，将鲜姜末煸炒出味捞出，下入调好的鸡蛋用手勺推抄熟，盛入盘内撒上鲜桃花丝、海米、火腿末即可。

6. 梨花里脊丝

[原料] 鲜梨花20朵，玉兰片50克，猪通脊肉250克，精盐、味精、料酒、白胡椒面、鸡蛋、鸡汤、葱丝、姜丝、猪油、湿淀粉各适量。

[制法] 将鲜梨花洗净控去水切成丝；发好的玉兰片切成丝；鸡汤、味精、料酒、白胡椒面、精盐、湿淀粉放碗内兑成汁芡。把猪通脊肉切成4.5厘米的丝，放入碗内，加少许精盐、料酒、味精、鸡蛋清、湿淀粉拌匀上浆。

净炒勺置火上烧热，放入猪油，烧四成热时，倒入里脊丝，用筷子轻轻拨开滑透，捞出控油。炒勺内留底油，油热时投入葱、姜丝炒出味，倒入里脊丝，玉兰片丝和兑好的汁芡，翻炒熟后盛入平盘内，将鲜梨花丝撒在肉丝上即可。

[特点] 里脊鲜嫩，味美清香，为应时炒菜之一。

7. 榆钱花炒肉片

[原料] 榆钱花20朵，猪瘦肉250克，水发木耳50克，油、酱油、料酒、味精、盐、香油、葱末、姜末、蒜末、淀粉、鸡汤各适量。

[制法] 将榆钱花、木耳摘好洗净放入盘内，把猪肉切片放入碗内，加盐、料酒、湿淀粉拌匀浆好。另取一小碗加鸡汤、盐、酱油、料酒、湿淀粉兑成芡汁。

[特点] 色彩金黄、味鲜香，榆钱花味浓，别有风味，为应时家常菜肴。

8. 高丽榆钱花

［原料］鲜嫩榆钱花 200 克，鸡蛋 4 个，干淀粉面、猪油、面粉、精盐、味精、花椒各适量。

［制法］将鲜嫩榆钱花整朵洗净，挤干水，用少许精盐、味精拌匀腌渍入味。将鸡蛋打入碗内留清去黄，用筷子顺一个方向打成雪白泡沫，加少许面粉、淀粉搅拌均匀成糊状（高丽糊）。

炒勺上火烧热，放入猪油，烧四成热时，将榆钱花滚上一层干淀粉面，再逐朵挂上一层高丽糊，下温油中炸。视榆钱花凝固时，翻个捞出控油。待全部炸完后，把油温略加高，再将榆钱花倒入油内炸熟，捞出整齐地码在盘中间。将花椒（10 克）入锅炒酥，倒在案板上擀成细面，兑上精盐、味精、撒在炸好的榆钱花上面即可。

［特点］松软鲜嫩，榆钱花香味浓，为应时宴会菜之一。

9. 酿双花

［原料］海棠花 10 朵，榆钱花 22 朵，鲜虾肉 200 克，猪通脊肥膘肉 100 克，熟火腿 25 克，鸭蛋 2 个，黄瓜皮 25 克，发好香菇 50 克，葱丝、姜丝、泡姜水、精盐、味精、料酒、白胡椒面、鸡汤、鸡油、干淀粉面、湿淀粉。

［制法］将海棠花、榆钱整朵洗净，捞在大平盘内，用干净白纱布挤干水。把香菇用凉水泡 3～4 小时，捞出剪去梗，洗净泥沙，用沸水煮一次捞出，再用鸡汤、葱姜、精盐、味精煨熟取出，切成粗丝。把鸡蛋煮熟去白留黄切成细末，再将黄瓜去瓤留皮切成小长块，熟火腿切成碎末。

将鲜虾肉，猪通脊膘肉一起用刀背砸成细泥，放在盆内，用泡姜水解开，加入精盐、味精、料酒、白胡椒面、鸡蛋清、湿淀粉，用筷子顺一个方向搅拌上劲成虾糁。把干淀粉撒在榆钱、海棠花上，将虾糁用手挤成圆球在榆钱和海棠花的上面，用小刀抹平，中间略高，轻轻拖进大盘里，顶端撒上火腿末，周围摆上鸭蛋黄，再用香菇条、黄瓜条摆在榆钱与海棠花之间，做成海棠花树形，上笼蒸熟取出。

炒勺烧热，注入少许鸡汤，下入用精盐、味精、料酒、湿淀粉兑成的稀芡，待起泡后淋入鸡油，浇在酿好的榆钱和海棠花上即可。

［特点］颜色美观，形似海棠果，味鲜嫩爽口，为应时宴会酿菜之一。

注：此菜因选用榆钱和海棠花做原料故得名。

10. 牡丹花爆鸡条

［原料］牡丹花一朵，生鸡脯肉200克，香菜50克，精盐、料酒、味精、白胡椒面、醋、香油、湿淀粉、鸡汤、花生油、葱、姜、蒜各适量。

［制法］将牡丹花洗净切成粗条。生鸡脯肉去掉老皮和筋用刀切成条，放在碗内，加入精盐、味精、料酒、鸡蛋清、湿淀粉，调匀上浆。香菜、葱、姜、蒜分别切成丝。另用一碗将精盐、味精、醋、白胡椒、鸡汤、湿淀粉兑成芡汁。

炒勺烧热，放入花生油，烧至四成热时，倒入鸡条用筷子拨散滑透，倒入漏勺内控出油。

炒勺留少许油，将葱、姜丝炒出香味，倒入鸡条，香菜和兑好的芡汁，翻炒几下，盛入盘内，撒上牡丹花条即可。

［特点］色调雅致，肉嫩味鲜，有浓郁的花香，食之别有风味，为应时菜。

11. 牡丹花银耳汤

［原料］牡丹花1朵，银耳25克，清汤、精盐、味精、料酒、白胡椒面各适量。

［制法］将白牡丹花瓣洗净。把银耳放入盆内用开水浸泡膨胀，择洗干净控干。将清汤倒入净锅内，加入精盐、料酒、味精、白胡椒面，烧沸撇去浮沫。

把银耳放入大碗内，倒进调好味的清汤，上笼蒸至银耳发软入味时，取出撒上鲜白牡丹花瓣即可。

［特点］汤清味美，清淡爽口，为宴会汤菜之一。

12. 玫瑰挂霜豆腐

［原料］鲜玫瑰花1朵，豆腐2块，白糖、鸡蛋、面粉、淀粉、植物油、

青丝各适量。

［制法］将鲜玫瑰花择洗干净，切成丝，放在盘内；豆腐切成小长块；鸡蛋打入碗内，加上湿淀粉、面粉、搅成鸡蛋糊。

将炒勺洗净，置火上烧热，放入植物油，烧六成热时，把豆腐块蘸上干淀粉，再挂上蛋糊，下油锅炸呈金黄色，捞出，沥去油。

炒勺内放清水少许，下入白糖搅炒，使其熔化起大泡，直至糖浓缩能起丝时，下入炸好的豆腐块翻炒几下，放入鲜玫瑰丝、青丝，见糖发白时盛入盘内，再撒上白糖即可。

［特点］色彩泼白，外焦里嫩，甜香，为应时甜菜之一。

13. 玫瑰香蕉

［原料］鲜玫瑰 1 朵，香蕉 500 克，面粉、白糖、鸡蛋、芝麻仁、淀粉、花生油各适量。

［制法］把香蕉去皮切成转刀块；鲜玫瑰花摘洗净，控干水，切成粗丝，鸡蛋打入碗内，加面粉、湿淀粉拌匀调成糊，芝麻仁淘洗干净炒熟。

炒锅置火上，注入花生油，烧五成热时，将香蕉块粘一层面糊，逐块入油锅，炸呈金黄色时捞出，控净油。

锅内留底油少许，放入白糖，待糖炒至黄色时下入炸好的香蕉块，翻炒几下，使白糖全部裹在香蕉上面。在白糖香蕉上撒上熟芝麻仁，颠翻几下，盛入抹好油的平盘内。菜上撒鲜玫瑰花丝即可上席。

［特点］色彩美观，爽脆香甜，为应时宴会甜菜之一。

14. 油煎槐花饼

［原料］鲜嫩槐花 500 克，鸡蛋 2 个，面粉 100 克，细淀粉面 150 克，精盐、味精、香油、五香粉、葱、姜、蒜、花生油、香菜、鸡汤适量。

［制法］将鲜嫩槐花洗净，挤干水，切成碎末放盆内；香菜、葱、姜分别洗净切成碎末放入槐花盆里，再加精盐、味精、五香粉、鸡蛋、面粉、淀粉面、鸡汤，拌匀调成糊状。

把大蒜去皮洗净放入碗内，加入少许精盐，砸成蒜泥汁。

烧热炒勺注入花生油，将拌好的槐花糊用小勺盛入锅内摊成小圆饼，两面都煎成金黄色时，取出，整齐地摆在盘内，撒上花椒盐即可。随同蒜泥汁一起上桌。

［特点］色彩金黄，外焦里嫩，为家常应时菜。

注：做槐花饼宜用小火慢煎，否则会外糊里生。

15. 黄花炒鸡蛋

［原料］黄花菜250克，鸡蛋5个，精盐、味精、料酒、葱、姜、花生油适量。

［制法］将干黄花用清水先洗两遍，再用温水泡2小时左右发开后择洗干净，挤干水，码整齐，从中间切断。再将葱、姜洗干净分别切成丝。将鸡蛋打入碗内，加少许精盐、味精、料酒、用筷子搅拌均匀。

炒勺烧热，注入花生油，把鸡蛋炒熟倒入盘内。勺内留底油，烧热投入葱、姜丝、煸炒熟倒入黄花菜，鸡蛋，加少许料酒、精盐、味精，翻炒均匀盛入盘内即可。

［特点］具有黄花菜鲜香味，为家常便菜。一年四季均可选用。

16. 干煸鲜黄花

［原料］鲜黄花500克，干辣椒5克、油、盐、酱油、料酒、豆瓣酱、白糖、味精、香油、葱、姜、蒜适量。

［制法］将鲜黄花洗净，用开水烫一下再过凉水，用清水泡24小时后捞出控干。把干辣椒、葱、姜切丝。

锅烧热注入花生油，烧至八成热时将黄花放入，炸一下捞出控去油。再把锅烧热，注入香油200克。油热时下入干辣椒煸炒几下，下入豆瓣酱、花椒末炒出香味，加葱、姜、蒜、黄花、盐、料酒、白糖、味精、酱油一起煸炒，翻炒均匀即可。

［特点］黄花鲜辣，香味突出，为应时菜之一。

17. 月季花烧大虾

［原料］月季花2朵，鲜大虾1 000克，精盐、醋、白糖、猪油、料酒、

葱段、姜块、胡椒面、鸡汤各适量。

［制法］将鲜月季花洗净，取其中 1 朵花放入盘内。把鲜大虾剪去头须、虾枪和腿，去掉沙包、沙肠。

烧热炒锅放入猪油，下入姜、葱和大虾，用小火煎。待虾肉发挺，色变红时，加入精盐、味精、醋、白糖、胡椒面、料酒、鸡汤，用盘扣在虾上，小火微煨 5 分钟左右，将虾翻身，再过 5 分钟，取出平摆在大盘内。将鲜月季花瓣撒在大虾身上，取走的另一朵放在虾盘的中间。将锅汤汁烧沸，拣去葱、姜，淋在虾身上即可。

［特点］色泽红润，甜咸鲜嫩，具有浓厚的花香味，为宴会应时菜之一。

18. *茉莉花熏鸡*

［原料］茉莉花 20 朵，当年母鸡 1 500 克，白糖 150 克，锯末 150 克，红卤汤 1 500 毫升。

［制法］将鸡从脖子上竖拉一刀，取出食管、气管和嗉囊；从肛门下紧拉一刀（长 5 厘米）取出内脏，剁去爪，把鸡洗净，将鸡腿插进鸡肚里，鸡翅膀从鸡脖刀口处掏出别好，用冷水浸透，洗去血沫。

汤锅内放入红卤汤，烧热后下入整鸡，约煮 30 分钟捞出。

将熏锅烧热，锅内放锯末、白糖，放上铁箅子，把鸡放在箅子上，盖上锅盖。用旺火把锅里的锯末烧冒烟，将鸡熏成金黄色。取出鸡，把茉莉花放入鸡肚膛内，待凉，抹上香油。食用时剁成条装盘即可。

［特点］色泽金黄，烟熏味浓，并有浓郁茉莉花香。

19. *荷花鸡柳*

［原料］白荷花 2 朵，荷叶 1 张，生鸡芽肉 250 克，青蒜苗 20 克，鸡蛋 1 个，鸡汤 50 毫升，花生油 1 000 克（约耗 75 克），味精、精盐、料酒、姜汁、湿淀粉各适量。

［制法］将鸡芽肉片成柳叶片，用鸡蛋清、精盐、湿淀粉上浆。把荷花摘下花瓣洗净，荷叶去蒂，叶边剪成锯齿状，放在沸水中烫一下，捞入凉水中再出水控干，放在盘底待用。把鸡汤放碗内，加盐、味精、料酒、姜汁、水淀

粉，兑成芡汁。

烧热炒锅，用猪油涮光，放入花生油，烧五成热时，放入浆好的鸡片，拨散、滑透，捞出滤去油。

另取炒锅，放入葱、姜、油烧热，倒入滑好的鸡片，烹入兑好的汁，加入青蒜段，颠翻几下，盛入盘内荷叶上，将荷花瓣摆在周围即成。

[特点] 鸡肉滑嫩，荷花清香，菜色艳丽，为夏季应时菜肴。

注：鸡芽子肉即鸡柳。

20. *荷花铺蛋汤*

[原料] 鲜荷花1朵，鲜豌豆苗25克，鸡蛋2个，精盐、猪油、味精、料酒、鸡汤、白胡椒面和姜、葱丝各适量。

[制法] 将鲜荷花洗净取下花瓣，鲜豌豆苗去梗洗净控水，分别放入盘内。把鸡蛋打入碗内加入精盐、料酒、味精、搅拌均匀。

烧热炒勺放入猪油烧热，下入蛋液煎成圆饼，待两面都煎成金黄色时，取出控油切碎。炒勺留底油，下入葱、姜丝炒出香味时，注入鸡汤，加精盐、味精、料酒、白胡椒面。烧沸后撇去浮沫，下入鲜荷花、豌豆苗，再沸时，盛入大汤碗内即可。

[特点] 汤清味鲜，为应时汤菜之一。

21. *晚香玉炒虾仁*

[原料] 鲜晚香玉花50克，净鲜豌豆50克，鲜净虾仁300克，鸡蛋1个，鸡汤50毫克，精盐、味精、白糖、白胡椒面、料酒、猪油、香油、玉米粉、湿淀粉、小苏打、葱、姜各适量。

[制作] 将鲜晚香玉花摘洗净，放入小盘内，鲜嫩豌豆剥去皮洗净控水也放入盘内。把葱、姜洗净分别切成细末。

去掉鲜虾的头、皮，用白纱布挤干水，倒在盆内，用精盐、味精、白胡椒面、小苏打、鸡蛋清、玉米粉调匀浆好。

另在一碗内放入少许鸡汤、精盐、味精、白胡椒面、湿淀粉，香油兑成汁。

洗净炒勺烧热，注入猪油，油烧至四成热时，放入虾仁，用筷子轻轻拨散滑透，倒入漏勺控油。炒勺内留底油，烧热时投入葱、姜末，煸炒几下放入鲜豌豆、虾仁和兑好的芡汁，颠炒几下即出勺盛入盘内，将鲜晚香玉花撒在虾仁上面即可。

［特点］色彩红、白、绿，虾仁脆嫩，味鲜香，具有浓厚的花香味，为宴会应时菜之一。

注：浆鲜虾仁时不用料酒，因下料酒影响虾仁本身的脆嫩。虾仁浆好后最好放入冰箱约 3 个小时后再炒，否则容易脱粉。

22. 桂花脆皮鱼

［原料］鲜桂花 20 朵，鲜鲤鱼 1 尾（约 500 克），植物油、葱、姜、大蒜、白糖、醋、料酒、精盐、味精、湿淀粉、鸡汤适量。

［制法］将鲜桂花择洗干净放入小盘。鲤鱼去鳞，抠腮，剖腹去内脏，用清水洗净，再用净布擦干水。刀立着在鱼身两侧各划 5 刀，刀深 1 厘米，划口距离大致相等。把鱼放进碗里，用料酒、酱油、精盐腌 5 分钟，使之入味，取出，再用净布揩干待用。把葱、姜、大蒜洗净，分别切成细末。

用碗将酱油、白糖、醋、料酒、精盐、鸡汤、湿淀粉兑成芡汁。

洗净炒勺烧热，注入植物油，油烧至九成热时，将水淀粉均匀地抹在鱼身上，鱼头先下锅，炸至呈金黄色时，捞出放进盘内，用手拍松。

锅内留底油约 100 克，油热时投入葱、姜、大蒜末炒香，将兑好的芡汁均匀倒入锅内进行翻炒。炒至起泡时，加少许热油，淋入条盘中的鱼身上，把鲜桂花撒在鱼上面即可。

［特点］成菜鱼形美观，色彩金黄，外酥里嫩，糖醋桂花味香，为应时宴会菜之一。

23. 家常菊花鱼

［原料］鲜白菊花数朵（约 50 克），鲜鲤鱼 1 尾（750 ~ 1 000 克），豌豆苗 50 克，盐、油、姜、葱、蒜、泡红辣椒、酱油、料酒、水淀粉、胡椒面、醋各适量。

［制法］将鲜菊花水略洗、沥干、掰瓣。鲜鱼剖腹，去鳞腮内脏后洗净，用坡刀在鱼身两面每隔 2 厘米划一刀，抹上盐。把姜、蒜剁末，葱切成细花，泡红辣椒去蒂去籽切成长 3 毫米的短节。

把油在炒锅内烧至六成热时，将鱼放入锅内，两面煎呈黄色后取出，待锅内余油烧热时，下姜、蒜及泡红辣椒，煸出香味，依次下酱油、原汤和煎好的鱼，用小火加热。汤沸后将鱼翻过继续烧 5 分钟，待鱼入味即下水淀粉收汁，同时放入醋、葱花，最后撒入菊花，立即装盘。

［特点］红黄白绿彩色纷呈，菊香鱼香飘拂四座，味极鲜美（原汤是指用鸡翅、爪、猪骨煮成的汤）。

24. *腊梅豆腐汤*

［原料］鲜腊梅 15 朵，南豆腐 2 块，鲜姜、葱、鸡汤、精盐、味精、白胡椒面、醋、香油、白油各适量。

［制法］将鲜腊梅择洗干净泡在凉水内。把南豆腐切成约 1.5 厘米见方的小薄片，鲜姜、葱分别切成细末。

洗净炒勺烧热，注入白油烧至五成热时，投入葱、姜末炒出香味，再加入鸡汤、精盐、白胡椒面、豆腐片。汤沸后撇去浮沫，倒入鲜腊梅花，再加入味精、醋、香油，盛入碗内即可。

［特点］色彩黄白美观，浓香满碗，酸辣爽口，是隆冬季节御寒的香辣汤菜。

（《花与中国文化》）

附录七 传统工艺美术中常见的花草图案

中国工艺美术中出现的花卉图案，无论是何种形式，几乎都寄寓了吉祥的内容，大体上就是多福长寿，人品高洁，百事如意等，也就是福、禄、寿、喜、财、洁、顺、吉八个字。这也是我国长期封建社会所形成的一种社会观念形态，一种人们慕求的理想。正因为这些花卉吉祥图案能给人们对美好生活的向往带来精神上的愉悦，所以在民间深受喜爱，几千年来一直在民间装饰美术中流行，应用也极广，无论是雕刻、织绣、绘画、印染，还是陶瓷、漆器、编织、剪纸，抑或其他工艺品，都有着特殊的地位。许多中国的奇花异果佳卉，例如：梅、竹、松、兰、水仙、菊花、玫瑰、莲花、萱草、牡丹、藻纹、月季、百合、杜鹃、玉兰、桃花、蔷薇、杏花、椿花、灵芝、石榴、佛手、桂花、忍冬、枫叶、葡萄、蔓草等，它们各自单一的自然形态，经过艺术加工和抽象变形，本身就可直接构成吉祥图案；也可与各种动物、鸟类等吉祥物，或是由多种花卉的组合，构成复合型的吉祥图案，以表达更为复杂、宽广的主题。

现将中国传统工艺美术中常见的由多种花卉组合而成的吉祥图案介绍如下：

1. 凤戏牡丹

在中国人的理念中，凤与牡丹自古以来一直是吉祥之物。把牡丹与凤凰放在一起，构成凤戏牡丹的图案，更增添了凤鸟的优美情趣，寓意丹凤呈祥，如图1所示。

图1 凤戏牡丹

2. 富贵万年

图案由牡丹、桂花、万年青三种瑞草借谐音手法构成。它表示人们对生活永远富裕、幸福的祈求，如图2所示。

图2 富贵万年

3. 喜鹊登梅

在中国传统习俗上，喜鹊被认为是一种报喜的吉祥鸟。梅开百花之先，是报春的花。所以喜鹊立于梅梢，构成吉祥图案，亦即将梅花与喜事连在一起，表示“喜上眉梢”，如图3所示。

图3 喜鹊登梅

4. 锦上添花

锦是有彩色花纹的丝织品，在美丽、华贵的锦上再添上花朵，比喻美上加美、好上加好，如图4所示。

图4 锦上添花

5. 玉堂富贵

图案由玉兰、海棠与牡丹构成，借“玉”字、“棠”与“堂”谐音、牡丹与“富贵花”同物，组合为“玉堂富贵”之意，赞美府第辉煌富贵，如图5所示。

图5　玉堂富贵

6. 万事如意

灵芝仙草在中国传统装饰中亦常作“如意”的象征。该图案由一盆万年青和灵芝组成，表示一切事情都很顺利称心。此外，民间还常以灵芝与百合、柿子组成“百事如意”；灵芝与荷花、盒子组成“和合如意”，如图6所示。

图6　万事如意

7. 松鹤长春

鹤与松在中国的传统习俗中都是长寿的象征，亦称千岁鹤，不老松。因此松鹤图在装饰上是寓意永远年轻长寿，如图 7 所示。

图 7　松鹤长春

8. 春光长寿

图案由山茶、绶带鸟组成。山茶花在这里比喻春光。绶带鸟取“寿”“代”谐音。“春光长寿”寓意代代青春不老、健康长寿，如图 8 所示。

图 8　春光长寿

9. 白头富贵

在中国的传统装饰上，牡丹花常作为富贵的象征与其他纹样组合成各种吉祥图案。“白头富贵”即由牡丹和白头鸟组成。白头鸟的眉及枕羽为白色，故有“白头翁”之称。在中国民间它常象征夫妻恩爱，白头到老。故图案“白头富贵”是夫妻长寿恩爱、富贵美好的象征，如图 9 所示。

图 9 白头富贵

10. 长春白头

图案由月季花、寿山石、白头翁组成。月季花四季常开，“长春白头”象征和谐幸福的家庭生活，同上有夫妻恩爱，白头偕老的寓意，如图 10 所示。

图 10 长春白头

11. 贵寿无极

延伸不断的蔓藤上串缀着牡丹与灵芝的图案，借以表示富贵与长寿，犹如蔓藤的生长那样旺盛，那样永久，如图11所示。

图11 贵寿无极

12. 天仙拱寿

图案由南天竹、水仙、腊梅、绶带鸟组成。水仙与南天竹组合谐音“天仙”，腊梅表现寒冬腊月里灿烂馨香的姿韵，绶带鸟谐音“寿”，寓意为似天仙般年轻、美貌、长寿，如图12所示。

图12 天仙拱寿

13. 鹿鹤同春

图案由桐、鹤、鹿组成，“桐”与“同”同音。“同春”，像春天一样美好。“鹿”“鹤”都是瑞兽，隐喻“禄”“寿”。“鹿鹤同春”寓意福寿双全，又名六合同春。六合指天地四方，亦泛指天下。六合同春便是天下皆春，万物欣欣向荣。以“鹿”取“陆”之音，“鹤”取“合”之音，“春”的寓意则取花卉，组合起来构成“六合同春”。在明代，有以六鹤来表现的。如图13所示。

图13 鹿鹤同春

14. 百年好合

把荷花、盒子、百合、万年青这四种吉祥物组合成图案，借谐音手法，寓“百年好合”之意，祝贺新婚夫妇和和美美、白头到老，如图14所示。

图 14 百年好合

15. 和和美美

中国民间有和气生财之说。图案借谐音手法，把荷花与梅花组在一起，以表示和和美美，能给你带来生意兴隆，事业发达，如图 15 所示。

图 15 和和美美

16. 竹梅双喜

图案由竹、梅、喜鹊组成。竹、梅，比喻“青梅竹马”，两只喜鹊喻“双喜”。图案“竹梅双喜”寓意，即两小无猜，结为伴侣，夫妻恩爱，婚姻美满幸福，如图 16 所示。

图 16　竹梅双喜

17. 万象更新

“一元复始，万象更新”是过去岁末年初时除旧迎新的一句成语。图案上是一只大象，背驮着一盆万年青，象征财源不断，时运好转，亦是民间喜爱的吉利词，如图 17 所示。

图 17　万象更新

18. 连年有余

由莲花和鲤鱼组成的吉祥图案，借“莲”与“连”，“鱼”与“余”谐音，故称作“连年有余”，表示对生活优裕、财富年年富余的愿望或祝愿，如图 18 所示。

图 18　连年有余

19. 一路连科

鹭在古代也属吉祥鸟，它曾是六品文官的服饰标记，在装饰上应用亦很多。“鹭”“芦（苇）”都与“路”谐音，“莲”与“连”谐音，把鹭鸟与芦苇、莲花组成的一幅美丽的水禽图，在吉祥图案中是寓意事业顺达、考场登科。此外，若把鹭鸟与芙蓉花（荷花别名）组成图案，则可表示对即将外出的人最良好的祝愿，愿其在整个人生和事业的道路上，伴随着无限幸运、富贵与荣耀，即“一路荣华”，如图 19 所示。

图 19　一路连科

20. 一品清廉

一枝清莲，亭亭出于水中。图中莲花那端庄素雅的容貌、美好峻拔的姿态，不失一品之高贵。莲花“出淤泥而不染”的品格，正是高洁、清正美德的象征。图案“一品清廉”即以莲花的品质，且“莲”与“廉”谐音来比喻为官的廉洁清正，如图20所示。

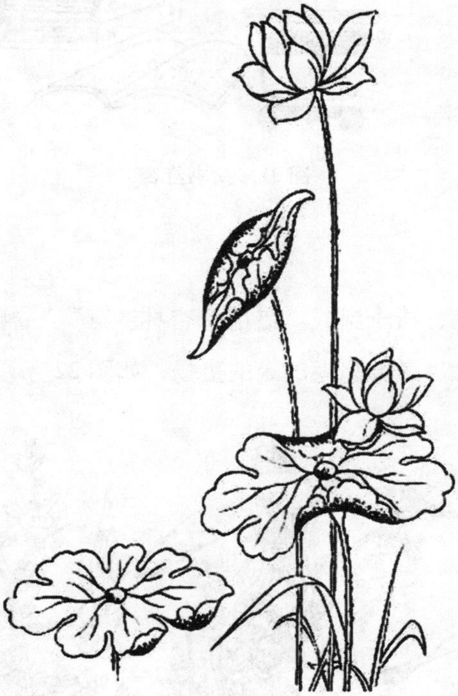

图20　一品清廉

21. 尚书红杏

宋代人宋祁，官至工部尚书，因有咏杏名句“红杏枝头春意闹”而被后人称为“红杏尚书”。又因杏花别名“及第花”，“尚书红杏”即借此典故，用书作尚书的象征，与红杏构成一幅吉祥图案，寓意科举顺利、及第有望，如图21所示。

图21 尚书红杏

22. 杏林春燕

图案主要由杏花、燕子组成。借用“杏林春燕”“誉满杏林”等语称颂医家，也是对多行好义、道德高尚的人的赞扬，如图22所示。

图22 杏林春燕

23. 玉树芝兰

玉树芝兰出自成语，比喻有出息的子弟。图案把兰草与玉兰配合在一起，它们品性高洁名贵，为花卉中之上品，以谐音手法，夸赞有优秀子弟的人家。此外，因玉树为槐树的别名，因此也有用槐树与兰草来构成这一主题图案的，也有将兰草、玉兰与灵芝组合在一起的，如图 23 所示。

图 23 玉树芝兰

24. 四季平安

在中国传统装饰上，花瓶因谐“平”之音被作为驱邪得福的象征。月季是四季常开之花，又有和平幸福的寓意，故这一由花瓶和月季组成的图案，表示对四季安泰这一良好愿望的祈求。民间爱用竹来象征除邪恶报平安，故用竹与花瓶又可组成吉祥图案“竹报平安”，以祈求旅行外游的人安泰无恙，如图 24 所示。

图 24 四季平安

25. 本固枝荣

图案中莲花盘根错节，枝叶茂盛，寓意根基坚实，事业兴盛。本固枝荣为中国的一句成语，民间多用于表示对生意兴隆，经营有方的赞扬，如图 25 所示。

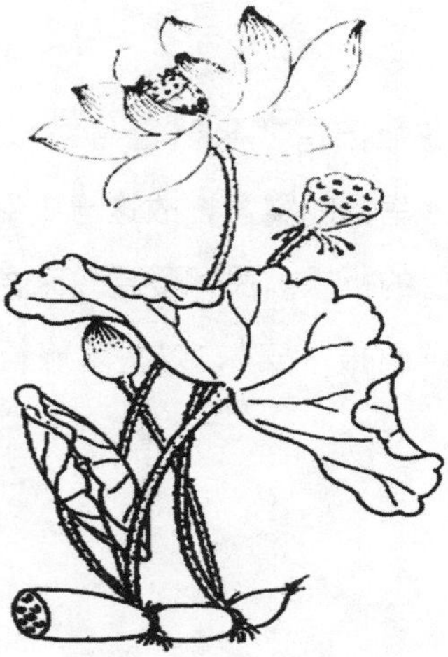

图 25 本固枝荣

26. 兰桂齐芳

芝兰和丹桂在古时比喻子侄辈。盛开的芝兰、丹桂一起散发芳香，比喻子孙发达，都能荣耀富贵，如图 26 所示。

图 26　兰桂齐芳

27. 君子之交

兰草是花中君子，灵芝是一种仙草，礁石坚固。将这些吉祥之物组成图案，应用谐音和比拟的手法，即兰——君子，芝——之，礁——交，“君子之交”，以象征高尚的友谊，如图 27 所示。

图 27　君子之交

28. 四君子

“梅，剪雪裁冰，一身傲骨；兰，空谷幽香，孤芳自赏；竹，筛风弄月，潇洒一生；菊，凌霄自得，不趋炎热。合而观之，有一共同点，都是清华其外，淡泊其中，不作媚世之态。”（梁实秋《四君子》）。由于梅、兰、竹、菊都有不畏严寒、刚直不阿的高洁品格，谦虚正直的君子风度，在群芳中被誉为“花中四君子”，为世人所敬慕，故常用作吉祥图案，如图28所示。

图28 四君子

29. 岁寒三友

坚韧不拔的青松、挺拔多姿的翠竹、傲雪报春的冬梅，虽系不同科属，却都有不畏严霜的高洁风格。它们在岁寒中同生，历来被中国古今文人所敬慕，因此，松竹梅被誉为“岁寒三友”，以此比喻忠贞的友谊。这三者构成的图案，被广泛应用于绘画、装饰图案和园林花木配置中，如图29所示。

图29 岁寒三友

30. 春兰秋菊

春天的兰花高洁清雅，秋天的菊花隽美多姿，图案春兰秋菊是比喻姿色不同，各擅其美，如图30所示。

图30 春兰秋菊

31. 春花三杰

古人有称梅花为国魂，牡丹为国花，海棠为花中神仙之说，三者都是传统名花，又是春花中的佼佼者，故有“春花三杰”之称，如图31所示。

图31 春花三杰

32. 香花三元

兰花、茉莉、桂花都是以香著称的花卉，用品香的浓、情、远、久四项标准来衡量均堪称上品。在中国传统名花中，兰又可称为观赏花卉中的状元，茉莉是熏茶花卉中的状元，桂花是食品配料中的状元。因此将兰花、茉莉、桂花习称为“香花三元”，为工艺美术中常用图案之一，如图32所示。

图32 香花三元

33. 蔓 草

蔓草即蔓生的草。由于这类植物的茎蔓滋长延伸、连绵不断，因此人们寄予它们茂盛、长久的吉祥寓意。蔓草形象很美，随时代发展富有众多变化，逐渐取代了早期的忍冬纹而广泛用于各种装饰上。蔓草纹在隋唐时期特别流行，形象更显丰美，成为一种富有特色的装饰纹样，后人称它为“唐草”，如图33所示。

图33 蔓草

34. 皮球花

皮球花又称为小团花，是一种用各种花卉构成的不规则的呈放射状或旋转式圆形纹样。圆内饰纹有的充实华美，有的秀丽清雅，犹如一只只瑰丽多彩的小球，玲珑妩媚。人们爱用它来表达对生活的喜悦情感。明清时已普遍用作器物上的装饰，多见于织绣服装和瓷器装饰上，如图34所示。

图34 皮球花

35. 宝相花

宝相花又称宝仙花、宝莲花，汉族传统吉祥纹样之一，是魏晋南北朝以来伴随佛教盛行的流行图案。纹饰构成，一般以某种花卉（如莲花、牡丹、菊花）为主体，中间镶嵌着形状不同、大小粗细有别的其他花叶。它从自然形象中提取了花朵、花苞、叶片并将之完美变形，经过艺术加工组合而成。宝相，是佛教徒对佛像的庄严称呼。宝相花是象征吉祥、美满之意的花，如图35所示。

图 35 宝相花

36. 正午牡丹

图案由牡丹和猫组成，有些还有蝴蝶。牡丹向来比作花中之王，具丰腴之姿、有富贵之态。初夏正午是牡丹开得最鲜艳之时。活到八九十岁的长寿老人，俗称“耄耋”。“猫”“蝶”与“耄”“耋”谐音。正午牡丹隐喻福寿双全，如图 36 所示。

图 36 正午牡丹

37. 河清海晏

图案由海棠、燕子、荷花组成。海棠取“海”字。“燕”与“晏”同音。晏，安也。河清，《拾遗记》中载：“黄河千年一清，清则圣人生于时也。”又，《宋史·包拯传》载：“拯立朝刚毅，贵戚宦官为之敛手，闻者皆惮之。人以包拯笑比黄河清。” “河清海晏”寓意时世升平，天下大治，如图 37 所示。

图 37 河清海晏

《花与中国文化》

附录八 《2018年云南花卉产业发展公报》

前 言

伴随着我国改革开放，云南花卉产业经历了三个重要时期：20世纪80年代末至1994年，花卉种植从农民小面积自发种植起步，向规模化迅速发展，从斗南逐步扩大至整个滇中地区，成为云南农业新兴产业。1995—2008年，云南省先后出台了一系列推动花卉产业化发展的政策措施，启动建设拍卖市场、园区、物流等一批重大项目，培育了一批花卉骨干企业，花卉生产覆盖至全省，鲜切花的产销量位居全国第一，奠定了亚洲鲜切花中心的地位。2009年至今，随着国际国内花卉市场的重大变化，云南花卉从数量效益型向质量效益型转变，自主创新能力不断加强，在保持鲜切花优势地位的同时，盆花、绿化苗木、加工花卉发展迅速，云南成为全球三大新兴花卉产区之一和全球第二的鲜切花交易中心。

2018年，云南提出了打造世界一流“绿色食品品牌”千亿云花产业的目标，开启了云南花卉产业的高质量跨越发展的新篇章。在收集数据和广泛调研的基础上，云南省绿色食品发展中心和省花卉产业专家工作组编制了《2018年云南花卉产业发展公报》，供各届参阅。

一、2018年云南花卉产业发展现状

（一）产业综合情况

2018年，全省花卉种植总面积达171.4万亩，同比增长9.7%；总产值达525.9亿元，同比增长4.5%；鲜切花产量112.2亿枝，同比增长1.7%；盆栽

花卉产量4.28亿盆，同比增长28.5%；花农收入达124.8亿元，同比增长3.1%。2016年至2018年云南省花卉产业主要指标发展情况见表1。

2018年，全省花卉生产企业共2316家，同比增长8.3%。其中省级以上龙头企业29家，销售收入1000万~5000万元花企137家，5000万~1亿元花企17家，1亿元以上花企10家。花农合作组织544家，花农户数15.6万户，种植大户18931户，花农收入达124.8亿元，从业人员达39.57万人。

表1　2016年至2018年云南省花卉产业主要指标发展情况表

	2016年	2017年	2018年	同比增长（%）	年均增长（%）
总种植面积（万亩）	132.5	156.2	171.4	9.7	13.7
综合产值（亿元）	463.7	503.2	525.9	4.5	6.5
鲜切花产量（亿枝）	100.6	110.3	112.2	1.7	5.6
盆栽花卉产量（亿盆）	2.68	3.33	4.28	28.5	26.4
出口额（亿美元）	2.2	2.1	2.06	-1.9	-3.2
花卉企业数（个）	2136	2139	2316	8.3	4.1
花农收入（亿元）	115	121.1	124.8	3.1	4.2

全省花卉产业综合产值按州市分，呈现四个梯队：第一梯队（产值超100亿元）为昆明，产值达186.2亿元；第二梯队（产值50亿~100亿元）为保山、大理，产值分别为77.6亿元、76.4亿元；第三梯队（产值10亿~50亿元）为曲靖、红河、玉溪、德宏、楚雄、文山，产值分别为38.4亿元、30.1亿元、26.0亿元、15.4亿元、12.1亿元、11.3亿元；第四梯队（产值小于10亿元）为临沧、丽江、迪庆、昭通、版纳、普洱、怒江。

（二）产业结构情况

1. 鲜切花

2018年，全省鲜切花种植面积达22.7万亩，产量达112.2亿枝，鲜切花产值突破100亿元，达到100.6亿元，同比分别增长4.1%、1.7%和8.9%。

鲜切花种植面积、产量、产值的三年年均增幅分别为4.2%、5.6%和20.8%。产销量连续25年保持全国领先，占全国鲜切花总产量的53%，其中单品产量最大的为月季，占全国总产量的70%。云南作为中国鲜切花第一大省的位置得到巩固。2016年至2018年云南省鲜切花发展情况见表2。

表2 2016年至2018年云南省鲜切花发展情况表

	2016年	2017年	2018年	同比增长（%）	年均增长（%）
鲜切花种植面积（万亩）	20.9	21.8	22.7	4.1	4.2
鲜切花产量（亿枝）	100.6	110.3	112.2	1.7	5.6
鲜切花产值（亿元）	68.9	92.4	100.6	8.9	20.8

2. 盆 花

2018年，全省盆栽花卉生产种植面积达11.15万亩，同比增长23.6%；产量4.28亿盆，同比增长28.5%；产值107.5亿元，同比增长22.4%。2016年至2018年云南省盆栽观赏植物生产情况见表3。

表3 2016年至2018年云南省盆栽观赏植物生产情况表

	2016年	2017年	2018年	同比增长（%）	年均增长（%）
种植面积（万亩）	8.49	9.02	11.15	23.6	14.6
产量（亿盆）	2.68	3.33	4.28	28.5	26.4
产值（亿元）	86.53	87.8	107.5	22.4	11.5

3. 加工花卉

2018年全省加工花卉种植面积76.3万亩，同比增长14%。其中，食用花卉面积21.7万亩，同比增长5.3%，占28.5%；工业用花卉面积54.6万亩，同比增长17.9%，占71.5%。2016年至2018年云南省加工花卉生产情况见表4。

表4　2016年至2018年云南省加工花卉生产情况表

	2016年	2017年	2018年	同比增长（%）	年均增长（%）
加工花卉种植面积（万亩）	57.57	66.92	76.314	14	
食用花卉（万亩）	18.83	20.6	21.7	5.3	7.4
工业用花卉（万亩）	46.32	46.32	54.6	17.9	18.7
食药用花卉产值（亿元）	61.65	63.56	61.12	-3.8	-0.4

4. 花卉种业

2018年，全省种用花卉种植面积达0.9万亩。种子、种苗、种球产量分别为14856.75千克，85420.26万株和14726.99万粒，分别同比增长69.2%、1.2%和-23.3%。昆明市、玉溪市、红河州3州市种苗产量占全省种苗总产量的97%，曲靖市、丽江市占全省种球生产的78%。

5. 绿化观赏苗木

随着云南建设中国最美丽省份，各地提升城市品质、改善人居环境的需求不断增长，绿化观赏苗木迎来新的发展机遇。绿化观赏苗木种植面积达29.3万亩，同比增长2.41%；全省绿化观赏苗木产量8.7亿株，产值达97.1亿元。

二、2018年云南省“十大名花”

2018年，省打造世界一流“绿色食品牌”领导小组办公室首次评选并公布了2018年云南省“十大名花”。

（一）“锦苑”牌月季鲜切花

“锦苑”牌为中国驰名商标、云南省著名商标，“锦苑”牌月季连续多年获认定为“云南名牌”“云南名牌农产品”。产品占昆明鲜切花产品市场的40%以上，并销往广东、新疆、宁夏、甘肃、江西、四川等地。

（二）“虹华园艺”牌菊花种苗

“虹华园艺”牌为中国驰名商标、云南省著名商标与昆明市知名商标，“虹华园艺”牌菊花种苗产品包括当下国内外畅销品种2500余个、自主知识产权新品种47个。产品出口比率达95%以上，占日本市场42%以上，占国内同类产品出口总量的90%以上。

（三）“云秀”牌月季鲜切花

“云秀”牌为云南省著名商标与玉溪市知名商标，“云秀”牌月季鲜切花为云南名牌产品。以新品种“金辉”为首的“云秀”牌月季鲜切花在拍卖市场连续三年稳居榜首并获得好评，产品销往国内北京、上海、广州等地，出口至中国香港、澳大利亚、新加坡、俄罗斯等国家和地区。

（四）“锦海”牌月季种苗

“锦海”牌为玉溪市知名商标，“锦海”牌月季种苗为云南名牌农产品，现拥有“如意”“梦幻芭比”“甜心芭比”“妩媚芭比”“心相印”“红唇”“吻别”“温馨”“圣洁”等9个自主知识产权月季新品种，产品销往河南、宁夏、甘肃等地，出口至马来西亚。

（五）“花知道”牌重瓣玫瑰

“花知道”牌为云南省著名商标、昆明市知名商标，为昆明市名牌产品。“花知道”牌重瓣玫瑰及其鲜花馅料通过欧盟SGS认证、有机认证及清真认证，产品销往国内各省市及中国台湾地区。

（六）“杨月季”牌绣球鲜切花

“杨月季”牌为云南省著名商标、昆明市知名商标，“杨月季”牌绣球鲜切花为云南名牌产品与云南名牌农产品。产品占省内绣球花产品的比例约30%，销往日本、韩国、澳大利亚、东南亚等国家和地区及国内大中城市。

（七）“英茂”牌康乃馨种苗

“英茂”牌为云南省著名商标、昆明市知名商标，“英茂”牌康乃馨种苗为云南名牌产品与云南名牌农产品。产品国内的市场占有率50%，销往全国各地及日本、哥伦比亚、西班牙等国家。

（八）“芊云”牌香型茶花

“芊云”牌香型茶花是云南欣绿茶花股份有限公司以红山茶“阿兰”为父本和红山茶“万代”为母本杂交选育所得的，以“欣绿红”茶花品种为主，在植株特性、生长势、抗性等方面均优于亲本，为中晚期中小型花，花期12月至2月。

（九）“丰岛”牌菊花鲜切花

“丰岛”牌菊花鲜切花为云南省名牌产品，主要类型为多头菊和乒乓菊，是近年来发展的新型鲜切花，突破了传统菊花应用场所和应用时间的限制。产品在国内占该细分市场的20%以上，国内第一，销往日本的大阪、东京等城市。

（十）“梦之草”牌保真花

“梦之草”牌为中国驰名商标与云南省著名商标，“梦之草”牌保真花为云南名牌产品。产品在云南省市场占有率约50%、国内市场占有率约45%、国外市场占有率约15%，出口至日本、韩国、马来西亚、英国等国家。

三、2018年云南花卉产业发展动态

（一）政策支持力度持续加大

云南省委、省政府将花卉产业作为打造世界一流“绿色食品品牌”8个重点产业之一，组建了花卉产业专家工作组，编制了《云南花卉产业发展报告》和《云南花卉产业三年行动计划》，明确了发展路径和具体举措，为产业加快发展提供了有力支撑。

（二）盆花成为产值最大的花卉种类

2018年全省盆花产量同比增长28.5%，产值同比增长22.4%，成为云南花卉最大增长点。以大花蕙兰、盆栽月季、多肉植物为代表的盆栽观赏植物的产量

达4.28亿盆、产值达107.5万元，产值首次超过鲜切花。其中大花蕙兰产量占全国的90.3%，规模超过韩国和日本；盆栽月季产量占全国的80%以上。2018年云南省花卉面积和花卉产值占比情况见图1、图2。

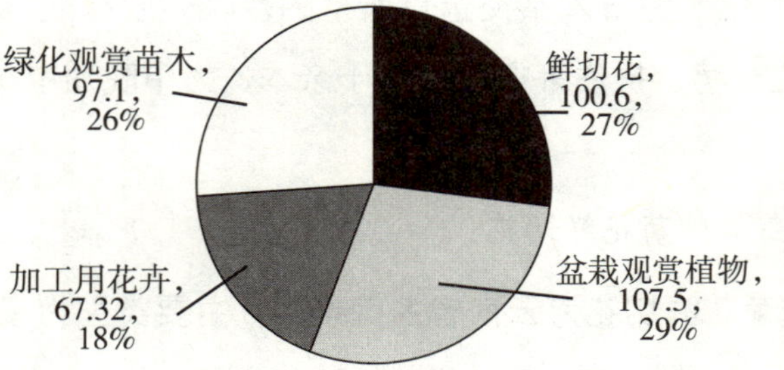

图1　2018年云南花卉面积占比

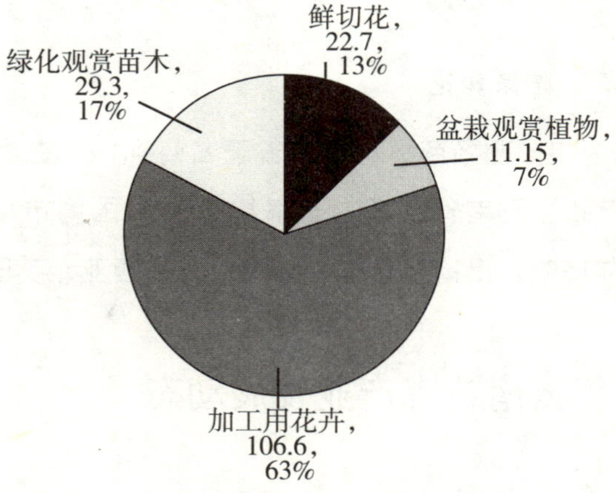

图2　2018年云南花卉产值占比

（三）鲜切花价格总体上涨

2018年全省月季、康乃馨、百合、洋桔梗、绣球、非洲菊等主要切花均价2.76元/枝，较去年上涨21%，其中月季均价1.29元/枝，同比上涨6.55%，康乃馨均价0.72元/枝，同比上涨21.53%，洋桔梗均价2.74元/枝，同比持平。满天星、情人草和勿忘我三大配花均价24.83元/千克，同比微涨。鲜切花品种更新进一步加快，2016—2018年月季新品种大幅增加，2018年花拍中心新品种交易量 1.8 亿枝，新品种专利费收入 1484.16 万元。随着品种和品质的不断改善，云花替代进口的能力有了较大提高，海关数据显示，2018 年全省鲜切花进口额增幅较 2017 年下降 26.5%。

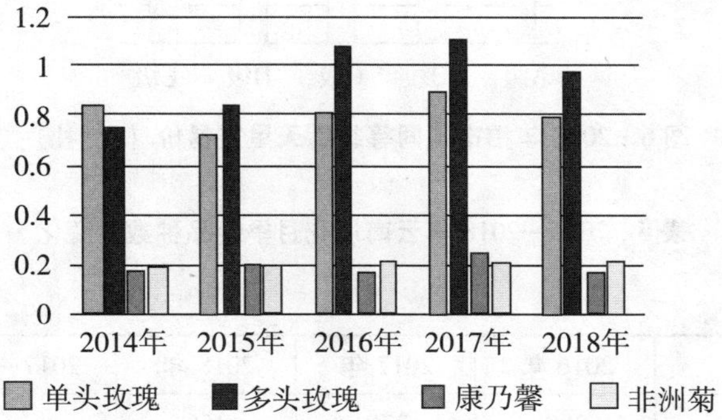

图 3 2014—2018 年主要切花拍买均价（元/枝）

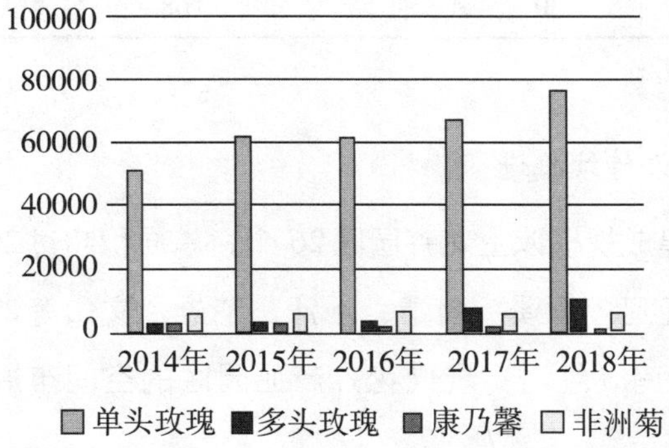

图 4 2014—2018 年主要切花拍市交易量（万枝）

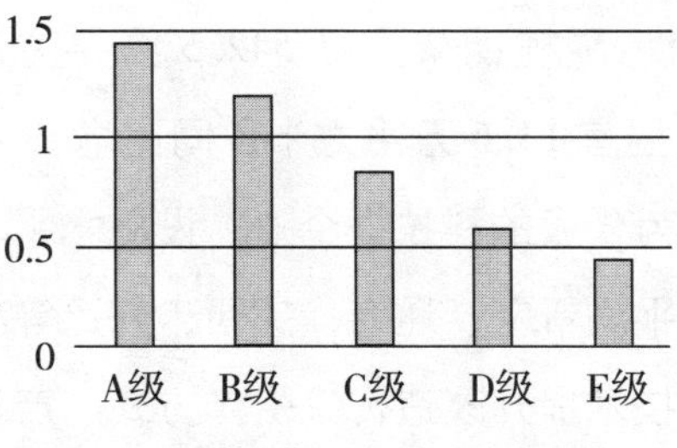

图 5 2018 年拍市不同等级月季交易价（元/枝）

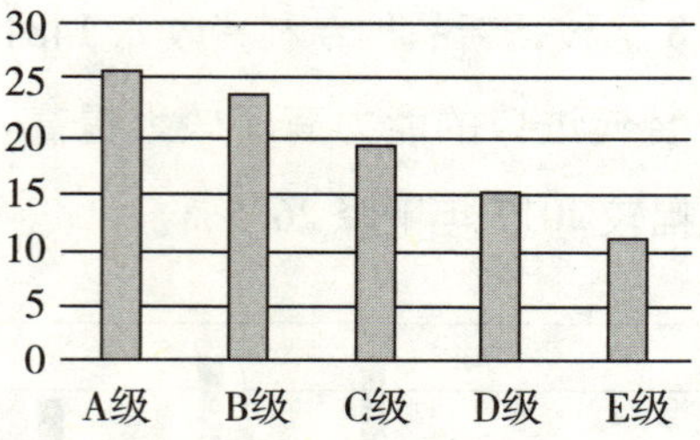

图6 2018年拍市不同等级满天星交易价（元/扎）

表5 2016—2018年云南切花月季新品种数量变化

单位：亿枝

年 度	2016年	2017年	2018年	2017—2018年增加数
月季品种总数	200	270	356	86
单头品种数	170	215	288	73
多头品种数	30	55	68	13

（四）园区建设持续推进

2018年全省建成规模以上花卉园区26个，总面积超过20万亩，占全省花卉面积的12%。红河、玉溪、曲靖、丽江、楚雄、文山等新增主要花卉园区面积达2万亩。云南（红河）现代花卉产业园区的空间布局为“一园三区五片”，总面积10万亩。

（五）绿色生产方式规模化应用

2018年全省新增绿色种植钢架大棚542.5万平方米，同比增长81.8%，其中新增自控（加温）温室13.6万平方米，同比增长40.2%。以爱必达、品元、创森、立深新园等为代表的科技型企业，设施水平、产品质量、单位面积效益均达到国际一流水平。晋宁、通海、泸西、开远等花卉主产区，经营主体利用互联网、精准栽培技术提升改造传统生产方式，产量和质量大幅提升。

表 6 2015—2018 年云南花卉新增的设施面积

	2015 年新增面积（平方米）	2016 年新增面积（平方米）	2017 年新增面积（平方米）	2018 年新增面积（平方米）
1. 钢架大棚	2296761	3740669	2982598	5425666
其中：自控（加温）温室	482550	418740	97232	136703
2. 简易大棚	3744733	4935162	5519920	2572449
3. 遮阴棚	2616822	4384130	1449737	1478861
4. 喷滴灌面积	5995750	3517617	19257685	5757118.9

（六）市场销售模式多元化

2018 年，云南花卉价格呈现出高价周期较长、高价时段增多的特点。由于电商、大型组团主体的出现，产品供应端和消费端的距离变短，环节变少，新型零售培养消费需求节点，稳定、拉长中高花价周期。由于物流快递服务的提升和配送成本的下降，流通环节越来越少，从云南直发花店和消费者的数量不断增长。运输方式逐步从航空运输为主，转变为公路冷链运和航空运输并重的局面。

下一步，云南将围绕打造世界一流“绿色食品品牌”千亿云花产业，建设公共服务平台、提高知识产权保护与创新能力，建设现代产业园区、提高产业集约化组织化水平，健全生产和认证标准、掌握产业发展主动权，发力一二三产融合、做大配套产业规模，打造云花品牌、拓展国内外市场，提升信息化水平、培育智慧云花，着力解决企业难题、发展壮大经营主体，全力推进云南花卉产业高质量跨越发展。

参考文献

［1］舒迎澜．古代花卉［M］．农业出版社，1993.

［2］黄永川．采芹斋花论［M］．永馀阁公司，1997.

［3］殷登国．十二月花神：古代的花神信仰［M］．中华花艺，2011.

［4］陈俊愉，程绪珂．中国花经［M］．上海文化出版社，1990.

［5］扬之水．宋代花瓶［M］．香港中和出版有限公司，2014.

［6］屠隆，袁宏道，张丑，等．《考盘余事》、《瓶史》、《瓶花谱》、《飞凫语略》［M］．商务印书馆，1937.

［7］黄永川．中国插花史研究［M］．西泠印社出版社，2012.

［8］王倩．瓶盆风华明清花器特展［J］．美成在久，2015（1）.

［9］黄永川．中国古代插花艺术［M］．中华民国国立历史博物馆，1984.

［10］黄永川．黄永川教授年度大展主题论文集——1995 年文人插花至 2014 年异常邂逅［M］．中华花艺文教基金会，2016.10.

［11］周武忠，陈筱燕．花与中国文化［M］．中国农业出版社，1999.

［12］魏绪英，魏峥，蔡军火．江西花文化产业构建及发展策略［J］．黑龙江农业科学，2010，2010（10）.

［13］李玉敏，高志民．论中国花卉产业的可持续发展［J］．世界林业研究，2001，14（3）.

［14］缪珊．我国花卉产业发展现状、趋势及对策［J］．农业展望，2010，06（9）.

[15] 陈丽晖，易伟．以花文化传播促进花卉产业向文化产业转型 [J]．中国花卉园艺，2007（21）．

[16] 程堂仁，王佳，王晓娇，等．“美丽中国”背景下花卉产业的机遇与创新 [J]．林业经济问题，2013（6）．

[17] 范敏．产业发展需注重科技文化创新 [J]．中国花卉报，2011.

[18] 程堂仁，王佳，张启翔．发展我国创新型花卉产业的战略思考 [J]．中国园林，2013（2）．

[19] 陈俊愉．中国——世界园林之母亲，全球花卉之王国 [J]．大自然，2007（1）．

[20] 李玉敏，高志民．论中国花卉产业的可持续发展 [J]．世界林业研究，2001，14（3）．

[21] 何小颜．花与中国文化 [M]．人民出版社，1999.

[22] 陈俊愉，刘师汉．园林花卉 [J]．上海科学技术出版社，1980.

[23] 周武忠，陈筱燕．花与中国文化 [M]．中国农业出版社，1999.

[24] 张启翔．中国花文化起源与形成研究（一）——人类关于花卉审美意识的形成与发展 [J]．中国园林，2001（1）．

[25] 张启翔．中国花文化起源与形成研究（二）——中国花文化形成与中华悠久文明历史及数千年花卉栽培历史的关系 [J]．北京林业大学学报，2007（s1）．

[26] 姜楠南，汤庚国，沈永宝．《红楼梦》海棠花文化考 [J]．南京林业大学学报：人文社会科学版，2008（1）．

[27] 戴敦邦，陈诏．红楼梦群芳图谱 [M]．天津杨柳青画社，1987.

[28] 张彩霞．人与花心各自香——论《红楼梦》与《镜花缘》的“花人幻”[D]．辽宁师范大学，2012. DOI：10.7666/d. Y2233997.

[29] 何小颜．从花中“君子”看中国花文化 [J]．生命世界，2008（9）．

[30] 李祖定．中国传统吉祥图案 [M]．上海科学普及出版社，1989.

［31］洪崇恩．呼唤现代中华花文化［J］．中国花卉园艺，2005（21）．

［32］陈俊愉，程绪珂．中国花经［M］．上海文化出版社，1990.

［33］张应麟．花卉鉴赏浅识［J］．园林，2000（11）．

［34］李菁博，许兴，程炜．花神文化和花朝节传统的兴衰与保护［J］．北京林业大学学报（社会科学版），2012，11（3）．

［35］周武忠．华夏花间漫步［J］．生命世界，2008（1）．

［36］郑忠明．蜡梅花文化研究［D］．南京：南京林业大学，2010.

［37］王玉英．魅力博峪“采花节”［J］．现代妇女（下旬），2012（2）．

［38］贾军，卓丽环．花语综议［J］．北京林业大学学报：社会科学版，2010（3）．

［39］百度百科．彼岸花［EB/OL］．（2015－11－01）．http：//baike. baidu. com.

［40］赵文焕，石润宏．世界园艺史与社会人类学视野中的花文化研究——杰克·古迪《花文化》评介［J］．中国农史，2014（4）．

［41］孙伯筠．花卉鉴赏与花文化［M］．中国农业大学出版社，2006.

［42］王小红．牡丹文化的地域气质——以中国三大牡丹栽培中心为例［J］．中华文化论坛，2014（11）．

［43］徐玉安．押花画的制作［J］．花木盆景（花卉园艺），2006（5）．

［44］张启翔．转型期中国花卉业形势及面临的挑战［J］．中国园林，2015，31（10）．

［45］李仲芳．花与中国文化［M］．西南交通大学出版社，2016.

［46］周武忠．花与中国文化［M］．中国农业出版社，1999.

［47］俞小平．中国花卉保健食谱［M］．科学技术文献出版社，2001.

后　记

《中国农业百科全书》中记录，花文化是一个“以观赏植物为主题或对象的、文化领域中的一个特殊成分”①。花文化也是一个世界性的文化概念，各国都有，只是发展历史和侧重内容各不相同，发展程度亦参差不齐。中国是花文化高度发达的国家，历史最为悠久，内容最为丰富。花文化在中国文学、美术、音乐、民俗及工艺美术中，均有大量表现。主要通过对观赏植物的欣赏、拟人化和由此所产生的联想，来阐明人生观、道德观或政治观。花卉形象大量被用于装饰艺术创作题材，如服饰装饰、器物装饰及建筑装饰等。插花艺术也经过历代研学而成为一项专门的艺术活动。

甚至可以说，中国是在花文化的带动下，才有了花卉栽培、观赏园艺的傲人历史乃至今日蓬勃发展的花卉产业。数千年来，人们不仅观花种花、食花用花，从花卉植物中获得生命的能量，同时也从对花卉的欣赏审美中获取了精神的享受和文化的提升。“花卉产业”泛指花卉生产与贸易。花卉产业与花文化是密切相关的，花文化更多关联精神财富，而花卉产业直接创造了花文化中的物质财富。花卉产品，最终属于精神消费品，拥有极强的文化属性，所以花卉产业的发展，不仅离不开花文化的发展建设，更需要花文化的引领。对此二者及二者的关系有正确的认识意义十分重大，这为建立我国良好的花卉产业基

① 中国农业百科全书总编辑委员会观赏园艺卷编辑委员会、中国农业百科全书编辑部：《中国农业百科全书》，农业出版社1990年版。

础、花卉产业未来的发展方向，以及继承和弘扬传统中华花文化都有着极其重要的作用。①

从历史上来看，我国的花卉产业是由花文化带动而产生、发展的，虽与今天的现代化花卉产业有一定的区别，但由“文化”带动“生产”的客观规律和历史传统是值得今人认真借鉴的。从今天中国的花卉产业现状来看，受太多国外成功先进案例的诱惑和国人求快求成的心态影响，目前发展还主要依靠外援，育种和生产上都大量购进国外品种，无论科学研发、技术教育、生产种植还是消费引导等方面，都忽略了中国本土花文化对中国花卉产业发展可能起到的重要影响。

自“文化产业”概念的提出，确立了文化发展的经济意义，同时也为文化价值的体现指出了一条可操作的产业化之路。毕竟在国际花卉业竞争中，我国丰富的花文化是巨大的优势。中国悠久的花文化发展历史，丰厚的花文化底蕴，广大热爱花文化的人民基础和消费潜力，决定了随着经济文化的共同发展，中国必将成为花卉生产及消费大国。

纵观我国花文化发展历史，花文化的普及程度、花卉产业的兴衰，与国家的政治、经济及其他社会条件息息相关。如今，在高速发展期的中国花卉产业，已经开始迎来了产业方向调整、转型、升级阶段，正向着现代化、规模化、结构化全产业链方向发展，花文化产业也将成为花卉产业转型和升级的最重要方向。与此同时，中国传统花文化的挖掘、整理、传播、普及就变得更为重要。

2017 年 1 月，《关于实施中华优秀传统文化传承发展工程的意见》颁布，我国首次以中央文件形式推动延续中华文脉，传承中华文化基因，开新中国成立以来之先河。习近平总书记更是在多个场合为优秀传统文化“代言”。强调中国优秀传统文化的丰富哲学思想、人文精神、教化思想、道德理念等，可以为人们认识和改造世界提供有益启迪。中国传统花文化源远流长，博大精深。

---

① 刘燕：《中国花文化与花卉产业》，载《北京林业大学学报》2001 年第 S1 期。

从诞生之初就背负有“成教化、助人伦”的社会功用，浸润在政治、经济、哲学、历史、宗教、科技、文学、艺术等各个领域，发挥着不可替代的美育、德育之功效。历数千年之久，前人已对中华花文化做了卓有成效的探索和研究，今人更应继承和发扬这些不可再生的非物质文化遗产。

习近平总书记指出，中华优秀传统文化是中华民族的“根”和“魂”，是我们必须世代传承的文化根脉、文化基因，也是我们坚定“四个自信”的深厚基础。历史悠久的中国花文化，正是中华优秀传统文化的组成部分，也是极其具有代表性的重要部分。因此，本书在写作意图上，立足于开掘传统优秀文化，同时结合发展现实文化，在简述中国传统花文化的同时，对现代花产业做出总结梳理，切实落实“传承文化根脉、文化基因，坚定文化自信”的号召，以期全面、客观、科学地介绍我国花文化和花文化产业的关系及现状。在对传统中国花文化进行发掘、继承的同时，兼顾对现代中国花文化产业开拓、创新的展望。

“讲清楚中华优秀传统文化是中华民族的突出优势，是我们最深厚的文化软实力。”① 自古而今，花卉已深深融入了生活，融入了文化，在今天的自然科学和人文科学中依然占有着非同寻常的位置。也正因如此，笔者数年来通过走访日本、泰国等亚洲地区和我国大陆、台湾等国内各地花卉市场实地调研，并认真研习实践传统插花艺术，搜集翻阅大量历代文献资料及现当代知名花文化学者著述，将之消化整理，编述成册。力图将取材自市场调研、科研资料和经典书目中的花文化与花产业核心知识，以通俗易懂，简明扼要的方式呈现出来。希望读者能从中了解中国传统花文化的精髓，提高审美能力，增进文化修养，拓宽知识面，在传承中国传统文化的同时，了解我国花卉及花文化产业的历史、现状以及未来趋势和发展方向。在继承传统的基础上，创造更加辉煌的新时代花文化，推进中国花文化产业建设的繁荣兴盛。

当然，浩瀚丰富的中国传统花文化，经过数千载所积累沉淀的内容，不是

① 2013 年 8 月在“全国宣传思想工作会议”上习近平同志再提传统文化。

一本书能够包揽概述，而蒸蒸日上，日新月异的花文化产业发展之路，也不是十几万的文字体量尽可全部囊括。笔者囿于理论水平有限，编写时间有限，书中难免有错漏之处，还望广大专家学者和读者不吝指教。在写作过程中，承蒙云南大学出版社诸位编辑辛苦编审、著名学者范建华老师赏识点拨，在这里表示由衷的谢忱。